Comment rester jeune plus longtemps

Dr Thierry Hertoghe

Dr Jules-Jacques Nabet

Comment rester jeune plus longtemps

Albin Michel

COURS, SÉMINAIRES, CONFÉRENCES

Des conférences et des séminaires pratiques de **thérapies médicales orientées vers l'amélioration de la qualité de vie et de la longévité** sont organisés à intervalles réguliers par l'*European Academy of Quality of Life and Longevity Medicine* (« *Eaquall* »), l'association européenne de médecine anti-vieillissement, pour le grand public, les médecins et autres professionnels de la santé.

Actuellement, *Eaquall* organise surtout des séminaires d'hormonothérapie optimale chez l'adulte âgé pour les professionnels de la santé. Si vous êtes intéressés, **n'hésitez pas à transmettre vos coordonnées** (nom, adresse, numéros de téléphone et de fax) pour être averti des prochaines organisations.

EAQUALL asbl
95, avenue Albert-Giraud
B – 1030 Bruxelles – Belgique
Fax : 00 – 32 – 2 – 732 57 43

22, rue Huyghens, 75014 Paris

www.albin-michel.fr

ISBN : 2-226-10978-1

À Hélène, Paola et David

Jules-Jacques Nabet

Je dédie ce livre

aux Docteurs Eugène, Luc et Jacques Hertoghe, mes prédécesseurs qui m'ont si brillament précédé dans cette médecine des hormothérapies dès le début, il y a plus de 100 ans.
À ma famille, si chère à mon cœur : à Claude chérie, à India, au bébé qui naîtra bientôt, à ma mère, à mon frère et à mes sœurs.
À tous les pionniers et chercheurs scientifiques qui ont si bien ouvert au patients la médecine d'aujourd'hui.

Thierry Hertoghe

Avertissement

L'objectif de cet ouvrage n'est pas de conseiller et encore moins de prescrire un traitement hormonal pour n'importe quelle plainte et à n'importe quelle personne. Il est de mettre en évidence le rôle essentiel des hormones dans le bon fonctionnement de cette machine complexe qu'est le corps humain, ainsi que les effets néfastes des carences hormonales, en particulier dans l'accélération du processus de vieillissement.

Ce livre n'a donc pas la prétention de remplacer le médecin qui sera toujours le mieux équipé pour rechercher et découvrir les déficiences éventuelles par des méthodes de diagnostic rigoureuses, et pour entreprendre un traitement personnalisé, traitant chaque patient comme un cas particulier.

Certains conseils, en matière de diététique notamment, pourront néanmoins être appliqués avec profit par le lecteur. Ils lui permettront d'entretenir naturellement son capital hormonal et de pallier éventuellement une carence soupçonnée que le médecin traitant pourra rapidement infirmer ou confirmer par des analyses appropriées.

I

À la découverte des hormones

Garder son capital jeunesse, et si le rêve devenait réalité ?

Vivre longtemps, jeune et heureux, est un rêve aussi vieux que l'humanité. Un rêve de moins en moins inaccessible, si l'on en juge par les progrès de plus en plus rapides de la science et de la médecine. En témoignent ces quelques chiffres significatifs : sous la Révolution française, l'espérance de vie à la naissance était de 32 ans. Un siècle plus tard, un nouveau-né pouvait espérer atteindre l'âge de 45 ans, soit 13 ans de plus. Quant aux bébés d'aujourd'hui, entrant dans le XXIe siècle, ils ont de fortes chances de passer le cap du suivant.

Venons-en à l'individu qui fêtera ses 45 ans en l'an 2000. Il pourra se dire, selon le vieux principe de la bouteille à moitié vide ou à moitié pleine, qu'« il ne lui reste plus que... » ou qu'« il lui reste encore... », d'après les statistiques, environ 45 ans à vivre. Question de tempérament ! L'important en la matière n'étant pas, comme chacun le reconnaît, la date plus ou moins lointaine de l'échéance, mais la qualité du parcours qui reste à faire. Or, aujourd'hui encore, la vieillesse est en général associée à la mauvaise santé.

L'objectif de ce livre est donc de faire le point sur les connaissances actuelles de l'influence des hormones dans le processus du vieillissement, sur les moyens de conserver au mieux son « capital jeunesse » et même de reconstituer des ressources qui tendent inéluctablement à s'épuiser au fil des ans.

Il existe des signes manifestes de problèmes hormonaux. Au fil des pages, vous apprendrez à les reconnaître et, en cas de multiplication de ces indices, vous pourrez en parler avec votre médecin qui jugera, après les tests biologiques indispensables, s'il convient ou non d'entreprendre une thérapie de supplémentation. Vous pourrez également suivre nos conseils de diététique ou de mode de vie sans le concours de la médecine. Ceux-ci vous permettront d'avancer en âge avec tous les atouts en main.

« GRÂCE AUX HORMONES, NOUS VIVONS EN BONNE SANTÉ, NOUS JOUISSONS D'UNE QUALITÉ DE VIE AGRÉABLE ET NOUS AVONS LA POSSIBILITÉ DE VIVRE LONGTEMPS... ET PLUS HEUREUX »

De nombreuses études scientifiques le suggèrent ou le démontrent, et cela suffit à expliquer l'intérêt des recherches sur ces produits naturels (ils sont plus d'une centaine) déversés chaque jour, à quelques milliers de milliards d'unités, dans le sang.
Le terme « hormone » vient du grec et signifie « substance excitante ».
Les hormones, qui trouvent leur origine dans des tissus appelés généralement **glandes endocrines**, sont déversées dans le sang et se laissent transporter jusqu'aux tissus les plus éloignés pour y exercer leurs effets. Ces actions sont profondes, variées et fort importantes. Certaines, comme les hormones thyroïdiennes, vont agir pratiquement sur tous les organes et toutes les cellules du corps. D'autres vont agir de manière plus ciblée sur un ou deux organes seulement, comme l'aldostérone, par exemple, qui agit surtout au niveau de vos reins afin de garder l'eau et le sel dans votre corps et maintenir ainsi un volume de sang suffisamment important dans vos artères pour vous permettre de rester... debout.

L'HISTOIRE DES THÉRAPIES HORMONALES EST AUSSI UNE HISTOIRE DE FAMILLE

Le début des thérapies hormonales remonte à très loin dans l'histoire humaine, au temps où les sorciers et guérisseurs administraient des fragments de glandes endocrines, surtout de glandes sexuelles, aux personnes malades ou saines pour les fortifier.

À la fin du XIXe siècle, vers 1890, l'endocrinologie, la science des traitements hormonaux prit son essor sous l'impulsion du Dr Brown-Séquard, père des thérapies correctrices des déficiences des glandes sexuelles, et de plusieurs médecins qui mirent au point le traitement de l'insuffisance de la glande thyroïdienne. Parmi ces pionniers, le Dr Eugène Hertoghe, arrière-grand-père d'un des auteurs, fut un des premiers à prescrire des extraits de glande thyroïde d'origine animale pour traiter l'insuffisance thyroïdienne. Il a d'ailleurs donné son nom au syndrome d'Hertoghe ou syndrome clinique d'insuffisance thyroïdienne modérée et à un des signes typiques de l'insuffisance thyroïdienne, le signe d'Hertoghe ou signe de disparition du tiers externe du sourcil. Le Dr Eugène Hertoghe a écrit de nombreux livres et eut, à son époque, une renommée internationale. Déjà dans son œuvre principale *Le myxœdème frustre* il parle du vieillissement prématuré lié aux manques d'hormones. « À première vue, la femme atteinte d'hypothyroïdie bénigne chronique paraît plus âgée qu'elle n'est en réalité. »

Vers le début des années 1920, une équipe de chercheurs sous la direction du médecin canadien, le Dr Banting, isola l'insuline du pancréas de chien et fut la première à traiter avec succès la forme grave de diabète, le diabète déficient en insuline.

C'est aussi pendant les années 1920 que florissaient les techniques de greffes de glandes endocrines de singes (testicules, ovaires, thyroïde, hypophyse) à des hommes et femmes vieillissants. Ces greffes tenaient quelques années et ne réussissaient que si la glande transplantée venait d'un singe chromosomiquement proche de l'être humain (le chimpanzé e.a.) et dont le groupe sanguin était identique à celui du receveur humain. Les quelques photos d'amélioration physique d'animaux et d'humains greffés avec des glandes, que nous avons pu voir, ont été authentifiées par des observateurs indépendants et nous paraissent assez impressionnantes.

À la même époque, le Dr Luc Hertoghe prit le relais de son père Eugène. Dans le texte d'une de ces conférences données à Anvers, l'on retrouve l'importance qu'il mettait déjà à son époque sur le traitement de toutes les déficiences hormonales, qu'elles soient de la glande thyroïde, de l'hormone de croissance, des glandes sexuelles, etc., innovant déjà le concept des déficiences hormonales multiples, cher à la famille des médecins Hertoghe.

Vers 1929-1932, l'œstrone fut le premier œstrogène à être isolé, fabriqué et administré aux patientes déficientes. Cette découverte fut le véritable départ des traitements hormonaux de la ménopause.

Pendant les années 1930, les hormones mâles, DHEA, testostérone et ses dérivés, furent découvertes, synthétisées et administrées pour la première fois chez les hommes déficients.

Entre la fin des années 1930 et le début 1950, la cortisone, le précurseur, et le cortisol, l'hormone active, furent synthétisés et leur utilisation déclencha une vague d'enthousiasme dans le

monde médical, tant leurs effets anti-inflammatoires favorables, particulièrement dans le rhumatisme, paraissaient impressionnants. Mais l'enthousiasme fit bien vite place à la désillusion. En voulant trop bien faire, certains médecins prescrivirent des doses trop élevées, véritables surdosages causant les inconvénients liés au surdosage bien connus maintenant : gonflements, prise de poids, ostéoporose, diminution de l'immunité. Un des grands principes de l'hormonothérapie devint clair : éviter de surdoser.
À la fin des années 1950, la mélatonine, hormone de la glande pinéale située à l'arrière du cerveau, fut synthétisée et rendue disponible. L'on commença aussi à prescrire de l'hormone de croissance, purifiée à partir de cadavres humains (technique à risque de contamination virale, qui n'est plus utilisée à l'heure actuelle).
Entre les années 1950 et 1990, le Dr Jacques Hertoghe, fils de Luc et petit-fils d'Eugène Hertoghe, reprit le flambeau familial d'endocrinologie et insista sur l'importance de traiter ce qu'il nomma le « syndrome des déficiences multiples ». Beaucoup de patients atteints d'une maladie ou de plaintes physiques ou mentales chroniques souffrent en fait de plusieurs déficiences en hormones, en vitamines et en oligo-éléments et ne guérissent que si leur médecin leur prescrit des suppléments à dose appropriée de ces hormones, vitamines et oligo-éléments manquants. Les thérapies hormonales de la sénescence deviennent de plus en plus efficaces et équilibrées. Le véritable traitement du vieillissement a commencé.
Au cours et à la fin des années 1980 et des années 1990, le Dr Thierry Hertoghe reprend à son tour le flambeau familial. Les traitements à la mélatonine, la DHEA, l'hormone de croissance, la thérapie de l'andropause et de la périménopause (com-

prend aussi la période avant la ménopause), etc., reçoivent de plus en plus d'attention. Le Dr Thierry Hertoghe devient un des deux seuls membres européens de l'Académie américaine de médecine anti-vieillissement (*American Academy of Anti-Aging Medicine*), riche de plus de 6 000 membres de la profession médicale, et fonde l'association européenne sans but lucratif sœur, *Eaquall* ou *l'European Academy of Quality of Life and Longevity Medecine*.

Cet historique est incomplet et ne fait pas hommage aux très nombreux chercheurs scientifiques et médecins expérimentés qui ont tous contribué avec compétence, jusqu'au génie parfois, et intégrité profonde orientés vers l'amélioration du sort de l'humanité ; une humanité qui est appelée, selon nous, à de moins en moins connaître le vieillissement grâce aux thérapies hormonales. Ce livre essaie d'ajouter une pierre à cet immense édifice en science et compétence médicale que l'on est en train de forger pour traiter cette maladie ignorée comme telle depuis trop longtemps qu'est le vieillissement.

POUR ILLUSTRER L'IMPORTANCE DES HORMONES

Le rôle des hormones est crucial. Ainsi, l'absence d'**hormones thyroïdiennes**, par exemple, fait d'un être humain un organisme sans conscience, une plante incapable de former la moindre pensée ni d'éprouver la moindre émotion. Même un bébé dépourvu de cerveau (anencéphalie) mais doté d'une glande thyroïde peut vivre quelques heures et exprimer des émotions et des sensations impossibles à l'homme-plante démuni d'hormones thyroïdiennes.

Autre exemple, le manque total de **cortisol** chez un individu le plonge dans une situation stressante comme le ferait une infection. Sa tension artérielle et son niveau de conscience s'effondrent rapidement et tout se termine par un coma suivi d'une mort inéluctable. C'est la crise addisonienne, découverte par le Dr Addison qui fut le premier à décrire cette insuffisance primaire des **glandes surrénaliennes.**

COMMENT EXPLIQUER CE RÔLE MAJEUR DES HORMONES ?

Les hormones jouent en fait le rôle de chefs d'orchestre des cellules et sont indispensables à leur bon fonctionnement. Transportées par le sang, elles pénètrent profondément dans les cellules, agissent le plus souvent dans leur noyau sur les gènes et débloquent une partie du code génétique, l'information nécessaire aux cellules. Mettant ainsi en route des chaînes de production de constituants cellulaires, elles en créent d'autres, et provoquent des réactions qui libèrent l'énergie indispensable à la vie. Si de simples déficiences surviennent, les cellules vont fonctionner moins bien, mais en leur absence, la désorganisation est complète.

Les principaux tissus (ou glandes endocrines) qui sécrètent des hormones dans le sang sont représentés sur le schéma page 20.

Lieu de production des hormones

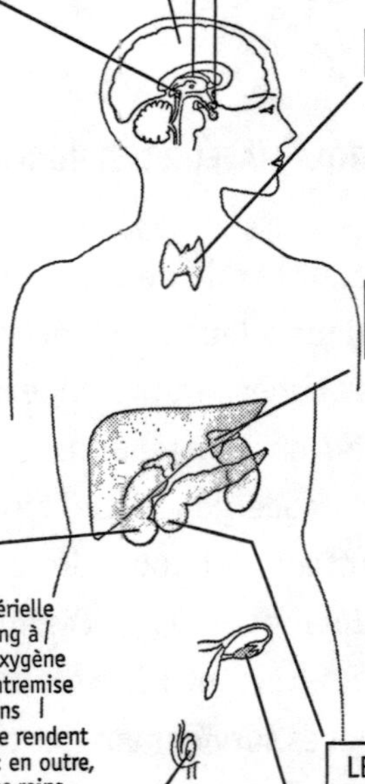

LE CERVEAU

contrôle la glande hypophyse et influence la glande pinéale à travers l'hypothalamus

L'HYPOTHALAMUS

- contrôle les glandes hypophyse et pinéale
- possède les centres d'émotions

LA GLANDE HYPOPHYSE

- contrôle beaucoup d'autres glandes
- forme des hormones qui procurent de la pression, du volume et de la consistance à nos tissus, et qui règlent les débits urinaires
- pouvoir anti-âge : renforce substantiellement et préserve de nombreux organes dont le cerveau, le cœur, les vaisseaux sanguins, les reins, les os, et le système immunitaire; est susceptible d'allonger la durée de vie

LA GLANDE PINÉALE

- contrôle le sommeil et les rythmes de sécrétion de la plupart des hormones
- pouvoir anti-âge : préserve de nombreux organes (comme les vaisseaux sanguins, le pancréas et le système immunitaire); prolonge la vie de rongeurs

LA GLANDE THYROÏDE

- contrôle la production de chaleur de notre corps
- pouvoir anti-âge: active et préserve de nombreux organes (y compris le pancréas, et ceux mentionnés pour l'hypophyse); prolonge la vie

LES GLANDES SURRÉNALES : LEUR CORTEX

- contrôlent l'équilibre eau-sel de notre corps
- pouvoir anti-âge : activent, par l'entremise d'hormones, de nombreux organes (*cf.* l'hypophyse) et les gardent jeunes lors d'un bon fonctionnement régulier et équilibré. Un bon équilibre entre leurs hormones d'énergie (comme le cortisol) et constructives (comme le DHEA) semble indispensable à ces effets bénéfiques; les glandes surrénales prolongent la vie

LES REINS

- contrôlent la pression artérielle et la capacité de notre sang à capter et à transporter l'oxygène
- pouvoir anti-âge : par l'entremise de leurs hormones, les reins rajeunissent notre sang, le rendent apte à prendre l'oxygène : en outre, par une autre hormone, les reins bonifient la tension artérielle trop basse : ils prolongent la vie

LE PANCRÉAS

- contrôle le niveau de sucre dans le sang
- pouvoir anti-âge : à dose équilibrée, garde jeune et protège notre cerveau, nos artères, notre cœur et notre système immunitaire; prolonge la vie

LES OVAIRES

- contrôlent les caractéristiques féminines et la fertilité
- pouvoir anti-âge : préservent et gardent jeunes de nombreux organes (comme le cerveau, le cœur, les vaisseaux sanguins, le pancréas, les os et le système immunitaire); prolongent la vie

LES TESTICULES

- contrôlent les caractéristiques masculines et la fertilité
- pouvoir anti-âge : préservent et gardent jeunes de nombreux organes (*cf.* les ovaires); prolongent la vie

COMMENT DEUX PETITES GLANDES INFLUENCÉES PAR LE CERVEAU SONT À L'ORIGINE D'UNE RÉACTION EN CHAÎNE

Le maître d'œuvre de la réaction en chaîne provoquée par la sécrétion des hormones est le cerveau. C'est lui qui influence la production de la plupart des glandes endocrines par l'intermédiaire de deux glandes, petites mais puissantes : **l'hypophyse et la glande pinéale.**

Ainsi, le lobe antérieur de l'hypophyse stimule, par l'intermédiaire d'une hormone appelée TSH, la production par la thyroïde des **hormones thyroïdiennes**, et par l'entremise de la GH (*Growth Hormone*, ou hormone de croissance), la sécrétion par le foie de la **somatomédine C.** L'hypophyse excite également la sécrétion des hormones de l'écorce des glandes surrénales par l'ACTH (*Adrenocorticotrope Hormone*) et la formation des **hormones sexuelles** par les ovaires ou les testicules (par la FSH et la LH, la *Follicule Stimulating Hormone* et la *Luteinizing Hormone*). De son côté, la glande pinéale envoie l'hormone **mélatonine** dans le sang pour régler les rythmes de sécrétion nocturne (et diurne) de nos glandes.

À leur tour, les hormones sécrétées par ces glandes « périphériques » vont influencer (généralement freiner) les sécrétions des hormones par l'hypophyse et la glande pinéale, par un mécanisme appelé le **contrôle rétroactif.** La boucle est bouclée.

Ces interactions glandulaires, par l'entremise d'autres hormones, s'enrichissent d'une multitude d'autres interactions hormonales : une hormone stimule (souvent) ou inhibe (parfois) l'effet d'une autre hormone sur les cellules-cibles. Une telle complexité explique l'importance, on le verra plus loin, d'un dosage approprié et d'un équilibre parfait entre les hormones entrant dans la composition d'un traitement multihormonal de supplémentation.

Les « moutons noirs » de l'actualité

Les hormones ont mauvaise presse. À cela, deux raisons essentielles : les abus et la méfiance naturelle – et quasi automatique – envers la nouveauté. Ajoutez les commentaires non scientifiques et les idées reçues qui foisonnent lorsque éclate un scandale et ne nous étonnons pas de voir ces pauvres hormones transformées en « moutons noirs » de l'actualité.

De la même façon que les trains qui déraillent font la une des journaux, ce sont les abus dans l'utilisation des hormones qui marquent les esprits. Citons, en vrac, l'usage immodéré de l'EPO par les athlètes de haut niveau, l'utilisation industrielle de compléments hormonaux dans l'élevage des animaux destinés à nos assiettes, les balbutiements malheureux dans la mise au point des premières pilules contraceptives, l'apparition de cancers lors de traitements par des produits de synthèse douteux, etc.

Autant de scandales à déplorer, certes, mais également autant de preuves de l'efficacité de ces produits qui doivent être utilisés avec bon sens et compétence. Reste à édicter et respecter les règles qui accompagnent leur usage et à s'interdire les facilités qu'ils procurent au détriment de la santé. Il en va des hormones comme de la plupart des remèdes. L'abus est dangereux. Les hormones peuvent sauver, souvent, mais également léser, quelquefois.

COMMENT LE MÉDECIN RECONNAÎT-IL UNE DÉFICIENCE AU PREMIER COUP D'ŒIL ?

Il est plus facile de décrire les signes du manque que ceux du bon état hormonal. C'est en observant de jeunes adultes que l'on peut se faire une idée de l'apparence d'une personne qui jouit de l'état optimal de toutes ses hormones. Il s'agit bien sûr d'un équilibre presque utopique tant cet état est difficile à acquérir aujourd'hui, compte tenu de la piètre qualité de l'alimentation, des mauvaises habitudes de vie et de la pollution. Sans oublier nos gènes qui sont loin d'être parfaits dans un monde qui ne l'a jamais été !

Pourtant, un médecin expérimenté dans les traitements hormonaux apprend à reconnaître les effets positifs des hormones en observant de quelle façon l'apparence physique des individus déficients change au cours des traitements qui corrigent ces déficits.

Dans **l'insuffisance franche de la glande thyroïdienne**, par exemple, le visage gonfle sous la pression des déchets qui s'accumulent entre les cellules et forment un œdème appelé myxœdème. Il devient bouffi, les paupières sont gonflées, les lèvres peuvent être plus épaisses et les cheveux deviennent secs, rêches, cassants et se raréfient diffusément. Ce visage de déficience thyroïdienne est, pour le médecin, un « miroir » dans lequel il peut lire ce qui se passe à l'intérieur du corps. Là aussi, les tissus sont gonflés par le myxœdème. Lors de la prise d'hormones thyroïdiennes, le patient change littéralement de visage. Celui-ci embellit, devient plus fin, plus ferme, les cheveux repoussent et le regard redevient brillant.

Le visage de la personne **pauvre en hormone de croissance** acquise à l'âge adulte révèle également sa déficience. Les tissus de la face ne sont plus soutenus et entretenus par la puissante hormone qui donne volume et fermeté à tous les tissus du corps. Les traits sont tirés par de longues et profondes rides, les paupières et les joues tombent, les lèvres s'amincissent, les cheveux manquent de volume tant ils sont minces et fragiles. Lors de la thérapie par hormone de croissance, le visage se resserre, les joues relâchées remontent un peu, les paupières aussi, les lèvres deviennent plus épaisses, les cheveux redeviennent fermes et solides et prennent du volume.

Les déficiences hormonales sont-elles directement responsables du vieillissement ou seulement sa conséquence ? La question n'est pas tranchée mais la participation des hormones au processus de la dégénérescence est prouvée... surtout lorsqu'elles ne sont plus là pour le ralentir.

L'hormone de jouvence, mythe ou réalité ?

Sommes-nous définitivement condamnés à ne pouvoir vivre longuement qu'à la condition d'accepter les vicissitudes de l'âge ? A-t-on vraiment envie de vivre longtemps avec un corps abîmé, perclus d'arthrose, ruminant des pensées anxieuses ou dépressives ou atteint par d'importants troubles de mémoire ? Prolonger la vie sans préserver l'état de santé présente peu d'intérêt.

Notre objectif est de parcourir les différentes possibilités qu'offrent les traitements hormonaux de prolonger la vie, certes, mais tout en augmentant sa qualité et en diminuant les risques de maladie du troisième âge.

COMMENT POUVONS-NOUS SAVOIR SI UN TRAITEMENT HORMONAL PROLONGE LA VIE HUMAINE ?

Il existe six moyens de contrôle pour vérifier si une hormonothérapie possède de fortes chances de prolonger la vie humaine.

1er moyen : l'étude prospective

C'est la méthode la plus directe. Elle consiste à mettre sur pied une grande étude prospective, à faire prendre simultanément des doses adaptées d'hormones à une population choisie et un placebo (une substance inerte) à une population comparable, en double aveugle (c'est-à-dire sans que les personnes qui donnent ou qui prennent le médicament ne sachent s'il est actif ou non). L'étude idéale serait étalée sur la durée de toute ou presque toute une vie humaine.

Mises à part les objections pratiques (80 ans de traitement et d'observations avant de pouvoir tirer des conclusions !) et éthiques (pensons aux personnes disciplinées prenant une substance inerte toute leur vie uniquement pour les besoins de la science !), il existe des problèmes nouveaux inhérents à ce type d'étude excessivement longue.

Si, par exemple, un traitement hormonal bien conduit prolonge de 20 ans la vie de ceux qui en prennent, les chercheurs seront obligés de prolonger l'étude du même nombre d'années, un obstacle de taille supplémentaire à la réalisation de l'étude. D'autre part, quelles sont les doses optimales d'hormones à donner ? Les hormonothérapies sont des thérapies hautement personnalisées. Chaque patient a besoin d'une dose adaptée à ses besoins (il n'existe pas de dose standard contrairement à ce que l'usage de la pilule contraceptive chez la femme tend à faire

croire). Pour des raisons de rigueur scientifique, ce genre d'études impose de donner la même dose à chaque patient « cobaye ». Or, cette dose hormonale unique prise par des individus différents donnera une idée fausse, probablement insuffisante, du prolongement réel de durée de vie humaine que peut apporter une hormonothérapie optimalisée.
De nombreux problèmes donc dont l'un, et pas le moindre, est que vous, lecteur de ce livre, et nous-mêmes, médecins expérimentateurs, n'auront pas le temps d'attendre les résultats.

2e moyen : l'action de l'hormone sur les malades

Il s'agit d'administrer l'hormone des malades dont l'espérance de vie est courte, cancéreux terminaux, patients atteints du sida ou enfants atteints du syndrome de vieillissement prématuré, la progérie, et de voir si elle prolonge leur vie.

3e moyen : l'expérience sur des animaux

Il consiste à administrer l'hormone à des animaux à vie courte et à voir si ces animaux vivent plus longtemps. Si un traitement hormonal procure un allongement de la longévité de façon répétitive, bien confirmé chez des animaux, il recevra l'étiquette d'« hormone de longévité » au moins pour cette espèce animale. Plus cette espèce animale est biologiquement proche de l'espèce humaine, plus la chance de voir cette thérapie hormonale prolonger également la vie humaine est élevée. Un traitement hormonal qui prolonge de façon significative la vie d'un chimpanzé, espèce proche de l'homme par exemple, est plus prometteur qu'un traitement qui prolonge la vie d'une souris.

4e moyen : l'observation des patients déficients en hormone

Il consiste à contrôler, généralement par des études faites rétrospectivement, ce qui se passe chez les patients déficients en une hormone. S'ils vivent en général moins longtemps que des personnes non déficientes, il existe de bonnes raisons de croire que le raccourcissement de leur vie est dû à la carence et que l'administration de suppléments en cette hormone augmentera leur espérance de vie.

5e moyen : une hormone administrée rétablit-elle la santé du patient ?

Une personne en bon état de santé a, en général, une plus grande espérance de vie qu'une personne du même âge en mauvaise santé. Beaucoup de maladies, même si elles n'aboutissent pas à la mort, peuvent réduire l'espérance de vie de façon importante. Si l'hormone administrée rétablit la santé du patient qui la prend, diminue le risque de maladies liées à l'âge, comme les maladies cardio-vasculaires (70 % des décès) et les cancers (20 à 25 %), mais aussi celles dont on réchappe plus facilement comme les infections, l'ostéoporose ou l'obésité, il est logique de penser que cette hormone réduit de façon effective le risque de mourir prématurément et apporte des chances sérieuses d'allonger la durée de vie humaine.

6e moyen : une hormone administrée rétablit-elle l'apparence physique du patient ?

L'apparence physique est intimement liée à l'état de santé et donne, selon notre expérience, une idée assez exacte de ce qui se passe à l'intérieur du corps.

Quelqu'un qui a l'air plus jeune est généralement en meilleure santé, et possède, par conséquent, une plus grande espérance de vie.

APPLIQUONS CES MOYENS DE VÉRIFICATION À LA MÉLATONINE

Plusieurs chercheurs spécialisés dans la mélatonine la considèrent comme « la pilule de longue vie » par excellence. Allant jusqu'à tenir la glande pinéale qui la sécrète pour « l'horloge du vieillissement », celle qui « décide » du moment où nous commençons à vieillir. Le processus de dégradation de tout le corps s'installerait, d'après leur théorie, dès que la glande pinéale commence elle-même à décliner.

L'observation des effets de la mélatonine remplit de façon assez nette plusieurs des conditions de longévité. Lesquelles ?

Les trois premiers moyens exigent qu'une expérience prospective de mélatoninothérapie soit faite sur des sujets humains ou animaux. De telles études ont été faites sur l'animal. Les résultats ont été positifs et plutôt convaincants.

Aucune grande étude prospective n'est disponible sur l'ensemble d'une vie humaine (qu'aucun produit au monde d'ailleurs ne remplit – médicament, aliment...). Cependant, plusieurs expériences réussies d'administration de mélatonine à des patients cancéreux en phase terminale ont été faites, en complément d'un traitement à l'interleukine-2, une drogue anticancéreuse mieux supportée en présence de mélatonine. Les patients cancéreux vivent jusqu'à deux fois plus longtemps grâce à une association des deux médicaments. La prolongation de la survie de ces patients cancéreux est-elle due à l'interleukine-2, à la mélatonine ou à l'association des deux produits ? Il est probable que la mélatonine elle-même allonge la durée de vie de son côté par sa seule présence (avec ou sans autres anticancéreux). Elle a des actions anticancéreuses reconnues sur des cellules humaines en laboratoire. Aujourd'hui, des études plus poussées sur des patients en phase terminale avec uniquement de la mélatonine comme traitement seraient utiles et nécessaires pour trancher définitivement la question.

Les études prospectives de traitement à la mélatonine d'espèces animales à vie courte ont démontré, de manière très nette, un allongement de la durée de vie de 25 à 30 % grâce à un traitement à la mélatonine, principalement chez les rongeurs, souris et rats. Une durée de vie encore plus longue est obtenue chez des souris âgées lorsqu'on leur implante la glande pinéale d'une souris jeune, ce qui indique que la glande pinéale synthétise encore d'autres molécules que la mélatonine qui prolongent la vie. En revanche, la durée de vie est raccourcie lorsque les chercheurs enlèvent à ces rongeurs la glande pinéale (la glande qui produit la grosse partie de la mélatonine), ou en implantent une venant d'un animal plus âgé.

Première conclusion : un traitement à la mélatonine semble bien pouvoir allonger la vie humaine.

Le quatrième moyen, reposant sur des études rétrospectives, fournit des éléments de réponse à la question : les patients pauvres en mélatonine vivent-ils moins longtemps ? Les patients affligés de certaines maladies connues pour raccourcir la durée de vie comme l'hypertension artérielle, l'insuffisance coronarienne (angine de poitrine), les cancers de l'estomac et de la prostate, le diabète et la maladie d'Alzheimer, ont un taux bas en mélatonine. Il existe donc chez eux une concordance entre un faible taux de mélatonine et une moindre longévité. Est-elle fortuite ? Le faible taux de mélatonine n'est-il qu'une suite sans incidence de ces maladies ? Contribue-t-il à favoriser ces maladies et à réduire la longévité de ces patients ? Est-il plausible qu'en élevant le taux en mélatonine chez ces malades, on augmentera leur espérance de vie ? Les réponses à ces questions demandent encore des études rigoureuses sur l'être humain, mais pour ajouter un argument en faveur d'une réponse positive, nous n'avons trouvé aucune étude relevant l'existence d'une maladie qui raccourcit la durée de vie et où le taux en mélatonine reste élevé.

Deuxième conclusion : le manque de mélatonine semble bien réduire l'espérance de vie, ce qui renforce la position de la mélatonine comme hormone de longévité humaine.

Le cinquième moyen pose les questions suivantes : un traitement à la mélatonine diminue-t-il l'incidence de maladies liées à l'âge qui réduisent l'espérance de vie ? Et une fois que ces maladies sont installées, la mélatoninothérapie peut-elle endiguer leur évolution et leur gravité ? Apparemment oui, pour plusieurs maladies comme le diabète (chez l'animal), divers cancers (du moins chez l'être humain sur les cancers en phase terminale avec métastases, une augmentation de la durée semble être obtenue en associant la mélatonine à un anticancéreux), certaines maladies cardio-vasculaires comme l'excès de cholestérol (chez l'animal), l'hypertension artérielle et les excès de coagulation du sang durant la nuit, etc.

Notons également qu'il est probable que la mélatoninothérapie empêche ou retarde l'apparition de ces mêmes maladies chez

l'être humain, comme c'est le cas pour le diabète chez les hamsters, les cancers de toutes sortes chez les rongeurs et les maladies cardio-vasculaires chez l'animal, en général.
Troisième conclusion : la thérapie à la mélatonine semble effectivement réduire l'incidence et la gravité de maladies liées à l'âge et porteuses d'une réduction de la longévité, ce qui renforce une fois de plus les chances que la mélatonine soit bien une hormone qui accroît la longévité humaine.

D'après le sixième moyen, la thérapie à la mélatonine améliore-t-elle l'apparence physique, peut-elle rajeunir notre corps physiquement ? On a observé que les patients prenant de la mélatonine dorment mieux, paraissent plus reposés. Certains médias et milieux scientifiques ont considéré ces données comme insuffisantes, un peu hâtives et prématurées, et ont incité les médecins et le grand public à faire preuve de la plus grande prudence. Ont-ils raison ? Les données sur la sécurité et l'efficacité offertes par la mélatonine sont-elles incomplètes ou insuffisantes ? Ou au contraire, assez solides et convaincantes ? Toute nouvelle thérapie provoque des controverses. Les critiques, qu'elles soient positives ou négatives, sont nécessaires pour se faire une idée sur la valeur et la validité d'un nouveau traitement. Nous vivons une période transitoire où les observations sur les effets favorables de la mélatonine s'accumulent rapidement tandis que les données sur les effets nuisibles semblent manquer, bien que des millions d'Américains en consomment librement chaque jour.
La position actuelle la plus répandue dans le public est la suivante : s'il n'est pas encore prouvé que la mélatonine prolonge

la vie humaine, aucune donnée ne permet de croire qu'elle la raccourcirait.

Quatrième conclusion : tout porte à croire que l'on peut prendre de la mélatonine car le risque de mal faire semble très faible. Notre avis n'est pas très éloigné de ce point de vue, à condition que la mélatonine soit administrée chez les personnes qui en manquent et que la dose juste, celle qui comble le déficit et pas plus, soit donnée.

Comme on le voit, à partir de cette brève analyse des effets de la mélatonine et de ses pouvoirs rajeunissants, le débat sur l'existence d'une « hormone de jouvence » n'est pas prêt d'être clos. Reste que, l'âge venant, l'homme produit de moins en moins d'hormones. Le vieillissement est-il dû à cette raréfaction ou cette raréfaction est-elle provoquée par le vieillissement ? La réponse n'est, bien sûr, pas aussi simple et il semble bien que, comme dans tout processus hormonal, un cercle d'interactions s'installe : en vieillissant, l'homme produit moins d'hormones et cette raréfaction le fait vieillir encore plus. D'où l'importance de contrecarrer l'effet des insuffisances au plus tôt.

POURQUOI PRODUISONS-NOUS DE MOINS EN MOINS D'HORMONES EN PRENANT DE L'ÂGE ?

Au cours de la vie, plusieurs facteurs agressants vont affaiblir et user peu à peu nos glandes endocrines, et leurs sécrétions hormonales vont s'atténuer.

Jour après jour, des substances toxiques produites par un environnement de plus en plus pollué s'accumulent dans les glandes et les abîment. De plus, avec le temps, le sang coule dans des vaisseaux de plus en plus fripés et usés. La circulation du sang vers les organes et les glandes endocrines se fait de plus en plus difficile. L'oxygène et les nutriments finissent par ne plus arriver qu'au compte-gouttes dans les glandes privées de sang frais.

Une mauvaise alimentation ne fait qu'aggraver la situation. Mal manger prive les glandes des substances nécessaires à la fois au renouvellement de ses constituants et à la fabrication de nouvelles hormones, et les rend défaillantes.

Enfin, les assauts répétés des microbes, des virus, des bactéries, des parasites, des moisissures détruisent progressivement les tissus glandulaires. Un passé d'infections fera « craquer » les glandes brusquement ou lentement, selon les individus.

Mais le grand responsable de cette diminution de production hormonale avec l'âge est l'impitoyable et inévitable vieillissement des glandes elles-mêmes. Celles-ci s'épuisent et s'usent au fil des années et ne parviennent plus à remplacer correctement leurs cellules mortes. Les déchets s'accumulent et se concentrent dans les cellules restantes, ce qui va freiner leur activité et diminuer leur efficacité.

Il se peut que ce tarissement hormonal soit dû tout simplement aux gènes qui programment, de façon préalablement établie, la dégradation des glandes et des organes à un moment donné pour nous obliger à faire place à de nouvelles générations d'hommes et de femmes.

Chez chacun de nous, les glandes s'usent donc tôt ou tard et les hormones finissent par se raréfier. Nous avons d'ores et déjà les moyens d'éviter une grande part de ce dépérissement en comblant les manques hormonaux.

À PARTIR DE QUEL ÂGE PEUT-ON COMMENCER UN TRAITEMENT DESTINÉ À AMÉLIORER LA QUALITÉ DE VIE ET AUGMENTER LA LONGÉVITÉ ?

Hélas, le vieillissement peut s'installer tôt. Un bébé peut naître avec une carence vitaminique ou hormonale. La correction de cette déficience améliore son bien-être, sa santé et ses possibilités.

Chez certains individus frappés par le syndrome de vieillissement prématuré, appelé progérie, le vieillissement s'installe dès l'âge de 3-4 ans et mène à une mort précoce vers 13-15 ans.

Il est des périodes difficiles à tous les âges de la vie où apparaît un besoin accru en vitamines, en minéraux ou en hormones. Ce besoin peut entraîner un état temporaire de déficience si aucun supplément n'est administré. Un stress de longue durée, par exemple, augmente la consommation d'hormones et diminue simultanément leur production interne. D'où un état temporaire de déficience hormonale qui peut faire vieillir prématurément.

Autre exemple : la dénutrition. Une carence alimentaire grave (dans les cas d'anorexie mentale chez une adolescente, par exemple) fait chuter les taux hormonaux et ouvre la voie à des processus de dégradation du corps et donc au vieillissement.

Il en va de même de la suralimentation, de la consommation excessive de sucreries, d'alcools, qui induisent aussi un stress exagéré sur le corps, l'affaiblissent et facilitent le déclenchement du processus de vieillissement prématuré. Citons aussi le tabagisme, la toxicomanie, les maladies infectieuses, la pollution, le sport intensif, etc., toutes ces agressions qui fragilisent le corps et peuvent l'user précocement.

Dans ce domaine, chaque personne est à considérer comme unique, avec un état hormonal et nutritionnel optimal qui lui est particulier. L'idéal serait de faire un premier bilan de santé avec contrôle rigoureux de l'état hormonal et nutritionnel dans une période optimale de santé entre 18 et 23 ans chez la femme par exemple et entre 21 et 25 ans chez l'homme. À cet âge, l'individu présente rarement de grosses carences et les taux hormonaux peuvent, chez beaucoup de sujets, être considérés comme proches de l'optimal. Il est concevable que ces taux d'hormones, à l'âge du jeune adulte, soient les taux optimaux pour une bonne santé et qu'ils devraient être conservés le plus longtemps possible.

Bien sûr, beaucoup de jeunes adultes se nourrissent mal et connaissent des déficiences en vitamines, oligo-éléments et minéraux. Mais ces déficiences sont souvent modérées et temporaires et une simple correction restaure l'état de santé de manière à éviter tout vieillissement précoce.

Mais, à partir de l'âge du jeune adulte, il faut redoubler d'attention car après 25-30-35 ans, une forme très modérée de vieillissement s'installe qui s'aggrave et devient visible vers 40-45-50 ans.

Bien sûr, certains individus auront besoin de se faire traiter dès le plus jeune âge, dès la naissance quelquefois pour préserver au mieux leurs chances de santé, mais nous pensons que, pour la plupart des sujets, des traitements hormonaux devraient être envisagés entre 30 et 45 ans.

Il se peut qu'à l'avenir, les bébés soient soumis dans les maternités à des investigations de pointe systématiques en vue de détecter des micro-carences hormonales et qu'ils seront traités par des micro-doses appropriées pour garantir les chances de bénéficier d'une santé optimale. Mais nous n'en sommes pas encore là.

Quant aux traitements diététiques, vitaminiques et en oligo-éléments, nous pensons qu'il serait justifié que, dès le plus jeune âge, tout soit fait pour en optimiser les taux.

QUELLES HORMONES SE RARÉFIENT AVEC L'ÂGE ?

Parcourons, pour chaque hormone majeure, l'évolution avec l'âge de son taux dans le sang et de son excrétion dans les urines (collectées pendant 24 heures). Ces données illustrent l'épuisement de sa sécrétion chez l'adulte.

LE TAUX DES HORMONES THYROÏDIENNES T_3 ET T_4 DANS LE SANG

Taux de T_3 dans le sang (ng/100ml) :

Le taux de T_3 décline avec l'âge.

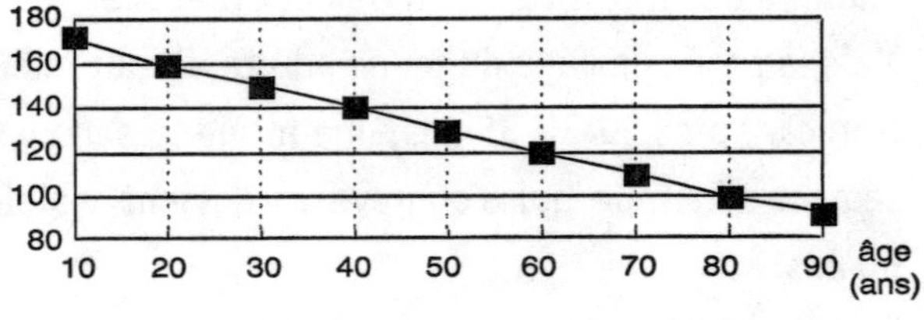

Taux de T_4 dans le sang (mcg/100ml) :

Le taux de T_4 décline avec l'âge.

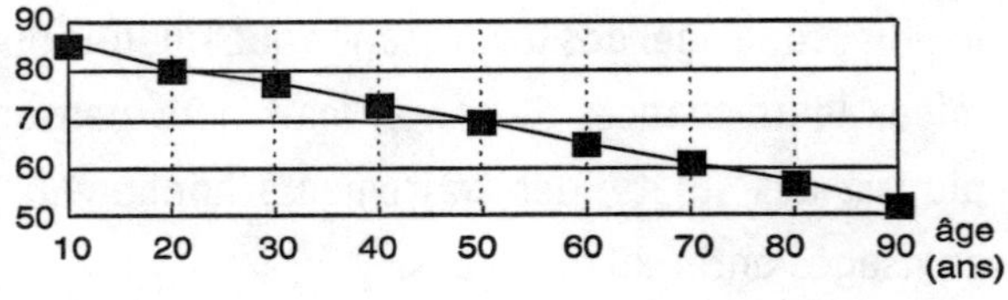

L'excrétion des métabolites de cortisol dans les urines

Taux des métabolites de cortisol dans les urines de 24 heures mcg/ml :

L'excrétion des métabolites de cortisol dans les urines de 24 heures décline avec l'âge.

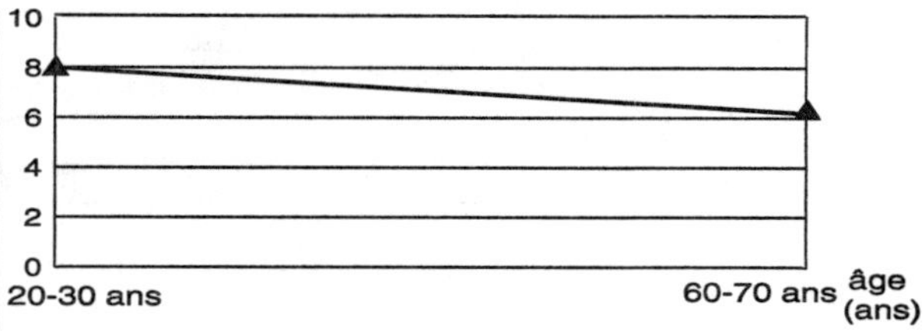

Le taux d'aldostérone dans les urines

Taux d'aldostérone dans les urines mcg/24h :

L'excrétion d'aldostérone dans les urines décline avec l'âge chez des sujets normaux lors d'un régime de prise de sel à volonté. La baisse avec l'âge est encore plus nette avec un régime pauvre en sel.

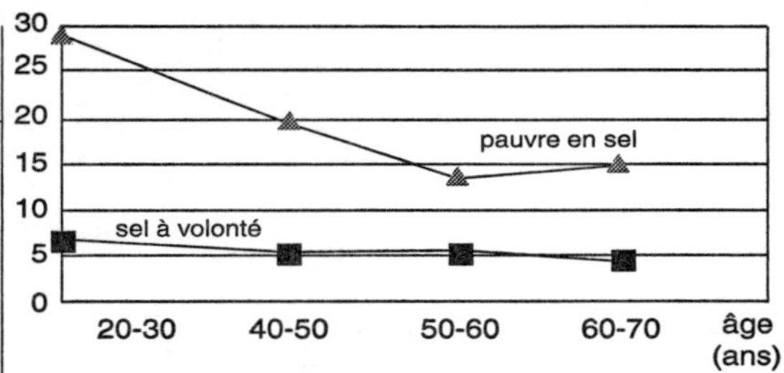

LE TAUX DE DHEA SULPHATE DANS LE SANG

Taux de DHEA dans le sang (ug/ml) :

Le taux de sulphate de DHEA dans le sang décline avec l'âge.

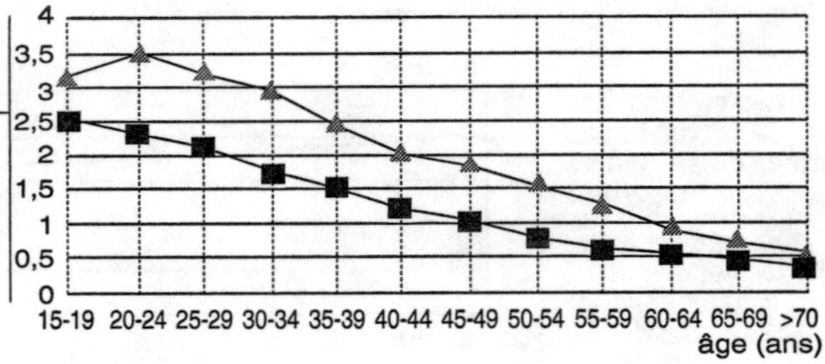

LE TAUX DE MÉLATONINE DANS LE SANG

Taux nocturne de mélatonine dans le sang (ug/ml) :

Le taux de mélatonine dans le sang décline avec l'âge.

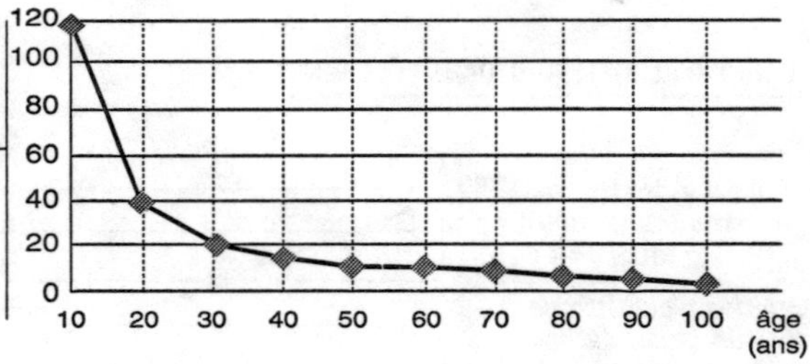

L'EXCRÉTION DE TESTOSTÉRONE DANS LES URINES

Testostérone excrétée dans les urines de 24 heures mcg/ml :

L'excrétion de testostérone dans les urines décline avec l'âge chez les (59) hommes (de l'étude) à partir de 30 ans.

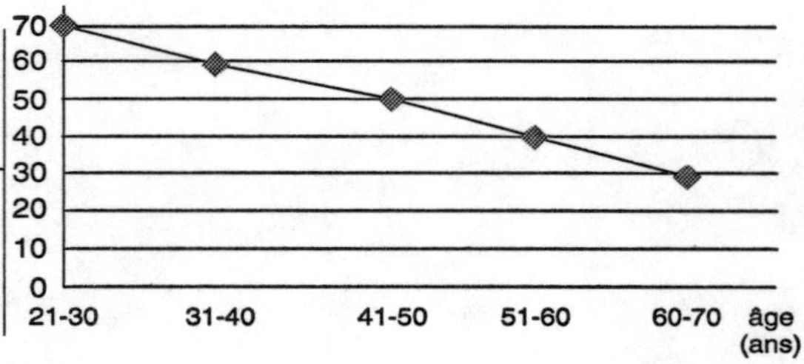

Le taux de somatomédine C dans le sang

Taux de somatomédine C dans le sang (unités/ml) :

Le taux de somatomédine C chez l'adulte décline avec l'âge.

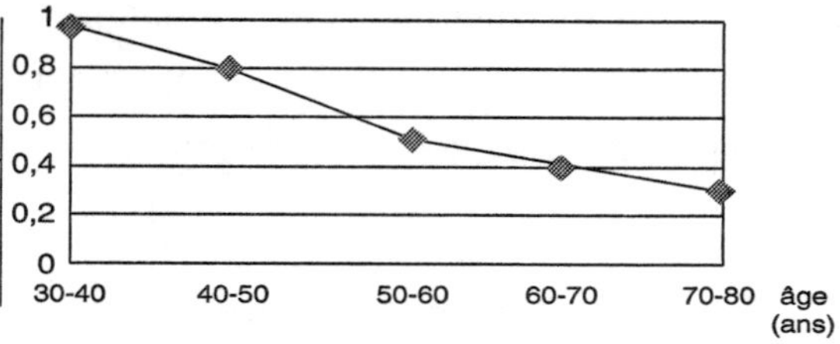

Le taux de TSH dans le sang

Taux de TSH dans le sang (log naturel) (mcg/l) :

Le taux de TSH dans le sang chez 202 patients atteints de déficience thyroïdienne primaire décline avec l'âge.

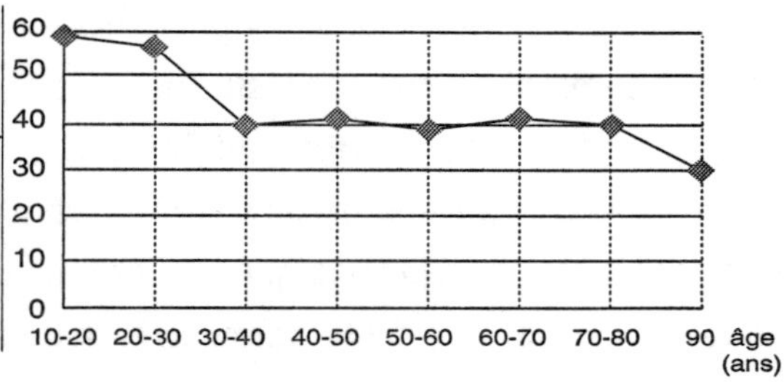

Le taux nocturne d'hormone de croissance dans le sang

Pic nocturne du taux d'hormone de croissance (ng/ml) :

Le pic de taux nocturne d'hormone de croissance chez des hommes décline avec l'âge. À 70-80 ans, environ 50 % des sujets n'ont plus de taux significatif d'hormone de croissance dans le sang.

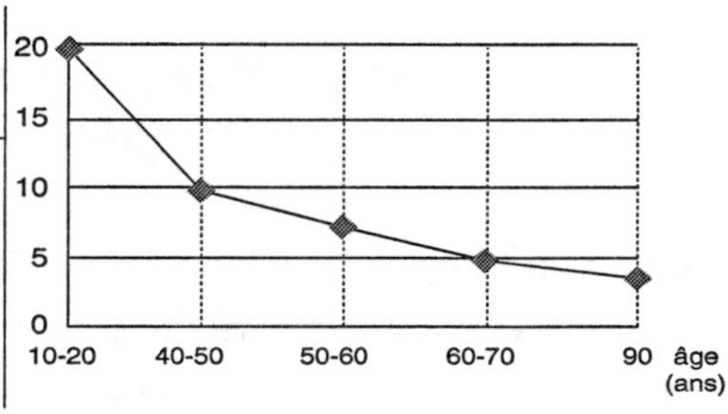

Comme vous pouvez le constater, malgré tous nos efforts pour rester en forme, nous subissons avec l'âge une « fuite » des diverses hormones indispensables à une bonne santé. Cette perte d'hormones s'accentue au fil du temps et nous vole notre jeunesse, la santé, le bien-être et la beauté.

L'action des hormones, un travail d'équipe

Après avoir bénéficié pendant des années d'une richesse en hormones parfois exceptionnelle, l'adulte s'enfonce avec les années, petit à petit, dans les sables mouvants des défaillances glandulaires. Les carences hormonales apparaissent progressivement dans son corps, souvent à son insu. Elles n'apparaissent au grand jour que tard dans sa vie, trop tard, lorsque les dégâts semblent irrémédiables. Si aucune mesure préventive n'a été prise, il se retrouve un beau matin « marqué par les stigmates du temps ». Croire qu'au pire, une seule hormone fera défaut après la cinquantaine (comme les hormones thyroïdiennes ou les hormones féminines, par exemple) n'est qu'illusion. La réalité est tout autre, plus impitoyable, mais les possibilités sont aussi plus prometteuses.

C'est une évidence, les jeunes adultes possèdent des niveaux d'hormones plus élevés que ceux de leurs aînés, cela se voit !
La plupart des hormones des « quinqua » stagnent à des concentrations insuffisantes, bien inférieures à celles présentes à l'âge de 20-30 ans. Ceux qui prétendent bien se porter à 60 ans, parce que leur analyse de sang se montre exempte de toute anomalie hormonale, témoignent simplement de leur manque de connaissance.

LE SYNDROME DES DÉFICIENCES MULTIPLES

Sans supplément hormonal, aucun de nous, lors d'une vie de durée normale, n'échappera à la survenue du « syndrome des déficiences multiples ».

Il y a tout avantage à déceler et à combler rapidement ces multiples carences. Comment ? Les meilleurs traitements, ceux qui offrent le plus de résultats et de sécurité, font intervenir plusieurs hormones. Une monothérapie hormonale donne des résultats gratifiants, mais, d'après notre expérience, elle ne suffit pas.

LA SYNERGIE ENTRE LES HORMONES

Les hormones sont souvent interactives, se « dopant » ou se freinant mutuellement, restant rarement indifférentes aux charmes de leurs « collègues ».

En l'absence quasi totale de l'une d'entre elles, beaucoup d'hormones ne travaillent plus avec le même entrain. L'esprit d'équipe est rompu et l'efficacité moindre. Comme dans une grande entreprise, l'absence ou le travail insuffisant d'un responsable de haut niveau, d'une hormone majeure, nuira au bon fonctionnement de l'entreprise, à la santé du corps.

UN JUSTE ÉQUILIBRE À TROUVER

Un équilibre harmonieux, une juste « répartition » des tâches entre ces hormones permet au corps de fonctionner correctement. Obtenir cet équilibre se révèle une opération délicate qui ne peut être entreprise que par un médecin qui prescrira une thérapeutique composée de plusieurs hormones judicieusement choisies. Le traitement des femmes ménopausées offre un excellent exemple de l'importance d'une telle thérapie. Passé le cap fatidique de la ménopause, les muscles se relâchent et perdent leur tonus. Or, si la patiente prend des cachets ou des pilules d'œstrogènes (hormones féminines), ce relâchement musculaire s'accentue. Pourquoi ? Parce que les œstrogènes pris par la bouche s'entassent dans le foie et poussent celui-ci à sécréter dans le sang un excès de protéines qui fixent et désactivent un peu trop diverses hormones, dont les androgènes nécessaires à une bonne musculature. La solution est donc de prendre un supplément d'une autre hormone, d'un androgène comme la DHEA ou même la testostérone. S'il est bien équilibré, un traitement n'occasionne aucune nuisance, comme, par exemple, une poussée de poils ou une trop forte musculature.

EN HORMONOLOGIE, 1 + 1 = 3

Chaque hormone supplémentaire amplifie très souvent l'impact des autres thérapies hormonales déjà suivies. Une hormone + une hormone ne font pas deux mais trois, c'est-à-dire que des bénéfices supplémentaires surviennent lors d'une hormonothérapie à deux (ou plus) hormones différentes.

Le sida offre l'exemple d'une « synergie » positive entre deux hormones. Une cure séparée d'hormone de croissance ou d'insuline n'offre que peu de résultats. Aucune ne suffit à elle seule à redonner un poids convenable au patient. En revanche, si les malades reçoivent les deux hormones par injection quotidienne des deux produits, ils regagnent miraculeusement du poids là où il le faut et sous la forme désirée (plus de muscles, plus d'organes) et reprennent des forces nouvelles. La recette combine donc l'insuline à l'hormone de croissance, chacune suractivant les pouvoirs de l'autre.

Le tableau qui suit schématise ces effets stimulateurs et « synergiques » (représentés par le signe +) d'une hormone sur l'autre. Il consigne également les actions inhibitrices (représentées par le signe -), car certaines hormones peuvent freiner l'ardeur d'autres hormones (la calcitonine, par exemple, peut freiner l'activité de l'hormone de croissance).

L'HORMONOTHÉRAPIE MULTIPLE, UN TRAITEMENT D'AVENIR

Cette suractivation d'un traitement hormonal par des suppléments réguliers d'une autre hormone (de structure parfois bien divergente) autorise (et même oblige, sous peine de signes de surdosage) le médecin à prescrire des doses plus modérées de chaque hormone.
La cure de la très puissante hormone de croissance pratiquée chez l'adulte illustre bien notre propos. Imaginez que votre médecin détecte chez vous une série d'autres carences et décide de vous prescrire cette coûteuse hormone en combinaison avec des hormones thyroïdiennes, des androgènes, de la mélatonine et, si vous êtes une femme, de l'œstradiol et de la progestérone. Que va-t-il se passer ? Si le juste équilibre hormonal est obtenu, votre état de santé va s'améliorer très sensiblement et cette association de plusieurs hormones synergiques fera diminuer,

EFFETS SIMULATEURS (+) OU DÉFAVORABLES (↘)

Influence interactions	H croissance	ACTH	Mélatonine	H. thyroïdienne	DHEA	Prégnénolone	Cortisol	EPO	Insuline	Œstradiol	Progestérone	Testostérone
H croissance			+	+	+		+/↘		+	+	+	+
ACTH		+			↘		↘					
Vasopressine							↘					
Mélatonine				+/↘			↘					
H. thyroïdienne	+**		+**		+		↘	+	+**	↘	+	+
DHEA	+	+		+		+	↘	+	↘	+	+	+
Prégnénolone		+		+	+		↘	+	↘	+		+
Cortisol	+	+	↘	+		+				+		+
Aldostérone	+	+		+						+	↘	+
EPO	+			+	+					+		+
Insuline			+	+	+		+/↘	+		+***		+
Œstradiol	↘		↘	+	+		+	+	+		↘	↘
Progestérone	↘	+	↘	+		+	+	+		+		↘
Testostérone	+		↘	+	↘	+	↘	+	↘	↘	+/↘	

* + à doses physiologiques, – à doses excessives
** stimule la réaction d'activités thyroïdiennes : T_4 (prohormone) → T_3 (active)
*** œstradiol administré par voie transdermale (par voie orale c'est l'inverse)

selon notre expérience, la dose d'hormone de croissance à prendre et rendra l'hormonothérapie de croissance non seulement plus efficace mais aussi d'un prix moins élevé.

Comment détecter une déficience hormonale et nutritionnelle

La médecine moderne n'échappe pas aux technologies sophistiquées. Cette médecine high tech mérite indiscutablement des applaudissements et constitue un progrès médical majeur... à condition d'être bien utilisée et bien interprétée. Quelques laboratoires (trop rares encore) offrent maintenant la possibilité de tester dans le sang, la salive et les urines les taux en hormones, vitamines et oligo-éléments. Des tests sur les cheveux sont également possibles pour les oligo-éléments.

L'imagerie médicale (scanner, résonance magnétique nucléaire, ostéodensitométrie, scintigraphie, échographie, etc.) apporte également des informations précieuses.

Pourtant en hormonologie ces informations doivent toujours être corrélées à un examen physique et un interrogatoire rigoureux du patient par le médecin. Une évaluation, basée uniquement sur des résultats biologiques et/ou radiologiques, laisse souvent des déficiences hormonales cliniquement tout à fait évidentes, non diagnostiquées. En hormonologie, très souvent, l'interprétation des résultats des examens de laboratoire obtenus par la technologie de pointe laisse à désirer. Alors que tout est normal dans les examens techniques de certains patients, un simple coup d'œil et une dose de bon sens suffiraient souvent à infirmer radicalement cette conclusion incorrecte.

UN POINT FAIBLE DES TESTS DU SANG : LEURS VALEURS « NORMALES »

Pour vérifier votre état hormonal, les médecins vous prescrivent le plus couramment des examens de sang. En toute bonne foi, ils fondent leur diagnostic essentiellement sur deux types de tests : ils font d'abord un bilan sanguin normal, puis ils font analyser la concentration de l'hormone à contrôler dans votre plasma après avoir stimulé votre glande (endocrine) en injectant dans une de vos veines un produit qui avive la sécrétion de cette hormone. Poussés par un souci de rigueur et d'objectivité, ils prescrivent ces dosages pour mieux cerner votre état de santé. Jusque-là, pas de problème. Mais parfois, ce zèle médical se transforme en tendance à vouloir tout simplifier : malade ou pas, déficience hormonale ou non, on s'appuie trop vite sur des statistiques établies à partir d'une population considérée comme normale. Cette attitude n'est pas nécessairement très scientifique car le tout ou rien n'existe que rarement en hormonologie. Beaucoup d'entre nous ne méritent ni l'étiquette d'« incontestablement malade », ni celle de « personne en excellente santé ». De nombreux stades intermédiaires de défaillances glandulaires plus subtiles se retrouvent entre la belle santé hormonale de certains jeunes adultes et l'état hormonal déplorable du malade alité. Les tests de sang (ou la mauvaise façon de les interpréter) repèrent mal ces manques discrets d'hormones, ces déficits qui ne sont pas (encore) catastrophiques. Néanmoins, toutes ces personnes à défaillance(s) glandulaire(s) pâtissent du manque d'hormones et souffrent déjà, bel et bien, dans leur corps, de signes de vieillissement prématuré.

Vous n'êtes pas une machine. Un seul test (même du sang), à

moins de se révéler « catastrophique », très loin de l'optimal, ne suffit pas pour poser un diagnostic suffisamment étayé de déficience hormonale.

LES AVENTURES-MÉSAVENTURES DE L'ÉVALUATION DE L'ACTIVITÉ THYROÏDIENNE

Les tests de sang prescrits pour évaluer une activité thyroïdienne, par exemple, montrent bien cette faiblesse des analyses sanguines. Avant que l'hormone thyroïdienne ne parvienne à agir sur vos cellules, toute une « odyssée » thyroïdienne se déroule dans huit à neuf secteurs différents de votre corps.

1°) Des nerfs qui partent du cortex expédient à toute allure des instructions à la glande thyroïde vers une zone plus profonde du cerveau, l'**hypothalamus.**

2°) Suite à ces informations, l'hypothalamus décharge diverses substances dans le sang, comme le très puissant TRH (*Thyroid Releasing Hormone*), qui vont échauffer ou calmer l'ardeur de la glande hypophyse pour la thyroïde.

3°) La glande hypophyse, à son tour, projette dans le sang une substance-missile, la TSH (de l'anglais *Thyroid Stimulating Hormone*) qui va s'agglutiner avec avidité sur la glande thyroïde et l'activer.

4°) À ce contact, la glande thyroïde s'évertue, vaille que vaille, à fabriquer des hormones thyroïdiennes. Chaque année, à l'âge adulte, cette production hormonale se ralentit, car de minuscules petites usures appauvrissent et lézardent la glande thyroïde, et minent de plus en plus son activité.

5°) Les hormones thyroïdiennes, déversées dans le sang, surtout sous forme de thyroxine ou T_4 (le précurseur quasi inactif), se dépêchent vers le foie. Pour ce faire, elles « font du stop » et se laissent prendre comme passagers par de grandes molécules, de gros camions transporteurs, dont la TBG (*Thyroid Binding Globulin*) peu encline à relâcher ses passagers.

6°) Le foie accueille finalement ces molécules de thyroxine « auto-stoppeuses » et, s'il est en bon état, métamorphose la paresseuse T_4 en active T_3 ou triiodothyronine. Un pas décisif et nécessaire qui va survolter l'activité thyroïdienne.

7°) La très active T_3 s'engage alors prudemment dans le sang où elle se fait happer, qu'elle le veuille ou non, par les gros transporteurs tenaces comme la TBG.

8°) Profitant d'une « distraction du chauffeur », les molécules de triiodothyronine s'échappent de temps en temps de leur moyen de transport et s'engouffrent dans les cellules-cibles. Là, la T_3 s'agglomère sur des récepteurs spéciaux, qui ne sont pas toujours présents en grand nombre, et « boute le feu » à la cellule qui, excitée et enthousiaste, se démène de plus belle.

9°) Sous le feu des hormones thyroïdiennes, de nouvelles protéines jeunes et efficaces naissent dans la cellule. Les mitochondries (centrales d'énergie de la cellule) s'agitent et accélèrent leur travail capital de production de chaleur et d'énergie. Si tout va bien, cette activité thyroïdienne prend son rythme de croisière. En revanche, si une pénurie en substrats s'installe, l'action thyroïdienne dans les cellules bat de l'aile. Ces substrats se composent à la fois de « briques » de construction nécessaires pour former de nouvelles protéines, et de substances « carburant » qui donnent l'énergie pour faire tourner la machinerie de la cellule. Une mauvaise alimentation ou une digestion déplorable amènent une disette en briques et en carburant. D'autres causes interviennent chez les personnes âgées telle une diminution de l'arrivée de sang dans la glande thyroïde, qui prive leurs cellules d'oxygène, les asphyxie et perturbe sérieusement leur activité thyroïdienne. De plus, à son tour, ce manque de sang frais frustre les cellules thyroïdiennes des nutriments indispensables à leur bon fonctionnement et crée la famine dans les cellules-cibles de l'activité thyroïdienne. La spirale infernale, une fois commencée, continue... Des substances messagères comme les hormones et les neurotransmetteurs viennent à manquer, désorganisant plus encore les cellules thyroïdiennes. Quel est l'effet final thyroïdien sur les cellules du corps ? Cette activité thyroïdienne réelle (l'effet final thyroïdien) se révèle ou se reconnaît par la présence ou l'absence de divers signes de santé thyroïdienne sur votre corps. Le bien-être thyroïdien implique l'absence de toute plainte typique de l'insuffisance thyroïdienne. C'est cet effet final qui importe.

Chacun de ces neuf niveaux « thyroïdiens » précités présenteront tôt ou tard une lacune de fonctionnement, une usure. L'accumulation de ces petites usures va nuire au bon déroulement de l'activité hormonale dans les cellules. Une déficience hormonale manifeste apparaîtra, ainsi que les premiers signes de vieillissement dus à cette carence hormonale.

Or, les tests sanguins actuels les plus usités ne vérifient que deux à quatre de cette petite dizaine de paliers ! En général, seul le « fonctionnement » de la glande hypophyse (TSH) (3e étape), de la glande thyroïde (4e étape) et du sang (T_4 libre) (5e étape) subissent un contrôle. Parfois, on contrôle également l'hypothalamus (test au TRH) (2e étape). Hélas, ce contrôle partiel ne suffit pas à juger correctement de votre activité thyroïdienne. Ces tests ne vérifient généralement pas le principal : l'effet thyroïdien final sur vos cellules (9e étape). Dommage ! Heureusement, on dispose d'autres moyens.

Cette précarité des tests hormonaux du sang pour juger à eux seuls de l'état hormonal thyroïdien vaut pour la plupart des autres hormones.

LES DIFFÉRENCES ENTRE « LA DÉFICIENCE », « LE NORMAL » ET « L'OPTIMAL »

Une confusion règne dans le monde des hormonologues. Plusieurs experts ne font pas la différence entre les valeurs « normales » pour une hormone, une appellation trompeuse (remplacée parfois par valeurs de « référence »), et la valeur « optimale », indispensable pour se sentir bien dans sa peau et jouir d'une bonne santé.

Les valeurs « normales » que votre laboratoire favori imprime à droite du protocole (la feuille de résultats) de votre analyse ne sont pas déterminées en examinant le sang d'hommes et de femmes en excellente santé et ne les comparent pas à celui de patients atteints de façon incontestable. La loi oblige votre laboratoire de désigner ses propres valeurs de référence. Chaque laboratoire dispose en effet d'un appareillage médical différent et utilise des techniques différentes. Il est donc logique qu'il ait ses propres « références ». La procédure est simple : le laboratoire calcule les extrêmes après avoir réalisé suffisamment d'analyses d'une hormone (quelques milliers de tests dans les grands laboratoires). Or, qui va passer au laboratoire pour se faire piquer la veine ? Des hommes et femmes jeunes pétillants de santé ? Des personnes plus âgées qui se sentent bien, guéries de toute affection ? En fait, la plupart des personnes testées par le laboratoire sont des patients motivés par un trouble de santé. Généralement, après quelques milliers d'échantillons obtenus sur cette population d'individus « malades », les biologistes calculent deux valeurs-limites (inférieure et supérieure) pour le test hormonal. Et là, surprise ! La science statistique conclut que 95 % de cette population de patients se trouvent dans ces limites qualifiées de « normales ». La normale se définit ainsi froidement comme « ce qui est fréquemment rencontré et est important » ; « ce terme n'a pas d'autre signification », informe la sixième édition des tables scientifiques (des *Documenta Geigy*). Cela signifie que seuls 2,5 % des malades chez qui le médecin fait une prise de sang pour doser une hormone soupçonnée d'être anormale affichent un taux sous la valeur inférieure de référence du laboratoire pour ce test, et 2,5 % sont au-dessus du palier de référence supérieur. Seuls 5 % au grand maximum se retrouvent en dehors des limites et méritent, si l'on considère ces limites comme des valeurs délimitant la bonne santé, d'être traités. Une situation illogique qui amène le médecin, trop confiant en la supériorité des tests techniques sur son propre bon sens et sa compétence propre, à rater le diagnostic de troubles hormonaux.

Mais l'incohérence ne s'arrête pas là. Pour beaucoup d'hormones, les biologistes méticuleux adaptent les valeurs de référence à l'âge. Par exemple, chez les femmes après 60 ans, toutes ménopausées, les valeurs « normales » pour l'hormone féminine œstradiol se situent souvent entre 10 et 40 pg/ml. Des taux insuffisants pour n'importe quelle femme, mais qui représentent les valeurs obtenues chez 95 % des femmes à cet âge où toutes les femmes non traitées (par des suppléments d'œstrogènes) souffrent de déficience en œstradiol. Un taux d'œstradiol dans le sang de 55 pg/ml, largement au-dessus du palier supérieur des 40 pg/ml, ne suffit même pas, en principe. Les os se décalcifient, la fatigue s'implante, le vieillissement s'accélère, etc. La valeur optimale de l'œstradiol se chiffre entre 70 et 180 pg/ml, dépendant de la constitution physique de chaque femme.

Les valeurs « normales » ne constituent donc nullement des indices délimitant l'état de bonne santé. Elles ne donnent qu'une idée des taux hormonaux moyens des autres patients du laboratoire.

COMMENT DÉCOUVRIR CHEZ VOUS VOTRE VALEUR OPTIMALE POUR UNE HORMONE PARTICULIÈRE ?

Le niveau optimal d'une hormone varie d'un individu à l'autre. Ce chiffre dépend du degré de développement des organes et du corps à la puberté. Plus grand vous êtes, par exemple, plus riche a été votre production d'hormone de croissance lors de la croissance et plus élevés sont vos taux d'hormone de croissance et de son bras droit, la somatomédine C, pour que vos organes, une fois devenus grands, fonctionnent bien. Un adulte costaud, de très grande taille, a donc produit beaucoup d'hormone de croissance. Son corps de géant, ses organes volumineux se sont formés pour des taux élevés de somatomédine C. En pleine croissance, ce taux de somatomédine C approche probablement les 550 à 750 microgrammes par litre, alors que le taux des jeunes hommes de taille moyenne de son âge avoisine les 400 (les valeurs « normales » à cet âge se situent entre 290-550). Des années après la croissance, une période de sa vie où un adulte ne grandit plus, son corps se contente de 30 à 50 % de ces taux maximaux. À cette concentration optimale, les tissus « grandis » restent soutenus et fonctionnent bien, sans plus grandir. Mais plus tard, vers 50 ans, une déficience en hormone de croissance/somatomédine C s'est installée, et la valeur de la somatomédine C dans le sang est descendue à 250 mcg par litre. Les organes sont alors mal soutenus, se tassent et commencent à présenter des dysfonctionnements.

Pour corriger la déficience hormonale, le traitement à l'hormone de croissance doit pousser le taux de somatomédine C à des niveaux supérieurs, aux environs de 360 à 400 (mcg par litre), et non pas entre 110 et 250 comme l'indiquent les valeurs de référence adaptées à la catégorie d'âge des 50-59 ans. Chez les individus de petite taille, des valeurs de 250 mcg par litre suffisent car dans leur jeune âge, ils n'ont pas eu de taux plus élevé. En second lieu, la valeur optimale se place dans les niveaux des valeurs existantes chez les jeunes adultes. Tous nos organes, tissus, cellules ont grandi, se sont formés pour ces taux élevés de jeunesse des 20 à 30 ans. La « machine » ne tourne bien qu'imprégnée par cette richesse juvénile. À des taux plus bas, notre moteur tousse, crachote et s'essouffle.

UN MANQUE HORMONAL SE DÉMONTRE EN RASSEMBLANT PLUSIEURS OBSERVATIONS

Pour identifier la carence en une hormone, il faut évaluer correctement l'activité réelle de cette hormone dans le corps, c'est-à-dire l'effet final de l'hormone dans les cellules-cibles. Si cet effet se montre insuffisant, il convient de poser le diagnostic de carence hormonale. Le moyen le plus rigoureux consiste à combiner plusieurs approches et à en tirer les conclusions. Voici les approches associées que nous proposons pour identifier vos insuffisances hormonales :

Un relevé des plaintes et des signes physiques de manque hormonal

Un relevé fouillé de ces symptômes permet d'apprécier avec une certaine acuité votre activité hormonale réelle, le fameux effet final de l'hormone étudiée sur vos cellules-cibles. Le médecin expérimenté évalue votre état hormonal en parcourant avec vous toutes les plaintes typiques liées à la carence de l'hormone investiguée. Vos réponses suggéreront l'existence ou non de la carence hormonale (ou de l'excès) et donneront à votre médecin une idée de son importance. Une inspection soigneuse de votre corps confirmera (ou infirmera) le diagnostic. Une confirmation par des tests techniques se révèle toujours utile, surtout dans les cas douteux, et aide au choix de votre traitement.

Des tests de sang et d'urines (sur 12 à 24 heures)

Ces examens permettent d'apprécier l'origine de la déficience hormonale qui s'installe (voir l'exemple présenté plus haut concernant les tests de sang thyroïdiens). Les tests hormonaux sanguins et urinaires donnent des indications sur la gravité de la déficience hormonale (importante ou non) et sur sa possible réversibilité. La collecte d'urines donne le moyen d'évaluer sur une période de 24 heures la disponibilité de l'hormone (par la mesure de la « masse » d'hormone active – non fixée à une protéine du sang – qui seule passe dans les urines) et son utilisation par les cellules (par les métabolites urinaires – les substances dérivées de l'hormone après son utilisation). Ce test d'urines de 24 heures s'avère excellent si vous n'êtes atteint(e) d'aucune maladie rénale ; parfois, 12 heures de nuit suffisent pour les hormones qui ne sont pratiquement sécrétées que de nuit comme la mélatonine ou l'hormone de croissance.

L'âge de la personne

Votre âge, bien sûr, se révèle important. Si vous avez 70 ans, la probabilité que vous disposiez de suffisamment de mélatonine, d'hormone de croissance, de déhydroépiandrostérone, de testostérone, d'œstradiol (pour les femmes), de pregnénolone, etc., est extrêmement faible. Après deux ou trois consultations médicales, après quelques tests hormonaux concluants et des examens de dépistage de cancer, vous avez le feu vert pour commencer la cure hormonale.

L'expérience du médecin

La grande expérience du médecin que vous aurez choisi est également très précieuse pour identifier vos manquements glandulaires. Les médecins qui pratiquent l'hormonothérapie acquièrent tôt ou tard un « sixième sens ». Un mélange d'intuition et d'expérience qui fait soupçonner la carence dès l'entrée du patient dans le cabinet de consultation alors qu'aucun autre médecin n'y avait pensé. Un solide sens « clinique » que les examens et le test thérapeutique confirmeront, une intervention qui surprend le profane. Cette grande expérience des diagnostics et des traitements hormonaux forme un plus indiscutable pour leurs patients.

La réaction à une thérapeutique d'essai

Dès que le médecin dispose d'éléments et d'arguments suffisants, il prescrit la thérapie hormonale. C'est le dernier moyen d'évaluation essentiel, décisif, appelé le « test thérapeutique » qui confirme ou infirme le diagnostic de déficience hormonale. L'amélioration de votre état de santé vous informe que vous êtes sur la bonne voie. L'insuffisance d'effet indique que vous devez augmenter la dose. L'excès d'effet indique que vous feriez mieux de tempérer la dose d'hormone. L'absence de tout effet oblige votre médecin à fouiller plus loin pour trouver les raisons de ce « blocage », et même éventuellement d'infirmer son premier diagnostic.
Parfois, dans des cas rares (par exemple, celui de la mélatonine), ce « test thérapeutique » s'utilise d'emblée quand le médecin doute du diagnostic de déficit hormonal et ne possède pas d'autre test « technique », dans le but de confirmer ou d'infirmer son impression. Dans ce cas, la prise de l'hormone débute à petites doses (pour éviter tout surdosage). Une bonne réaction de votre part au traitement confirme le diagnostic de carence hormonale, l'inverse dément le diagnostic.

Autres examens

Selon l'hormone, d'autres tests s'imposent, mais nécessitent des explications au cas par cas, qui dépassent le cadre de ce livre.

Droit de réponse aux adversaires du traitement hormonal

Plusieurs raisons sont régulièrement invoquées pour refuser un traitement hormonal. Elles viennent de patients méfiants et même quelquefois de médecins. Une mauvaise information est souvent la cause de tels refus. Du point de vue scientifique et sur le plan humain, elles risquent d'écarter un traitement susceptible d'apporter une notable amélioration aux petits maux qui accompagnent le vieillissement. Voici pourquoi.

1) JE VAIS GROSSIR

Faux. Les traitements hormonaux pertinents ne vous transforment pas en obèse si vous respectez les règles qui suivent ; et si votre silhouette n'est pas trop chétive, pas un kilo de plus ne s'accrochera à vos épaules, votre ventre, vos cuisses. Une thérapie à l'hormone thyroïdienne correctement conduite offre même un bel exemple d'amincissement hormonal. Il arrive, pourtant, que certains patients grossissent.

Peut-être n'ont-ils pas suivi les quatre règles à observer :

- **Choisir la bonne préparation d'hormone et le bon mode d'application.**
- **Équilibrer correctement les hormones entre elles.**
- **Éviter de surdoser.**
- **Manger sainement.**

2) J'AI PEUR D'ATTRAPER UN CANCER

Ce mythe a la vie dure. Des milliards d'hommes et de femmes vieillissent mal et meurent prématurément par manque d'hormones. Beaucoup d'entre eux attrapent même probablement un cancer pour n'avoir pas pris à temps les hormones indispensables. Les origines de cette erreur d'appréciation sont au nombre de trois :

1. Des cancers apparus il y a plusieurs années chez des patients (ou leurs descendants) traités par des **substances médicamenteuses faussement appelées hormones** (en réalité des molécules de synthèse qui imitaient – mal – la structure moléculaire de quelques-unes de nos hormones). Les firmes pharmaceutiques ont depuis longtemps retiré ces substances dangereuses du marché. Mais elles continuent parfois de mentionner le risque de cancer dans les effets secondaires ou contre-indications de leurs brochures pharmaceutiques des hormones qu'ils vendent ! « On ne sait jamais... », cette mention leur confère une certaine protection juridique...

2. Le fait que certaines hormones naturelles **prolongent en laboratoire la durée de vie des cellules**, qu'elles soient immunitaires ou malignes ! C'est oublier qu'elles renforcent utilement l'activité des cellules immunitaires tueuses de cellules cancéreuses lorsqu'elles sont mises en présence. Ainsi, la somatomédine C (l'exécuteur attitré des œuvres de l'hormone de croissance) semble bien protéger l'être humain du cancer, alors qu'en laboratoire cette précieuse substance prolonge la vie de cellules malignes cultivées séparément. D'autres hormones, comme la mélatonine, freinent ces cellules cancéreuses en tout temps, même en laboratoire !

3. Le fait que **l'œstradiol utilisé seul augmente de façon prouvée le risque de cancer de l'utérus** et que **le cancer de la prostate survient chez l'homme âgé** après de longues années d'imprégnation en hormones mâles. En effet, l'utilisation d'œstradiol est délicate et doit toujours être contrebalancée par

une dose suffisante de progestérone. Quant au cancer de la prostate, il finit par se développer un jour à la suite d'un long et lent dérèglement de la glande prostatique. Et ***aucune étude scientifique épidémiologique ne prouve l'existence d'un lien entre androgènes et cancer de la prostate.***

3) UNE CURE D'HORMONES REND LA GLANDE ENDOCRINE PARESSEUSE

Faux. Le jour où l'on interrompt la prise des hormones vitales, la glande endocrine reprend, le plus souvent, son fonctionnement habituel (et insuffisant), tel qu'il était dans le passé, même après 30 ans de traitement, comme le montre une étude sur les hormones thyroïdiennes. Dans cette étude, les résultats des tests thyroïdiens s'avèrent similaires aux résultats originaux (30 ans plus tôt, 6 à 8 semaines après arrêt de la prise d'hormones thyroïdiennes. Un phénomène en réalité anormal, puisque les résultats devraient logiquement baisser après 30 ans, usure du temps oblige. Les suppléments d'hormones thyroïdiennes conserveraient-ils sa jeunesse à la glande thyroïde ?
Deux conditions doivent cependant être remplies pour ne pas affaiblir la glande :

- **Pas de surdosage pendant une longue période.**
- **Donner les hormones « naturelles ».** La pilule contraceptive, par exemple, qui se compose de molécules nouvellement inventées, rend la glande hypophyse et les glandes sexuelles paresseuses. Ces molécules ne constituent pas de vraies hormones, elles bloquent les ovaires et la capacité de reproduction de la femme. Les hormones naturelles, par contre, ne sont pas faites pour supprimer cette fertilité. Au contraire, elles rendent plus

fertile. Certes, ce blocage des glandes sexuelles féminines par la pilule contraceptive est voulu, pour empêcher la fertilité. Cependant, des études montrent que les ovaires restent paresseux longtemps après l'arrêt d'une pilule contraceptive.

4) IL N'EXISTE PAS ASSEZ D'ÉTUDES SUR LES HORMONES

Faux. Il existe plus de 63 295 études répertoriées dans le medline (banque de données reprenant les études médicales principales sur disques CD-ROM) pour l'hormone de croissance et la somatomédine C (plus de 21 700 avec la GH ou somatomédine C dans le titre). Près de 97 662 pour les hormones thyroïdiennes (dont plus de 49 765 reprennent le nom d'une de ces hormones dans le titre).

Pour la testostérone et les androgènes, 48 436 publications. Environ 25 000 pour le cortisol et ses dérivés. Près de 10 813 pour la mélatonine et la glande pinéale (6 637 en parlent dans leur titre). Pour la DHEA, 6 275. Pour l'insuline et le diabète, 27 000 ; pour l'aldostérone ou son dérivé, 9 500. L'œstradiol et les œstrogènes battent les records avec 42 000 dont 15 000 dans le titre...

Le « parent pauvre » est la pregnénolone qui n'a fait l'objet que de 1 200 citations dont 150 études comportant son nom dans le titre. Pas une substance thérapeutique inventée et brevetée par une firme pharmaceutique ne peut se targuer d'avoir été investiguée aussi souvent que toutes ces hormones (la pregnénolone exceptée).

5) AVEC LES HORMONES, 10 À 20 ANS DE TRANQUILLITÉ, PUIS TOUT S'ÉCROULERA

C'est exactement l'inverse ! Une personne qui, aidée par les hormones pendant 10 à 20 ans, se sent en bonne santé, et demeurera en (bien) meilleure santé au bout de toutes ces années de soins aux hormones appropriées. Mieux que si elle ne suit pas de traitement hormonal. Mais il est vrai qu'après avoir goûté les bienfaits d'une bonne thérapie hormonale, judicieusement adaptée, peu de gens ont envie de retourner dans leur précédent état de déficience, composé de petites souffrances et de misères inutiles ! Quand vous enlevez vos lunettes, vous voyez à nouveau moins bien...

6) CES HORMONES SONT MAUVAISES POUR LE CŒUR ET LES ARTÈRES

Cette supposition généralement fausse est parfois faite par des médecins peu expérimentés en hormonologie pour les androgènes, les œstrogènes ou les hormones thyroïdiennes. Généralement fausse, à la condition d'éviter les surdoses, de prescrire les hormones naturelles (ou leurs équivalents valables), d'adopter le mode d'administration le plus approprié et d'équilibrer le traitement.

7) JE SUIS POUR LE NATUREL ! C'EST CONTRE LA NATURE DE PRENDRE DES HORMONES

En réalité, les hormones ne constituent pas de vrais médicaments. Généralement, l'étiquette de « médicament » est décernée à des substances dont la structure et la nature sont étrangères à notre organisme. Dans ce sens, les hormones, molécules produites par nos propres glandes, n'appartiennent pas à cette catégorie de produits thérapeutiques et n'offrent pas les effets indésirables propres aux médicaments traditionnels. En effet, le patient qui prend un médicament présente toujours, quelles que soient les doses, des effets secondaires, aussi minimes soient-ils, même s'il ne les perçoit pas. Si votre médecin vous prescrit des hormones identiques en tous points à celles qui nagent en vous comme des poissons dans l'eau et que les doses prescrites sont judicieusement adaptées à votre état, vous ne souffrirez d'aucun effet secondaire. Les hormones naturelles que vous prendrez sont des suppléments de substances qui existent déjà dans votre corps, fabriquées par votre corps pour votre corps, indispensables à votre bonne santé. Une thérapie bien conduite ne va pas vous nuire. Bien au contraire !

8) MON MÉDECIN EST CONTRE ! IL DIT QUE CE N'EST PAS NÉCESSAIRE

« Il faut du temps pour faire accepter une nouvelle idée. Surtout quand elle est juste », titrait récemment une publicité pertinente de la firme française Gerblé (du secteur alimentaire). Ce slogan trouve toute son application en matière d'hormonologie. Que nous soyons pour, contre, à moitié pour et à moitié contre, ou tout simplement sans opinion, nous devrons tous, tôt ou tard, suivre une thérapeutique (multi)hormonale.
Après 40 ans, notre corps réclame des suppléments hormonaux. Aucune glande endocrine ne peut maintenir la dynamique (saine et nécessaire) production d'hormones de nos années les plus « vertes ».

II

Les hormones au service de la jeunesse

Il est temps de penser à vous.

Vieillir, comme nous l'avons vu, ne va pas sans désagréments – sommeil de mauvaise qualité, pertes de mémoire, etc. – qui ne sont pas systématiquement graves, mais souvent handicapants.

Partir à la recherche de son « capital jeunesse », c'est d'abord faire le point sur tous ces petits problèmes que le praticien appelle des « plaintes ».

Lorsqu'ils seront identifiés, vous serez à même de leur apporter une réponse, d'en parler à votre médecin qui, éventuellement, vous prescrira un traitement.

Améliorer votre forme physique

Quelle que soit votre plainte, avant même de traiter vos problèmes d'apparence et votre bien-être psychologique, la première étape pour être à nouveau « bien dans votre peau » passe par une amélioration de votre forme physique. Les étapes suivantes, « votre apparence » et « votre bien-être », en seront facilitées.

• Lutter contre la fatigue

« Je suis fatigué, du matin au soir, sans jamais avoir l'impression d'être reposé... », « Docteur, je me sens comme une petite vieille, épuisée au moindre effort », soupire une jeune femme de 28 ans à la mine pâle. « Docteur, avant j'étais si bien, mais maintenant je bâille pour un rien, je n'ose plus m'asseoir dans un fauteuil où je m'endors presque systématiquement. Quant au sport, je n'en pratique plus depuis belle lurette car je n'en ai plus la force », m'avoue un patient à large carrure qui approche la cinquantaine. La fatigue est souvent la raison pour laquelle un patient vient consulter, espérant s'en débarrasser au plus vite. Souvent cette

perte d'énergie existe depuis longtemps, depuis des années, si bien que le patient a perdu jusqu'au souvenir du moment où a débuté sa fatigue. Or, une fatigue de longue durée peut être causée par un déficit hormonal.
Chaque hormone apporte son propre type d'énergie et, en cas de carence, un type de fatigue différent. Tour d'horizon.

Vous avez du mal à vous lever, le matin ? Et lorsque vous arrêtez de vous activer dans la journée ?

Les hormones thyroïdiennes

Le rôle des hormones thyroïdiennes est essentiellement de maintenir le taux de sucre à un niveau constant et d'améliorer l'approvisionnement des cellules en « carburant ». Ces hormones accélèrent les réactions d'énergie et de chaleur (appelées oxydations phosphorylatives) à l'intérieur des cellules, au niveau des mitochondries, les centrales d'énergie.
Le déficient thyroïdien est celui qui préfère rester au lit pour « récupérer encore un peu ». Dès qu'il sort du lit, après un gros effort de volonté, il se sent lent et engourdi. En général, cette fatigue matinale devient une habitude, un rite. Dans son entourage, il acquiert rapidement la réputation de « ne pas être du matin », d'être « mal luné » avant l'heure du déjeuner.
La mise en route est pénible mais, vers le milieu ou la fin de matinée, il se sent mieux, beaucoup mieux. Ses pensées deviennent plus claires, plus rapides : le sang circule plus rapidement dans son cerveau sous l'effet de l'activité physique qui apporte l'indispensable oxygène et les nutriments utiles aux cellules nerveuses et musculaires.
Mais, dès qu'il s'assied ou se couche, son sang circule à nouveau au

ralenti et la fatigue retombe sur lui comme une chape de plomb. Certains sujets dotés d'une forte volonté réagissent, bougent sans arrêt et deviennent hyperdynamiques (ne restant jamais en repos, comme ces enfants « hyperkinétiques » dont les performances scolaires pâtissent de leur incapacité à rester tranquilles).

Test et Carte d'identité « Hormones thyroïdiennes », page 294.

Vous vous sentez fatigué en permanence, quelle que soit votre activité ?

Les hormones sexuelles

Les hormones sexuelles œstrogéniques (l'œstradiol surtout) chez la femme et les androgènes (testostérone et dihydrotestostérone principalement et DHEA accessoirement) chez l'homme et la femme sont d'excellents produits qui peuvent atténuer ou enrayer la fatigue. Pauvres en hormones sexuelles, les patients souffrent d'une fatigue pesante qui dure toute la journée.

Souvent, ces personnes sont pleines de bonne volonté et s'efforcent de rester actives « comme avant ». Pourtant, tant au travail que dans la vie privée, elles ont de plus en plus de difficultés à suivre le rythme qu'elles s'imposent. Elles préfèrent ignorer leur fatigue de fond et se disent pleines d'énergie, mais leur visage pâle et empreint de lassitude les trahit et raconte une autre histoire.

Tests et Cartes d'identité « Œstradiol », page 309, « Testostérone », page 323 et « DHEA », page 280.

Le moindre stress vous prive d'énergie et vous laisse les jambes flageolantes

Le cortisol

Le cortisol est une hormone indispensable que nous devons produire en quantité importante pour bien vivre et tout simplement pour rester en vie. Pourtant, certaines personnes, y compris des médecins, la critiquent volontiers. Ces sceptiques ont, la plupart du temps, été confrontés aux effets d'un surdosage ou d'un mauvais choix de dérivés de synthèse (une préparation moins bien adaptée au corps que le cortisol naturel).

Or, à condition d'éviter le surdosage (qui fait gonfler le visage et rend euphorique) et en choisissant un cortisol naturel à dose optimale, le patient peut éviter ces problèmes. Le cortisol remplit en effet un rôle unique dans notre corps. Plus que toute autre hormone, il libère le sucre à partir des réserves du corps et fournit aux cellules du cerveau et des muscles ce dont elles ont besoin, à des moments stratégiques où les besoins en sucre augmentent : lors d'efforts physiques ou de réaction à un stress mental.

Chez un individu en bonne santé, les glandes surrénales contiennent une grosse réserve de cortisol. Celui-ci se déverse dans le sang dès que survient une demande supplémentaire en énergie. En situation de stress, en revanche, le patient pauvre en cortisol présente une tension artérielle basse, d'où une fatigue qui ne lui permet pas de faire face aux problèmes inhérents à ce stress. En position couchée, son sang circule mieux, en particulier dans son cerveau ; il se sent donc mieux.

En absence de traitement, le manque de cortisol lui donne envie d'éviter le stress, l'incite à choisir une activité professionnelle et des loisirs plus reposants, mieux adaptés à son niveau d'énergie. Il recherche un univers protégé et se rue sur le sucre, les bonbons, le chocolat, les biscuits, les limonades pour compenser son manque d'énergie. Plus il a à faire face aux petits problèmes de la journée, plus sa fatigue est persistante en fin de journée, le stock de cortisol des glandes surrénales s'étant épuisé.

Test et Carte d'identité « Cortisol », page 274.

Vous vous sentez la tête vide et les jambes en coton en position debout ?

<u>L'aldostérone</u>

L'aldostérone retient le sel et l'eau dans le corps. Elle assure ainsi le maintien d'un bon volume et d'une bonne pression de sang dans les artères. Le sang arrive alors en quantité suffisante dans la tête en position debout, contrecarrant les effets de la gravité. Le patient en manque a la tête « vide » quand il se lève ou quand il reste assis pendant longtemps. Cette sensation de fatigue s'estompe et disparaît en position couchée.
Souffrant d'une tension artérielle trop basse, il se voit souvent conseiller un médicament augmentant la tension artérielle (un hypertenseur). Or, si le manque en aldostérone est confirmé par les tests de laboratoire, la simple prise de cette hormone (ou d'un dérivé, le fludrocortisone) devrait normaliser la situation.

Test et Carte d'identité « Aldostérone », page 268.

Vous reculez devant les efforts physiques brefs qui vous essoufflent et provoquent une fatigue que vous surmontez mal ?

<u>Les androgènes</u>

Les androgènes ou hormones mâles portent bien mal leur nom. Ils sont présents chez la femme comme chez l'homme ! Mais les hommes en ont un peu plus (30 %), ce qui leur donne généralement des muscles plus volumineux et plus puissants.
Ces molécules, fort précieuses, déterminent en grande partie la santé, la tonicité et le volume des muscles et des vaisseaux sanguins (chez l'homme du moins). Par leur action, elles rendent

l'individu capable d'accomplir des mouvements, des activités physiques.
Un manque d'androgènes affaiblit immanquablement la résistance à l'effort et entraîne une fatigue de fond qui s'accroît sérieusement lors d'un effort physique et des rapports sexuels en particulier.

Tests et Cartes d'identité « Œstradiol », page 309, « Testostérone », page 323 et « DHEA », page 280.

Vous hésitez à vous lancer dans un effort physique prolongé de crainte de ne pouvoir parvenir à vos fins ?

L'érythropoïétine

L'érythropoïétine ou EPO est produite par les reins. Elle pousse les os à produire des globules rouges qui transportent l'oxygène jusqu'aux tissus. Elle renforce la capacité à accomplir des efforts physiques soutenus, grands consommateurs d'oxygène.
Pour profiter de toutes les propriétés bienfaisantes de l'EPO, les reins doivent, bien sûr, en produire suffisamment. Les médecins l'ont bien compris et prescrivent avec succès de l'érythropoïétine à certains patients souffrant d'anémie (manque de globules rouges) et de reins en mauvais état, incapables de produire suffisamment d'EPO (lors d'une chimiothérapie anticancéreuse, par exemple, qui endommage sérieusement la moelle des os où se forment les globules rouges). Lorsqu'une carence en EPO s'installe, le nombre de globules rouges et le taux d'hémoglobine diminuent chez le sujet atteint. Il devient pâle et anémique. Dès la moindre activité physique demandant de l'endurance, un escalier de plusieurs étages à monter, par exemple, il s'essouffle. Après une série d'injections d'EPO, le taux de globules rouges remonte parfois de manière spectaculaire. Les patients se déclarent alors mieux dans leur peau et moins fatigués.

Les sportifs ont bien compris cet effet antifatigue de l'EPO. D'où les excès récents, en particulier chez les cyclistes de haut niveau qui s'injectaient régulièrement et abusivement de l'EPO pour améliorer leurs performances. Il faut savoir que le cyclisme demande une endurance hors du commun.

Test et Carte d'identité « EPO », page 285.

Vous récupérez difficilement de vos fatigues et n'arrivez pas à retrouver votre fraîcheur physique d'autrefois ?

L'hormone de croissance

L'hormone de croissance joue un rôle vedette dans le petit monde des hormones qui apportent de l'énergie et de la fraîcheur physique.

L'énergie qu'elle fournit est considérable. 2 mois d'un traitement à l'hormone de croissance peuvent, comme par enchantement, faire retrouver aux personnes qui souffrent de fatigue permanente une vigueur comparable à celle de leurs 30 ans. Elles redeviennent capables de sortir après minuit sans être punies par une semaine de fatigue. De nombreuses études scientifiques rigoureuses (en double aveugle contrôlées par placebo) ont confirmé cette amélioration de la qualité de vie chez l'adulte traité à l'hormone de croissance.

Comme le cortisol, l'hormone de croissance libère une plus grande quantité de sucre dans le sang pour faire face aux besoins accrus en cet excellent combustible. Elle oblige également le corps à produire de la T_3, l'hormone thyroïdienne la plus active. Elle accroît la masse et la tonicité des muscles qui deviennent plus puissants et plus résistants à l'effort physique. Elle augmente le potassium (le principal sel à l'intérieur de nos cellules) dans le corps et

améliore ainsi le fonctionnement des cellules chez les personnes âgées, généralement déficientes en potassium.
Le patient déficient souffre d'une fatigue quasi constante et ne parvient plus à récupérer ses forces après un effort ou un stress important. À cette fatigue, s'ajoute la difficulté assez sérieuse, parfois même invalidante, à récupérer d'une activité ou d'un stress supplémentaire ou imprévu.

Test et Carte d'identité « Hormone de croissance », page 288.

Vous êtes diabétique léger, l'énergie vous fait défaut pour entreprendre un travail fatigant ?

L'insuline à petites doses

Les personnes atteintes de diabète dit de type I s'essoufflent et se fatiguent vite parce que le sucre, le carburant principal des cellules, leur manque cruellement.
C'est un paradoxe car, chez les diabétiques, le sucre abonde partout ailleurs : dans le sang et dans les tissus, plus particulièrement dans les espaces situés à l'extérieur des cellules. Cette abondance de sucre forme une glu sucrée dans les tissus dont la viscosité empêche en partie les autres aliments de pénétrer les cellules.
Dès que l'on injecte de l'insuline à des diabétiques, quel que soit le type de diabète, leur niveau d'énergie s'améliore, et l'état de somnolence dans lequel ils sont plongés se dissipe. En effet, l'insuline a pour propriété de transférer le trop-plein de sucre de l'extérieur à l'intérieur des cellules nerveuses, musculaires et cardiaques, et ramène ainsi le carburant et l'énergie là où il le faut.
Les diabétiques de type II ont, en revanche, trop d'insuline dans le sang. Mais ils ne peuvent l'utiliser efficacement. Ce surplus

d'insuline parvient, faute de mieux, à pousser le sucre dans les cellules graisseuses où il se transforme en graisse. Le diabétique devient alors rapidement un obèse soupirant de fatigue au moindre effort.
Le traitement de cette forme de diabète, fréquente chez les personnes âgées, consiste à rendre son efficacité à l'insuline (en maigrissant, entre autres) et non pas à leur en administrer encore plus.
Test et Carte d'identité « Insuline », page 300.

L'énergie et la volonté d'entreprendre vous manquent ?

L'ACTH

L'ACTH est une hormone sécrétée par la glande hypophyse pour stimuler les glandes surrénales dans la production d'hormones (le cortisol, la DHEA, la pregnénolone, l'aldostérone et une trentaine d'autres hormones). À double détente, elle donne en quelque sorte de l'énergie et du courage en stimulant la sécrétion d'hormones donnant de l'énergie et du courage. Son action antifatigue résulte donc d'une combinaison des effets antifatigue de ces diverses hormones, surtout du cortisol. Seul problème, l'administration de l'ACTH se fait par injection (dans le muscle) et son action semble plus difficilement prévisible et moins fiable que celle obtenue par la prise orale des principales hormones surrénaliennes.
L'action de l'ACTH exige également que les glandes surrénales soient en bonne santé pour agir.
Test et Carte d'identité « ACTH », page 265.

Vous manquez de vitalité et d'enthousiasme dans vos activités ?

La pregnénolone

À l'heure actuelle, les connaissances sur les effets antifatigue de la pregnénolone (« preg » pour les médecins) sont encore parcellaires. Le témoignage de patients, mais aussi d'études faites sur des ouvriers « de force » nous apprend qu'elle apporte une énergie supplémentaire, discrète mais bien réelle, à la vie quotidienne.

Il s'agit d'une hormone précurseur de toutes les autres hormones surrénaliennes. Elle peut être convertie en cortisol, en DHEA, en aldostérone et en toutes les autres hormones produites par les glandes surrénales. Un manque amène inévitablement une carence de ces hormones surrénaliennes. La déficience isolée en « preg » provoque de petits ou grands moments de fatigue dans la journée, soulagés par une prise d'hormone.

Test et Carte d'identité « Pregnénolone », page 314.

Vous avez du mal à « démarrer », le matin ?

La mélatonine

La mélatonine réduit les gaspillages d'énergie la nuit en freinant les sécrétions d'hormones dites catabolisantes (parce qu'elles libèrent de l'énergie mais consomment des tissus). Le cortisol est un exemple d'hormone catabolisante, utile le jour mais à mettre au repos la nuit. La mélatonine augmente ou maintient les sécrétions d'hormones constructrices dites anabolisantes (parce qu'elles augmentent les stocks d'énergie) comme l'hormone de croissance. Elle permet ainsi de « recharger les batteries » durant la nuit. En outre, cette hormone surprenante augmente également l'activité thyroïdienne. Elle y arrive en augmentant, 6 à 8 heures après le début de sa sécrétion nocturne, la production d'hormone thyroïdienne active – la T_3 – à partir de l'hormone thyroïdienne précurseur, la T_4. C'est pourquoi la mélatonine réveille le matin et ce, en bonne forme.

Si vous manquez de mélatonine, vous dormirez mal, superficiellement, et récupérerez donc mal de vos efforts, affichant un air perpétuellement fatigué, mal reposé.

Test et Carte d'identité « Mélatonine », page 304.

DÉFICIENCES HORMONALES : DES TYPES DE FATIGUE BIEN DIFFÉRENCIÉS

Manque d'hormones thyroïdiennes :

Fatigué au réveil et au repos, la sensation de fatigue disparaît au cours de la matinée, lors de l'activité.

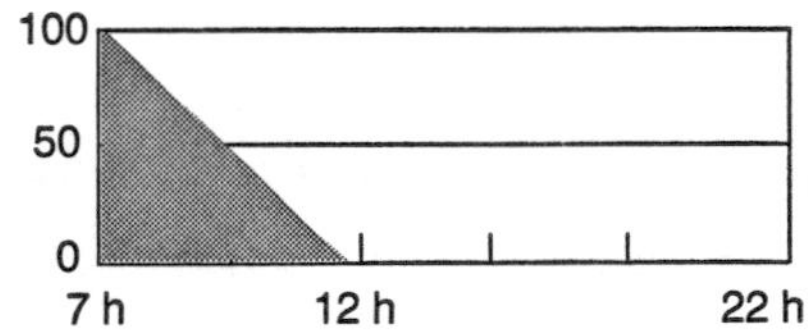

Manque d'œstrogènes :

Sensation de fatigue permanente, tout au long de la journée.

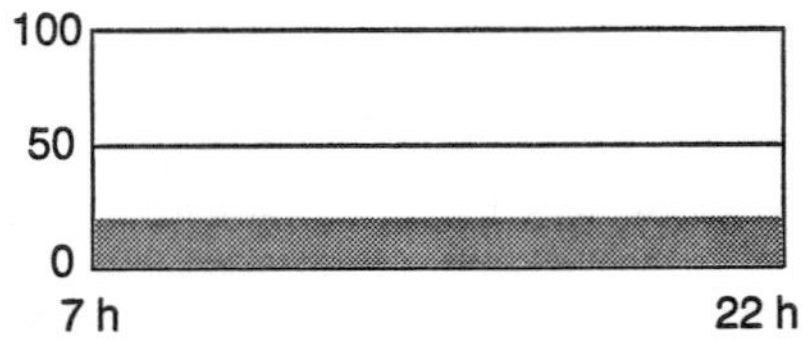

Manque d'androgènes :

Sensation de fatigue permanente, tout au long de la journée avec des pics au moment des efforts physiques.

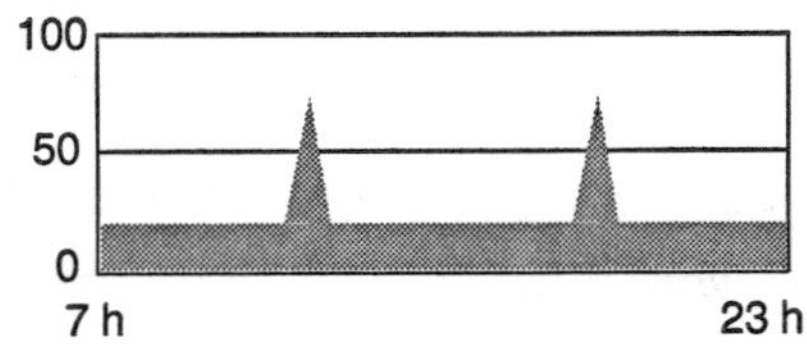

Manque de cortisol :

Grosse fatigue le soir avec des pics dans la journée pendant les périodes de stress.

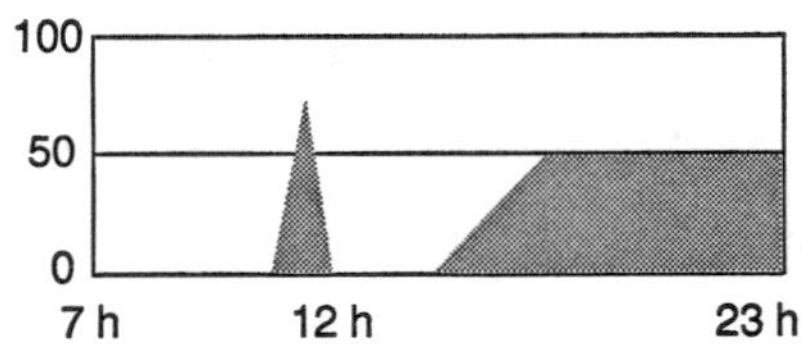

Manque d'hormone de croissance :

Fatigue intense le soir. Difficulté à rester éveillé après minuit. Sensation de récupération impossible le lendemain.

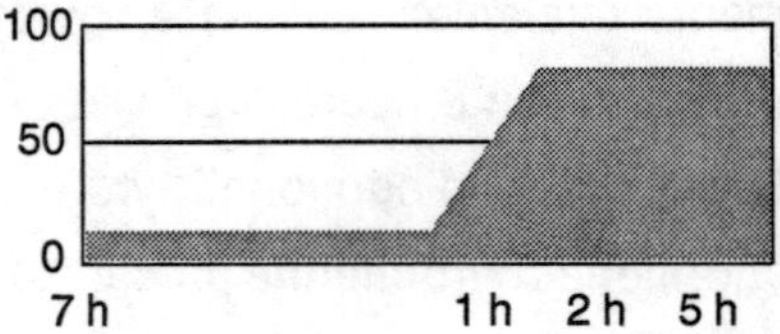

Manque d'aldostérone :

Sensation de fatigue en position debout.

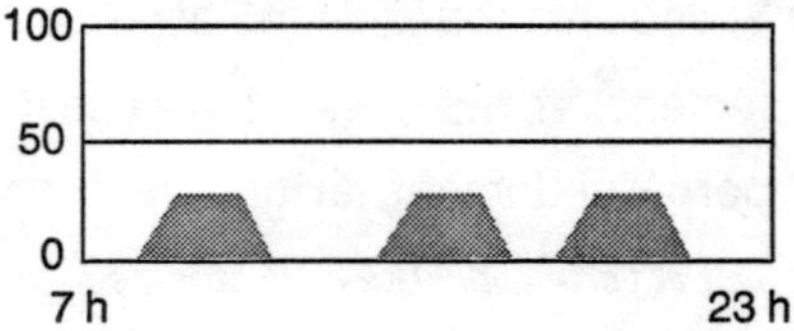

4 carences non hormonales également responsables d'une fatigue importante

*– **Le fer** donne l'énergie nécessaire pour bien terminer la journée. Il est une partie essentielle de la protéine qui transporte l'oxygène dans le sang : l'hémoglobine. En cas de grande carence en fer, les cellules vivent au bord de l'asphyxie. Les personnes carencées en fer s'épuisent très vite. Le fer intervient également (comme cofacteur) dans beaucoup de réactions métaboliques d'énergie. Un déficit provoque une fatigue du soir. Typiquement, la personne a tendance à s'endormir devant son poste de télévision.*

*– **La vitamine B12** donne une énergie constante. Elle intervient dans la formation des globules rouges. Quand elle vient à manquer, ceux-ci n'arrivent pas à maturation. D'où un transport défaillant de l'oxygène et une survie réduite des globules rouges dans le sang. Or, l'oxygène est nécessaire pour brûler les « carburants » comme le glucose, l'ATP, etc. C'est de cette façon que naît l'énergie. La B12 se révèle également très importante pour la bonne constitution des gaines de myéline autour des nerfs et améliore de ce fait la communication entre les cellules nerveuses.*

Un déficit provoque donc une fatigue de fond et un essoufflement qui s'accentuent lors d'efforts mentaux et physiques.
*– **La coenzyme Q10** facilite les prestations d'endurance. Il améliore les prestations cardiaques parfois de manière remarquable. Pour un même battement cardiaque, des suppléments d'au moins 50 mg par jour de coenzyme Q10 pris par de jeunes adultes en apparente bonne santé augmentent de 20 % le passage de sang par le cœur. Les muscles réagissent également bien à la prise de coenzyme Q10.*
*– **Le magnésium** participe à un grand nombre de réactions métaboliques donnant de l'énergie. Il accélère ces réactions. Le patient souffrant d'une carence en magnésium ressent essentiellement une fatigue musculaire augmentée par le stress qui amplifie la tension nerveuse.*

• Remédier aux troubles de la sexualité

« Je n'ai plus envie de faire des câlins... »
Messagères de l'amour, les hormones ouvrent les portes à la sexualité. Elles sont à l'origine de nos envies amoureuses, avec les neurotransmetteurs des neurones. Grâce aux hormones, nous sommes capables d'actes érotiques et de rapports sexuels. Mieux, grâce à elles, nous restons attachés à ceux qui nous apportent le plus de plaisir, qu'il soit sexuel ou platonique, et nous voyons avec émotion ceux que nous aimons.
Si ces hormones manquent un jour ou l'autre à l'appel, le désir et la puissance sexuelle s'émoussent... Mais, voici la bonne nouvelle, on dispose à l'heure actuelle d'hormones excellentes pour continuer à atteindre le « nirvana érotique ». C'est à vous et à votre médecin de faire en sorte que, par un traitement approprié, ces sensations ne s'évanouissent pas à tout jamais.

L'acte sexuel : un processus rythmé par l'arrivée successive de différentes hormones

Lors de l'approche, de l'enlacement, les **phérhormones** inhalées par le partenaire « allument » le désir sexuel. Elles sont sécrétées par les **glandes sudoripares** surtout sous les aisselles et le pubis.

Pendant la phase d'attirance physique, toutes sortes de désirs et de plaisirs (faim, soif, satiété, envies sexuelles) apparaissent. Les **catécholamines** (dopamine, noradrénaline) et les **neurotransmetteurs** sont responsables de toutes ces petites émotions.

Tout doucement le désir sexuel monte ; des hormones comme la DHEA et d'autres androgènes produits par les glandes surrénales viennent encore alimenter l'odeur et la sueur sexuelle.

Entre-temps, la LH et la FSH, les hormones de l'hypophyse, qui stimulent les glandes sexuelles et leur font produire plus d'hormones, sont sécrétées en plus grandes quantités et paraissent pouvoir stimuler le désir sexuel dans le cerveau. Une fois le désir sexuel « allumé », l'œstradiol, hormone sexuelle féminine majeure, attire les deux partenaires l'un vers l'autre et permet une bonne lubrification du vagin.

Le désir sexuel étant activé, vient le moment où la testostérone, hormone mâle majeure, va l'attiser encore plus et exciter les fantasmes. Lors de l'enlacement, du baiser passionné, du contact physique, d'autres phérhormones sécrétées par les **glandes sébacées** et emmêlées dans le sébum (la couche huileuse) de la peau ou dans la salive ajoutent à l'excitation.

Le rapport sexuel est maintenant proche.

Le cortisol, hormone de l'action, commence à être sécrété de plus en plus. Il apporte de l'énergie et achève d'exciter les deux partenaires.

La glande hypophyse augmente alors la sécrétion de **vasopressine**, une hormone qui garde l'eau dans le corps et le sang dans les artères. Cette vasopressine va stimuler l'accumulation de sang dans le pénis chez l'homme, ce qui permet l'érection, et dans le clitoris chez la femme. Ce rôle est renforcé par l'action d'un neurotransmetteur, l'**acétylcholine**, qui dilate les vaisseaux sanguins.

Le moment est venu pour la **dihydrotestostérone**, l'hormone mâle responsable de la pilosité (moustache, barbe, poils sur la poitrine...) d'induire l'érection et l'éjaculation chez l'homme.

De leur côté, des neurotransmetteurs comme la **sérotonine** activent à divers niveaux le cerveau de chaque partenaire et peuvent également provoquer des érections (au niveau des mamelons, clitoris et pénis).

À ce stade, les deux partenaires sont enlacés, se caressent et se livrent à des jeux amoureux. L'hormone de croissance intervient alors et donne à chaque partenaire l'endurance physique si importante dans les efforts sexuels. Elle donne de plus une bonne tonicité et hydratation des muqueuses génitales et favorise une érection plus ferme et prolongée du pénis et du clitoris.

Les deux partenaires sont au bord du plaisir, l'excitation est à son comble, les nerfs et les glandes surrénales sécrètent de la **noradrénaline** en profusion qui permet à chacun des deux partenaires de réagir vite à tous ces imprévus amoureux. Brusquement, **l'orgasme arrive** sous l'action d'une décharge d'**adrénaline,** l'homme éjacule et la femme arrive au paroxysme du plaisir. Pendant l'orgasme, l'**oxytocine**, hormone qui provoque, dans d'autres circonstances, l'éjection de lait et la contraction de l'utérus chez la femme enceinte, contracte les muscles du pénis et du vagin.

Après l'orgasme, la détente s'installe chez les deux partenaires : la progestérone, autre hormone sexuelle féminine majeure, intervient à ce moment pour calmer le désir sexuel, apportant un état de sérénité et de relaxation, apportant également de la satiété ainsi qu'une certaine passivité et de la somnolence.

Après l'amour, la **prolactine**, l'hormone qui permet les productions de lait chez la femme, est sécrétée en plus grande abondance et incite à la somnolence, atténuant aussi fortement le désir sexuel. Son action est renforcée par la mélatonine, hormone du sommeil, qui favorise le sommeil profond à venir.

Les **endorphines**, substances antidouleur qui sont libérées lors des caresses et de l'orgasme, participent à inhiber le désir sexuel en provoquant également la somnolence.

Une certaine tristesse peut alors s'installer chez les deux partenaires. Elle est probablement due aux chutes brutales des taux d'hormones et des neurotransmetteurs aphrodisiaques après l'orgasme.

L'envie de passer à l'acte vous fait défaut ?

Phérhormones : androsténédiol, androstérone, androstérol...

Mode de transmission : la sueur.

Sécrétées par les glandes sudoripares surtout sous les aisselles et le pubis, elles génèrent le parfum sexuel qui attire le partenaire.

Lors de l'approche, de l'enlacement et du rapport sexuel, ces phérhormones inhalées allument le désir sexuel des partenaires.

Phérhormones sébacées

Dérivés des androgènes (dont la DHEA) et des œstrogènes.
Mode de transmission : la peau.
Produites par les glandes sébacées, dans la couche huileuse ou sébum de la peau, dans la bouche également, lors de l'enlacement, du baiser passionné et du rapport sexuel.
Ces phérhormones excitent le désir et le plaisir.

Testostérone

Hormone mâle majeure provenant des testicules chez l'homme, des ovaires et des glandes surrénales chez la femme, elle tonifie les muscles, les artères, le cœur et possède d'autres activités par sa transformation en d'autres hormones (œstradiol, dihydrotestostérone).
Elle rend plus amoureux, attise le désir et les fantasmes sexuels et amoureux tant chez la femme que chez l'homme.

Test et Carte d'identité « Testostérone », page 323.

Catécholamines

Dopamine, noradrénaline, neurotransmetteurs. Ces substances chimiques sont responsables de tous les désirs et plaisirs (faim, soif, satiété, envie sexuelle).

LH et FSH

Ces gonadotrophines (hormones de l'hypophyse) stimulent les sécrétions des hormones sexuelles et, dans le cerveau, pourraient stimuler le désir sexuel.

Problèmes d'érection et de sensibilité des organes sexuels ?

Dihydrotestostérone

Hormone mâle (provenant de la testostérone), elle gratifie l'homme de pilosité virile (moustache, barbe, poils sur la poitrine). Elle rend (plus) puissant sexuellement, permet l'érection et l'éjaculation chez l'homme. Elle augmente la sensibilité du gland chez l'homme et du clitoris chez la femme.

Sérotonine

Neurotransmetteurs. Cette substance à effet antidépressif et énergisant peut provoquer des érections.
Elle survient dans diverses activations du cerveau.

Œstradiol

Hormone sexuelle féminine majeure sécrétée par les ovaires, elle développe les seins chez la femme, favorise la rondeur de ses formes. Elle fluidifie et humidifie les muqueuses vaginales.
Elle la rend fertile (de concert avec la progestérone), attise le désir sexuel chez les deux sexes et permet la bonne lubrification du vagin.

Test et Carte d'identité « Œstradiol », page 309.

Manque de pilosité et d'odeurs sexuelles ?

DHEA et autres androgènes des glandes surrénales

Hormones androgéniques (du cortex) des glandes surrénales, elles développent la pilosité sur le pubis et aux aisselles et mûrissent le col de la matrice chez la femme.
Elles alimentent l'odeur et la sueur sexuelles.

Tests et Cartes d'identité « DHEA », page 280, « Testostérone », page 323.

Érections manquant de fermeté ? Le « panache » vous fait défaut ?

Cortisol

Hormone majeure (du cortex) des glandes surrénales, elle donne l'énergie pour faire face activement à toute nouvelle situation d'une durée dépassant les 10 minutes à plusieurs heures.
Elle apporte du panache et le « survoltage » dans l'effort sexuel.
Test et Carte d'identité « Cortisol », page 274.

Hormone de croissance

Hormone majeure de la glande hypophyse, elle redresse le corps (fortifie les muscles et réduit la graisse).
Elle détermine (avec les hormones sexuelles) la grandeur du pénis et le volume des testicules chez l'homme ; le volume des seins, du vagin et de l'utérus de la femme.
Lors du rapport sexuel, elle favorise une érection plus ferme et prolongée du pénis et du clitoris.
Elle donne une endurance importante aux efforts physiques sexuels et permet une bonne tonicité et hydratation des muqueuses chez l'homme et chez la femme.
Test et Carte d'identité « Hormone de croissance », page 288.

Vasopressine

Hormone active dans le cerveau et le corps, elle aide à retenir l'eau dans le corps et le sang dans les artères. Elle contribue ainsi à l'accumulation de sang dans le pénis, ce qui permet l'érection.
Test et Carte d'identité « Vasopressine », page 329.

Acétylcholine

Ce neurotransmetteur abonde lors de la détente et du repos. Il dilate les vaisseaux sanguins et provoque l'érection en faisant affluer le sang dans le pénis et le clitoris.

Éjaculation et contractions du vagin faibles ?

(Nor)adrénaline

Hormone et neurotransmetteur, elle permet de faire face efficacement à toute nouvelle situation d'une durée de quelques secondes à plusieurs minutes et permet de réagir vite à tout imprévu amoureux. La décharge d'adrénaline dans le pénis provoque l'éjaculation.

Oxytocine

Chez la femme, elle est à l'origine de l'éjection de lait, lorsqu'elle vient d'accoucher, et de la contraction de l'utérus pendant l'orgasme. Elle provoque la contraction musculaire du pénis et du vagin.

Retour au calme et à la détente difficile ?

Prolactine

Chez la femme, elle permet la production de lait. Après l'amour, elle incite à la somnolence et atténue parfois fortement le désir sexuel.

Mélatonine

Hormone majeure de la glande pinéale, hormone du sommeil, elle apporte la détente et la somnolence après l'amour.

Test et Carte d'identité « Mélatonine », page 304.

Endorphines

Substances antidouleur, elles sont la « morphine » de notre corps.

Libérées lors des caresses et de l'orgasme, elles contribuent à inhiber le désir sexuel après l'orgasme et provoquent la somnolence.

Progestérone

Hormone sexuelle féminine majeure, elle empêche la congestion douloureuse des seins et du bas-ventre. Elle prépare la muqueuse de l'utérus à la nidation par un ovule fécond et aide au bon déroulement de la grossesse. Elle calme le désir sexuel, apporte la satiété, un état de sérénité, de relaxation, de passivité et de somnolence.

Test et Carte d'identité « Progestérone », page 318.

• Combattre l'insomnie

« Je dors de plus en plus mal et je me lève plus fatigué que la veille au soir... »

Bien dormir, c'est récupérer mieux et se sentir en forme pour la journée. On est de meilleure humeur, on accomplit les tâches avec plus d'allant, de facilité et de plaisir. Or, avec l'âge, la qualité du sommeil s'étiole. Le sommeil profond et agréable de l'enfant fait place à un sommeil plus léger, plus agité, plus inquiet. Les difficultés d'endormissement et de rendormissement apparaissent. Le bon sommeil n'est plus qu'un souvenir. Un état de somnolence le remplace, entrecoupé de périodes de vrai sommeil bien trop courtes. C'est l'âge des tranquillisants et des somnifères qui n'induisent bien souvent qu'un sommeil de mauvaise qualité et, pour certains tranquillisants, fragilisent la mémoire. Existe-t-il des moyens plus sûrs et plus naturels pour mieux dormir et retrouver le sommeil réparateur d'autrefois ?

Le sommeil : une suite de cycles répétés de 3 à 5 fois par nuit
Pour mieux comprendre l'action hormonale, il est important de connaître le processus de l'endormissement et les différentes phases qui structurent le sommeil. L'ensemble de ces phases constitue un cycle dont la durée est située entre 1 h 30 et 2 h. Chaque cycle est répété 3, 4 ou 5 fois par nuit avec, entre chacun, une période de latence de quelques minutes.
Lorsque vous vous couchez, dès que vous fermez les yeux, les ondes bêta (petites et courtes) du cerveau en état de veille se transforment en ondes alpha, plus larges et plus longues. Vous restez éveillé, mais vos muscles se détendent.

Stade 1.
Progressivement, le vrai sommeil s'installe. Vous glissez d'abord dans le sommeil léger. Cette phase se caractérise par un engourdissement et l'émission d'ondes cérébrales thêta, plus larges et irrégulières.

Stade 2.
Vous vous assoupissez, envahi par une agréable somnolence parcourue de grandes ondes cérébrales irrégulières appelées fuseaux et complexes K. Après quelques brefs états de conscience lors du sommeil léger, le cœur bat plus lentement, la pression artérielle et la température chutent. La durée totale des stades 1 et 2 s'allonge au fil du temps. Si vous avez 45 ans, elle est d'envi-

ron 40 minutes et atteint en moyenne 73 minutes chez la personne âgée.

Stades 3 et 4.

Doucement, vous entrez dans le sommeil profond, un sommeil plus lourd. Des ondes cérébrales delta (grandes et lentes) parcourent le cerveau et y induisent un bien-être agréable. Chez le jeune adulte, la durée totale du sommeil profond réparateur dure près de 3 heures 30 par nuit, elle se réduira jusqu'à moins de 2 heures chez la personne âgée.

Stade 5.

C'est le sommeil paradoxal. Vous entrez dans le monde des rêves et ce, à plusieurs reprises dans la nuit. Pourquoi paradoxal ? Parce qu'il conjugue un état de sommeil profond où presque tous les muscles se relâchent et les membres s'amollissent, à un état d'hyperactivité cérébrale durant lequel les yeux bougent rapidement. C'est la phase de REM ou *Rapid Eye Movement* (mouvement oculaire rapide). Des ondes courtes et rapides parcourent le cerveau, signe d'une activité intense. Cette phase de rêve est très importante. Elle permet de mieux récupérer des efforts fournis et de bien assimiler les expériences de la journée. Elle favorise la mémorisation de tout ce qui est survenu dans la journée.
Plus la phase de REM est longue, meilleure sera la mémoire. À l'âge de 20 ans, cette phase de rêve dure près de 3 heures mais se réduit progressivement jusqu'à un peu plus d'1 heure 30 chez la personne âgée.

Un mauvais sommeil, des réveils fréquents, pas assez de rêves ?

La mélatonine

La thérapie hormonale appropriée est, le plus souvent, le traitement à la mélatonine. Bien dosée, ses effets bénéfiques sur le sommeil sont incontestables chez l'homme.

Elle permet d'améliorer de manière naturelle le sommeil de la personne âgée à tous les stades.

Elle accélère la phase d'endormissement, élargit le spectre des ondes cérébrales lorsque le sommeil s'installe. Au stade 2, elle ralentit les battements du cœur et fait baisser la tension artérielle, raccourcit d'un tiers la durée totale des stades 1 et 2, approchant ainsi la durée d'endormissement du jeune adulte (en moyenne de 45 % plus courte que celle des personnes âgées).

Elle rétablit enfin en grande partie les durées de sommeil profond et de sommeil paradoxal si précieux.

Ces bons résultats expliquent que le marché américain des somnifères chimiques est à la baisse depuis la mise en vente libre de la mélatonine. En effet, les somnifères habituels n'induisent pas un sommeil d'aussi bonne qualité, loin de là. La plupart allongent la durée du sommeil léger peu utile et diminuent la durée du « bon » sommeil profond.

De là à penser que c'est pour préserver les importants bénéfices de l'industrie pharmaceutique que la mélatonine a été interdite de vente dans plusieurs pays d'Europe dont la France, il n'y a qu'un pas que certains n'hésitent pas à franchir. À l'argument officiel selon lequel il n'existe pas assez d'études démontrant l'innocuité du produit, ils rétorquent qu'en revanche les nombreuses études scientifiques sur la mélatonine ne sont pas parvenues à démontrer l'existence d'effets secondaires sérieux.

Test et Carte d'identité « Mélatonine », page 304.

> ***L'hormone anti-jet-lag***
> *L'application de la mélatonine la plus connue est son utilisation pour pallier les effets du décalage horaire (le jet-lag, en américain !). Une prise de mélatonine juste avant le coucher, en arrivant à destination, rétablit les cycles physiologiques de sécrétion des hormones. Ces cycles naturels sont déterminés par l'horloge biologique dont la mélatonine est le messager. Les hormones d'énergie sont alors sécrétées au bon moment durant la journée et non plus la nuit comme c'est le cas en état de décalage horaire.*

Vous ne rêvez pas assez ?

Hormones sexuelles

Les **œstrogènes** font mieux dormir en augmentant la durée du sommeil profond et paradoxal (REM).

La **progestérone** a une action hypnotique encore plus intense. La prise de progestérone naturelle par voie buccale peut induire une forte somnolence, si bien qu'il vaut mieux ne la prendre que le soir, juste au moment du coucher. Le foie métabolise la progestérone, en dérivés à effet anxiolytique, somnifère et même anesthésiant, ce qui ne peut que favoriser un sommeil agréable.

Chez l'homme, la **testostérone**, l'hormone mâle, influence aussi bien la qualité du sommeil que l'œstrogène chez la femme. Plus le taux de testostérone est élevé dans le sang d'un homme, plus profond est son sommeil et plus nombreux sont ses rêves.

Le manque de sommeil peut à son tour influencer le taux de

testostérone. Si l'on prive un homme de sommeil, sa production de testostérone s'estompe. Cette faible production d'hormones mâles favorise à son tour l'insomnie. C'est le début d'une spirale infernale. Plus de 60 % des hommes déficients en testostérone se plaignent de troubles du sommeil.

La prise à doses élevées de **DHEA** améliore aussi la phase de rêve en augmentant aussi bien sa durée que son intensité.

Tests et Cartes d'identité « Œstrogènes », page 309, « Testostérone », page 323, « Progestérone », page 318 et « DHEA », page 280.

Un sommeil long, mais pas assez réparateur ?

L'hormone de croissance

Tout comme pour la mélatonine, la nuit est propice à la sécrétion d'une autre hormone bénéfique pour le sommeil : l'hormone de croissance.

Les déficients en hormone de croissance dorment moins bien. Ils dorment plus longtemps (stades 1 et 2 plus longs), mais moins profondément (stades 3 et 4 plus courts) et rêvent moins. Lors de la prise d'hormone de croissance, leur sommeil devient plus court, mais bien meilleur, plus profond et plus riche en rêves. Ils reconnaissent ce bien-être accru et rechignent souvent à arrêter le traitement.

Notons ici que l'hormone stimulant la sécrétion de l'hormone de croissance, la GHRH (de l'anglais *Growth Hormone Releasing Hormone*) améliore significativement la qualité du sommeil profond.

Test et Carte d'identité « hormone de croissance », page 288.

Hormones thyroïdiennes

Le traitement aux hormones thyroïdiennes peut améliorer la qualité du sommeil, ce qui est surprenant quand on connaît le pouvoir excitant des hormones thyroïdiennes qui ont pour effet habituel de sortir de leur lenteur et de leur somnolence les sujets apathiques, léthargiques, déficients en cette hormone. Mais l'explication est simple : les déficients en hormones thyroïdiennes somnolent plus longtemps (phases 1 et 2) et dorment moins profondément (phases 3 et 4). Que se passe-t-il lorsqu'ils reçoivent une préparation d'hormones thyroïdiennes ? Les stades 3 et 4 du sommeil profond réparateur s'allongent, le stade 2 du sommeil superficiel devient plus court et le stade de REM (le sommeil paradoxal) augmente significativement, tout simplement. L'influence bénéfique de suppléments d'hormones thyroïdiennes se voit également chez les patients insuffisants thyroïdiens qui ronflent ou sont atteints d'apnées (d'arrêts respiratoires) du sommeil. Chez ces personnes, l'obstruction des voies aériennes qui provoque le ronflement est due en partie à un œdème particulier des voies aériennes, appelé myxœdème (formé d'une accumulation de déchets visqueux entre les cellules). Si ces personnes reçoivent un traitement thyroïdien, l'œdème se résorbe, ils ronflent beaucoup moins, se réveillent moins souvent la nuit et dorment mieux.

Le **cortisol** est une autre hormone surprenante. Considérée comme une hormone du réveil matinal, moment où il est sécrété le plus abondamment, le cortisol a, dans certaines circonstances, une influence bénéfique sur le sommeil profond. Évitez cependant de prendre une dose importante de cortisol ou d'un de ses dérivés avant le coucher sous peine d'insomnie. Le moment le plus judicieux est le matin dès le lever et éventuellement à midi et dans l'après-midi en évitant l'excès. À doses physiologiques (normales), les dérivés du cortisol comme le déxaméthasone ne semblent pas perturber les ondes cérébrales pendant la phase de sommeil et de rêve.

Tests et Cartes d'identité « Cortisol », page 274, et « Hormones thyroïdiennes », page 294.

• Développer votre mémoire

« J'ai de plus en plus de mal à retenir les noms, j'ai la mémoire qui flanche... »
La dégradation de la mémoire est l'une des plaintes les plus fréquentes à partir de 45 ans. Certains se souvenant d'expériences douloureuses survenues chez des parents ou des proches craignent que cette défaillance ne soit un des premiers symptômes de la maladie d'Alzheimer tant redoutée. Cette crainte n'est pas toujours injustifiée car l'incidence de la maladie d'Alzheimer est relativement élevée chez les adultes âgés : d'après une étude récente, réalisée en Suède, près de 30 % des citoyens âgés de 85 ans ou plus souffrent de cette démence.

La dégradation progressive de la fonction cognitive avec l'âge résulte, en toute apparence, de détériorations locales du cerveau. Celui-ci diminue de volume. Le nombre de neurones (les cellules cérébrales) se réduit. Les cellules de la glia (le tissu de soutien) se multiplient et le cerveau se fibrose. Le nombre de connexions entre les neurones diminue de façon considérable, ce qui limite le flux d'informations qu'ils peuvent échanger. Les stocks d'enzymes et de neurotransmetteurs s'épuisent. Le cerveau ne reçoit plus suffisamment de sang. Autant d'événements peu encourageants. Et pourtant, de grands espoirs subsistent, car ces modifications locales sont causées ou aggravées en partie par des déficiences hormonales, en particulier une carence en hormones thyroïdiennes.

Comment fonctionne le cerveau d'une personne pauvre en hormones thyroidiennes ?

Dans la matière grise cervicale, là où la pensée se forme, le sang se met à couler plus lentement. Moins d'oxygène et moins de nutriments arrivent aux cellules cérébrales ; le cerveau s'appauvrit et le patient pense et bouge plus lentement. Si, par extraordinaire, une personne est totalement dépourvue d'hormones thyroïdiennes, son intelligence, sa mémoire et même ses émotions disparaissent. Sauf à être traitée à temps, l'hypothyroïdie (manque d'hormones thyroïdiennes) provoque un vieillissement rapide des vaisseaux sanguins du cerveau, gangrenés par un processus appelé par les médecins « athérosclérose ».

De plus, dans l'insuffisance thyroïdienne, le nombre de connexions (dendrites et synapses) entre les cellules cérébrales diminue. Ces cellules importantes pour la mémoire faiblissent. Le patient souffre non seulement de lenteur de mouvement et de pensée, mais aussi de difficultés de concentration et de pertes de mémoire. Des phénomènes qui surviennent au lever, le matin, ou au repos quand le patient arrête de bouger. Les hormones thyroïdiennes sont donc capitales pour une bonne mémoire.

L'une des actions d'un traitement par les hormones thyroïdiennes est d'inverser en partie ou en totalité le vieillissement prématuré des artères et d'accélérer le flux de sang à travers le cerveau. Lors de la correction du déficit thyroïdien, les neurones dénutris, privés d'oxygène, peuvent à nouveau se réalimenter convenablement. Progressivement, le patient recommence à penser et à agir plus rapidement et avec plus de perspicacité.

Votre réflexion est moins rapide, vos pensées plus confuses ?

Les hormones thyroïdiennes

En réalité, les **hormones thyroïdiennes** sont vitales pour l'intelligence dès le début de l'existence. Ainsi, pendant les premiers mois, dans le ventre de sa mère, le fœtus a besoin d'hormones thyroïdiennes pour le bon développement de son cerveau. Si sa mère en manque durant la grossesse, le quotient intellectuel (QI) de l'enfant restera bas. Si le bébé naît avec une hypothyroïdie, il lui faut un traitement thyroïdien de correction le plus rapidement possible sous peine de conserver un quotient intellectuel anormalement bas.

Chez ces enfants, dont l'hypothyroïdie n'est pas traitée, le volume du cerveau, le nombre des neurones et l'épaisseur des gaines de myéline (qui entourent et nourrissent les terminaisons nerveuses) sont réduits. Par ailleurs, 50 à 70 % des enfants qui ont ainsi souffert d'insuffisance thyroïdienne avant la naissance sont par la suite atteints de perturbations neuropsychiques (pertes d'attention, difficultés pour s'orienter dans l'espace, pensée lente et performances physiques pauvres). Une étude chez des adolescents a même montré que la mémoire à long terme (celle qui permet de se souvenir d'événements anciens) et la mémoire spatiale (celle qui permet, par exemple, de se souvenir d'une séquence de mouvements dans l'espace) dépendent du taux de **thyroxine** (l'hormone thyroïdienne la plus abondamment sécrétée par la glande thyroïde) dans le sang de leur mère pendant la grossesse. Plus le taux de thyroxine est élevé chez la mère, meilleure sera la mémoire de l'adolescent.

Test et Carte d'identité « Hormones thyroïdiennes », page 294.

Vous ne pouvez plus vous fier à votre mémoire ?

Les hormones mâles

Des quantités considérables d'hormones mâles sont produites aussi bien chez la femme que chez l'homme par quatre glandes endocrines, les deux glandes surrénales et les deux glandes sexuelles (les testicules ou les ovaires).

Quel que soit le sexe, les hormones « mâles » (les androgènes) prédominent dans le corps plus que n'importe quel autre type d'hormone. En moyenne, une femme ne produit que 30 % de moins d'hormones « mâles » que son compagnon. Si l'on additionne tous les androgènes produits par le corps (**testostérone, DHEA, dihydrotestostérone, androstènedione...**), on s'aperçoit que les androgènes sont de loin les hormones les plus abondamment produites par l'adulte.

Nécessaires pour construire les muscles et les os, elles permettent aussi de garder un état d'esprit ferme, résolu et renforcent la mémoire. Si un homme manque d'androgènes, son sang coagule plus facilement, le risque de thrombose s'accroît et le taux du « bon » HDL-cholestérol (qui protège le cœur) chute. Les artères de son cerveau faiblissent. À certains endroits, leur structure s'amollit et favorise la thrombose. À d'autres endroits, les vaisseaux sanguins durcissent, ce qui prédispose l'homme à l'hypertension artérielle et à l'hémorragie cérébrale. De plus, lorsque les artères du cerveau s'usent, le sang n'arrive plus correctement au cerveau (ni aux autres organes). Un manque d'oxygène et de nutriments s'installe alors dans le cerveau de manière chronique. La mémoire s'affaiblit. Année après année, ce processus de dégénérescence va s'aggraver. La personne devra prendre (mieux vaut tôt que tard) des suppléments d'hormones mâles pour sauver et restaurer ce qui peut l'être.

Des expériences scientifiques ont confirmé l'influence bénéfique des androgènes sur le système nerveux. La thérapie à la testostérone peut augmenter la taille et le nombre de connexions entre les neurones, mais ne semble pas capable d'augmenter le nombre de ces cellules. De plus, elle épaissit et fortifie la gaine de myéline qui entoure et protège les axones, ces minces filaments nerveux qui transmettent l'information d'un neurone à l'autre.

Une expérience scientifique sur des souris a montré comment un apport supplémentaire de testostérone permet à des animaux âgés de redevenir capables d'apprendre des tâches difficiles avec la même efficacité qu'avant, un potentiel qu'elles avaient perdu. Chez l'homme, le taux de testostérone dans le sang semble influencer favorablement certains composants de la mémoire. Un taux plus élevé de testostérone dans le sang se retrouve chez les hommes et les femmes ayant une meilleure mémoire spatiale. Cette dernière permet d'exécuter avec précision des mouvements précis dans l'espace : le maniement d'outils ou la danse par exemple. Des taux élevés en testostérone sont aussi retrouvés chez les femmes qui réussissent bien en mathématiques.

Il est intéressant de savoir que lorsqu'un traitement à la testostérone est entrepris par des femmes transsexuelles, elles deviennent plus performantes dans les tâches spatiales. En revanche, la facilité qu'elles avaient précédemment à parler beaucoup décline.

En conclusion, les hormones mâles fortifient bien tout le corps, non seulement les muscles, mais aussi le cerveau et les nerfs.

Tests et Cartes d'identité « Testostérone », page 323 et « DHEA », page 280.

Les hormones féminines

Les gynécologues le savent bien : en général, une thérapie aux œstrogènes améliore la mémoire chez la femme, particulièrement chez une patiente dont les ovaires ont été retirés ou qui reçoit une médication supprimant le fonctionnement de l'ovaire ou encore qui souffre d'une maladie du système nerveux central grave comme la sclérose multiple.

Les hommes, de leur côté, se souviennent mieux d'images à mesure que le taux d'œstradiol dosé dans le sang est plus élevé.

Test et Carte d'identité « Œstradiol », page 309.

Vous souffrez de pertes de mémoire passagères ?

La DHEA

Une série d'études faites sur des souris et des rats ont montré les résultats étonnants de la DHEA sur la mémoire. La DHEA seraitelle cette hormone miracle tant attendue par les personnes âgées, capable d'effacer tous leurs problèmes de mauvaise mémoire ? C'est aller un peu vite, même si les résultats de traitements expérimentaux à la DHEA sur des rongeurs ont de quoi surprendre. Lorsque l'on bloque la mémoire chez les souris par des substances qui provoquent l'amnésie, comme le DMSO et la scopolamine, des suppléments de DHEA parviennent à annuler ce blocage. Cependant, seules des doses bien précises de DHEA débloquent l'amnésie. Trop petites ou trop élevées, elles s'avèrent inefficaces.

Et chez l'être humain ? Le Dr Benett de New York a réussi par un traitement à la DHEA à améliorer remarquablement la mémoire chez une femme de 36 ans. Cette dame souffrait de terribles pertes de mémoire et possédait un taux très bas de DHEA dans le sang. Son électroencéphalogramme montrait un fonctionnement anormal de l'hémisphère gauche de son cerveau. Celui-ci se normalisa presque complètement lors du traitement à la DHEA.

Test et Carte d'identité « DHEA », page 280.

Vous souhaitez stimuler votre mémoire ?

La pregnénolone

En 1992, le Dr Roberts et son équipe de l'université de Saint-Louis aux États-Unis ont publié une étude surprenante sur les effets de la pregnénolone et d'autres hormones sur le cerveau de la souris. Dans les expériences qu'ils firent, la thérapie à la pregnénolone améliorait si remarquablement les performances de ces souris dans les tâches nécessitant une bonne mémoire qu'une véritable « pregmanie » commença aux États-Unis où cette hormone est en vente libre.

Lors de ces expériences, d'autres hormones aussi augmentèrent la mémoire des souris, mais jamais avec autant de puissance que la « preg ». La DHEA (voir chapitre précédent), le deuxième meilleur stimulateur de la mémoire après la pregnénolone dans cette expérience, se montra 100 fois moins puissante que la pregnénolone. La testostérone fut 500 fois moins puissante.

Que dire des êtres humains ? Leur cerveau produit localement de la pregnénolone en quantité fort importante. Des taux élevés sont retrouvés dans les nerfs crâniens et dans diverses régions du cerveau. Plusieurs patients affirment que leur mémoire s'est effectivement améliorée grâce à la « preg ».

Test et Carte d'identité « Pregnénolone », page 314.

Vous vous sentez la tête vide ?

Le cortisol

Une des plaintes majeures d'une déficience en cortisol est la confusion. Une personne souffrant d'une déficience en cortisol est facilement distraite, a vite la tête « vide », « vaseuse ». Quand des souris reçoivent de la corticostérone, le cortisol des rongeurs, elles se souviennent mieux des situations stressantes et parviennent à mieux se débrouiller dans les situations de stress modéré.

En revanche, les souris pauvres en corticostérone ont des difficultés à trouver des solutions aux situations stressantes. Elles reconnaissent mal la situation de stress et ne savent pas comment faire face efficacement. D'autres études animales (chez des poulets, des rats) ont confirmé l'effet bénéfique du cortisol ou de ses dérivés sur la mémoire, en particulier dans les tâches où ces animaux doivent apprendre à éviter une situation stressante. Selon notre expérience, les suppléments de cortisol prescrits à des personnes déficientes en cortisol clarifient leur pensée et leur mémoire vacillantes, aiguisent leurs idées, leur permettant de mémoriser efficacement.

Test et Carte d'identité « Cortisol », page 274.

Vous souffrez de défaillances ponctuelles ?

La vasopressine

Les propriétés bénéfiques de la vasopressine sur la mémoire sont peu connues et peu utilisées. Chez le rat, la thérapie à la vasopressine renforce le rappel de l'information. La vasopressine est si puissante qu'elle peut faire retrouver à des rats amnésiques la mémoire qu'ils ont perdue avec un traitement par toxiques, chocs électriques ou substances bloquantes sélectives.

Et pour l'espèce humaine ? Les patients nés avec un diabète insipide, une maladie due à un manque sévère de vasopressine, perdent un volume important des urines par les reins. Ces patients se plaignent alors de troubles de la mémoire à court et à long terme et ont de grandes difficultés à fixer leur attention. La vasopressine a pour principale propriété de retenir l'eau dans le corps et de diminuer le débit urinaire.

La vasopressine peut stimuler la mémoire chez l'homme. Plusieurs études scientifiques sur des volontaires âgés de 50 à 65 ans ont pu le confirmer. Les souvenirs visuels leur sont revenus plus facilement. Ils reconnaissaient et réagissaient plus vite et mieux à l'information.

Quelle est la vitesse et la durée d'action de la vasopressine ? Administrée par un spray dans le nez, la vasopressine améliore la mémoire dans les 4 heures ; une stimulation qui persiste au moins 48 heures.

En conclusion, la vasopressine est-elle une hormone-clé pour résoudre tous les problèmes de mémoire ? N'exagérons rien. C'est un bon stimulateur de la mémoire qui agit le mieux sur des personnes saines, sur les personnes qui souffrent de troubles de la mémoire dus à un traumatisme cérébral modéré (comme la commotion cérébrale) et sur des sujets âgés qui souffrent de pertes de mémoire modérées dues à la sénescence. En revanche, les patients présentant des lésions cérébrales sévères ne sont pas de bons candidats pour la vasopressine.

Test et Carte d'identité « Vasopressine », page 329.

Vous avez du mal à fixer votre attention ?

L'ACTH

L'ACTH (ou *Adrenocorticotrope Hormone*) est l'hormone de la glande hypophyse qui stimule les glandes surrénales et en particulier la sécrétion de cortisol. Il fonctionne comme un neurotransmetteur dans notre cerveau, où il joue un rôle non négligeable dans le processus de mémorisation. Les injections d'ACTH accroissent l'attention, les capacités d'apprentissage et les performances chez les animaux ; elles augmentent aussi la motivation, la vigilance et l'attention visuelle.

La capacité de l'ACTH à stimuler l'idéation explique pourquoi l'ablation chez les animaux de la partie (antérieure) de la glande hypophyse, qui contient les cellules productrices d'ACTH, cause de gros problèmes : un comportement médiocre et une mauvaise mémoire. Les rats apprennent plus lentement et moins bien.

Chez l'homme, la thérapie à l'ACTH accélère le rappel de souvenirs. Chez des sujets âgés, une étude montre seulement un progrès dans la mémoire visuelle avec des injections d'ACTH, mais aucun effet sur les autres composants de la mémoire.

Test et Carte d'identité « ACTH », page 265.

La mélatonine

La mélatonine est surtout sécrétée la nuit. Cette hormone ne nous fait pas seulement dormir, elle préserve notre cerveau. Comment ? En protégeant les neurones contre les attaques des radicaux libres. Le cerveau est très vulnérable à ces agressions, car il génère plus de toxines par gramme de tissu que tout autre organe. La plupart de ces toxines sont des particules appelées **radicaux libres** qui entraînent tôt ou tard – si l'action de ces produits hautement réactifs n'est pas efficacement contrée – la destruction des cellules cérébrales. Une des substances les plus puissantes que le corps produit pour capturer et neutraliser ces radicaux libres toxiques est précisément la mélatonine. Cette hormone peut en particulier neutraliser le dangereux radical libre appelé hydroxyl avec plus d'efficacité que le glutathion, un antioxydant puissant. Elle est même plus efficace que la vitamine E – un autre antioxydant important – pour capturer le dangereux radical peroxyl.

Si la mélatonine aide à préserver le cerveau, évitez cependant d'en prendre trop. Une prise excessive rend distrait durant la matinée, donne la sensation d'avoir la tête « vide » ou « lourde », une condition qui est loin de favoriser une bonne mémoire.

Test et Carte d'identité « Mélatonine », page 304.

Vitamines et oligo-éléments pour une meilleure mémoire

Parmi les vitamines retardant les phénomènes de vieillissement cérébraux, citons les ***vitamines E, C*** *et* ***A*** *ayant une action antioxydante et qui, comme le sélénium, évitent l'accumulation des radicaux libres au niveau cellulaire.*

Par ailleurs, le ***magnésium*** *et le* ***phosphore*** *en oligothérapie nutritionnelle ainsi que le* ***manganèse*** *jouent un rôle non négligeable dans l'amélioration des troubles de la mémoire.*

Embellir votre apparence

Après avoir passé en revue les déficiences hormonales liées au vieillissement entraînant une baisse de la forme physique (fatigues, insomnies, troubles de la mémoire...), parcourons les phénomènes de dégradation de l'apparence. Une bonne prise en main des problèmes dus aux déficiences facilitera le traitement des troubles de l'apparence avant d'entreprendre la recherche d'un véritable bien-être psychologique.

• Soigner sa peau et lutter contre les rides

« Ma peau s'enlaidit et j'ai de plus en plus de rides... »
Conserver sa peau de jeune adulte et surtout empêcher l'apparition de rides est malheureusement bien illusoire. Certes, la consolation rituelle – les rides confèrent une beauté différente, elles expriment la sagesse acquise – peut vous aider à assumer ces changements. Pourtant, en dépit de ces pensées

« positives », les rides témoignent inéluctablement d'une jeunesse perdue. Une page de la vie est tournée que seuls quelques artifices chirurgicaux peuvent faire oublier aux autres.
La tendance est irréversible certes, mais on peut la freiner, car les rides et le vieillissement de la peau résultent en partie de carences hormonales.

Premiers signes, premières inquiétudes : la peau se flétrit autour du cou, quelques taches apparaissent sur les mains et surtout, des petites ridules verticales se creusent autour des lèvres. Ces dernières correspondent chez la femme à une carence en œstrogènes (en androgènes, chez l'homme). Le comblement de ces déficiences atténue considérablement ces marques en quelques mois de traitement hormonal approprié.

Les hormones et les rides

Les grosses rides qui sillonnent le visage de part et d'autre des ailes du nez et de la bouche, les joues tombantes et flasques qui font ressembler à un bouledogue, s'estompent en partie en comblant une déficience en **hormone de croissance** (principalement) et en **androgènes** (accessoirement). Une thérapie basée sur ces deux groupes d'hormones adoucit les petites rides autour de vos yeux, ces « rides d'expression », en patte d'oie qui partent du coin externe des yeux. La prise régulière d'hormone de croissance et d'androgènes retend et raffermit les paupières affaissées au-dessus et en dessous des yeux, ainsi que les crevasses horizontales du front.

Correspondances entre carences hormonales et vieillissement

- ***Perte de cheveux au sommet du crâne chez la femme** : manque d'œstradiol.*
- ***Perte diffuse des cheveux** : manque d'hormones thyroïdiennes.*
- ***Paupières tombantes** : carence en hormone de croissance et androgènes.*
- ***Joues creusées manquantes de graisse** : manque de cortisol et d'insuline.*
- ***Lèvres plus fines** : manque d'hormone de croissance.*
- ***Mâchoire plus mince** : manque d'hormone de croissance.*
- ***Peau et muscles relâchés au niveau du cou** : manque d'hormone de croissance et androgènes.*
- ***Poitrine affaissée chez la femme** : carence en œstrogènes.*
- ***Joues tombantes** : manque d'hormone de croissance.*
- ***Un visage masculin, ventre gros et pendouillant** : carence en androgènes et en hormone de croissance, résistance à l'insuline.*
- ***Perte de poils sur le pubis et les aisselles** : carence en androgènes et en DHEA.*
- ***Intérieur des cuisses qui s'affaisse** : carence en hormone de croissance.*
- ***Graisse au-dessus du genou** : carence en hormone de croissance.*
- ***Peau fine, transparente, parcheminée sur les tibias** : carence en hormone de croissance.*
- ***Voûte plantaire affaissée** : carence en hormone de croissance.*
- ***Chez la femme, lèvre supérieure frippée** : manque d'œstrogènes et d'androgènes.*
- ***Chez la femme, bajoues frippées** : manque d'hormone de croissance et d'androgènes.*
- ***Chez l'homme, lèvre supérieure frippée** : manque d'androgènes.*

Le double menton et la peau fripée qui pend en larges plis verticaux sous le menton indiquent clairement plusieurs carences hormonales, dont la principale est la déficience en hormone de croissance.

Les joues qui se « chiffonnent » comme un parchemin, les paupières amincies et plissées reprennent en partie leur tonus lors de la prise d'androgènes appropriés (même chez les femmes). N'ayez pas peur, madame ou mademoiselle, ces androgènes, correctement dosés, ne vous affubleront pas du moindre poil excédentaire. Ces marques de vieillissement que beaucoup croient irréversibles se déplissent et se raffermissent de façon visible lors de l'addition supplémentaire d'hormone de croissance.

Test et Carte d'identité « Hormone de croissance », page 288.

L'avenir : le lifting par un traitement multihormonal

L'association de plusieurs hormones capables de relever les tissus, la peau et les muscles de votre visage peuvent procurer un « lifting » partiel des rides, en profondeur, sans devoir recourir à la chirurgie. Le visage se retend, se raffermit sans le traumatisme, ni les cicatrices d'une opération chirurgicale dont les effets s'estompent en général après 5 à 10 ans. L'hormone « lifting » la plus puissante que nous connaissions est sans conteste l'**hormone de croissance** (et l'IGF-1). Viennent ensuite les **hormones sexuelles**, la **testostérone** et l'**œstradiol.**

Les rides sont donc réversibles en partie par une thérapie hormonale appropriée. En partie seulement, car elles ne peuvent disparaître tout à fait. Et ce, parce que des dégâts irrémédiables

sont survenus, cicatrices ou fibroses qui se superposent aux rides causées par les carences.
Néanmoins, il devrait être possible d'obtenir de meilleurs résultats et la disparition quasi complète des rides, par une très large hormonothérapie multiple (10 à 20 hormones différentes peuvent ensemble renouveler presque totalement la peau et les tissus sous-jacents). Cela supposerait de pouvoir disposer de toutes ces hormones en pharmacie ainsi que d'être capable d'équilibrer cette dizaine ou vingtaine d'hormones entre elles. Deux conditions qui ne peuvent encore être remplies, à l'heure actuelle.

Le lifting par la diététique ?

Le Dr Mayr, médecin allemand de la fin du siècle dernier et du début de ce siècle, obtenait des résultats importants de prévention et d'atténuation des rides par la diététique. Dans les 6 mois qui suivaient une cure de restriction alimentaire sévère de 3 à 8 semaines pauvre en calories et prescrivant une longue mastication de chaque aliment, le visage de ses patients se retendait, surtout au niveau des rides en sillons profonds le long des joues, qui s'aplatissent et pouvaient, dans certains cas, disparaître totalement. Le Dr Mayr lui-même, à l'âge de 80 ans, ne présentait presque aucune ride.

Le lifting sans hormone ni chirurgie

Le lifting sans hormone ni chirurgie est également possible et utilisé dans certains pays d'Europe et aux États-Unis au moyen d'injections de **toxine botulique**, *qui permet d'affaiblir les muscles de l'expression faciale du front, la patte d'oie et du menton.*

Un tel traitement provoque un relâchement musculaire permettant à la peau de s'aplatir. L'affaiblissement des muscles de l'expression permet d'éviter tous les mouvements inconscients de la face, créa-

teurs de rides (fronçage, plissage des yeux, mouvements anormaux du menton), mais laisse la possibilité des mouvements conscients.

Les hormones et la peau

Une autre plainte fréquente des personnes prenant de l'âge est l'état de leur peau. Impossible à cacher, sauf à recourir à des maquillages qui ne trompent personne, il témoigne incontestablement du vieillissement qui accentue notre impression de déclin. Or, dans ce domaine encore, le traitement hormonal peut atténuer une partie importante de ce dépérissement.

Les traitements, cas par cas

Les taches de sénescence (épiderme) sont formées d'une accumulation d'un pigment, la lipofuchsine, fait de graisses oxydées (détruites dans les cellules). Elles peuvent être dues à un manque d'hormones, de vitamines et d'oligo-éléments antioxydants (mélatonine, hormone de croissance, DHEA, vitamines A, E, sélénium, etc.).

Tests et Cartes d'identité « Mélatonine », page 304, « Hormone de croissance », page 288, « DHEA », page 280. Pour les minéraux et oligo-éléments, voir page 252.

Cancer (épiderme) : les cellules de la base de l'épiderme perdent leur homogénéité avec l'âge, ce qui prédispose au cancer. Pensez à un manque en hormones thyroïdiennes, sexuelles, etc., et évitez les surexpositions au soleil.

Test et Carte d'identité « Hormones thyroïdiennes », voir page 294.

Peau sèche (épiderme) : la couche superficielle est souvent moins bien hydratée avec l'âge. Les glandes sudoripares et sébacées (glandes de la sueur et de la peau) s'atrophient.

Pensez à d'éventuels manques en hormones thyroïdiennes, de croissance, en œstrogènes, testostérone, dihydrotestostérone, DHEA.

Tests et Cartes d'identité « Hormones thyroïdiennes », page 294, « Hormone de croissance », page 288, « Testostérone », page 323, « DHEA », page 280.

Peau mince (derme) : la couche profonde de la peau s'amincit avec l'âge.
Pensez au manque éventuel d'hormone de croissance, d'œstrogènes, d'androgènes.

Tests et Cartes d'identité « Hormones thyroïdiennes », page 294, « Hormone de croissance », page 288, « Testostérone », page 323, « DHEA », page 280, « Œstradiol », page 309.

Peau pâle (derme) : l'irrigation sanguine de la peau se tarit, ce qui rend la peau plus pâle.
Pensez à un manque possible d'œstradiol, d'androgènes, d'hormones thyroïdiennes.

Tests et Cartes d'identité « Hormones thyroïdiennes », page 294, « Testostérone », page 323, « Œstradiol », page 309.

Peau parcheminée (épiderme) : une perte de connexion entre l'épiderme et le derme rend la peau parcheminée.
Pensez à un éventuel manque en hormone de croissance et en androgènes.

Tests et Cartes d'identité « Hormone de croissance », page 288, « Testostérone », page 323.

Peau sensible au soleil (épiderme) : elle est due à la diminution avec l'âge des mélanocytes (cellule pigmentante de la peau), qui diminuent en nombre à partir de l'âge de 30 ans.

Pensez à un manque de MSH, d'ACTH, d'androgènes, d'hormone de croissance, de cuivre.

Tests et Cartes d'identité « Hormone de croissance », page 288, « Testostérone », page 323, « ACTH », page 265.

Cicatrisation difficile : des blessures guérissent lentement parce que le renouvellement cellulaire diminue avec l'âge dans les couches supérieures de la peau.
Pensez à un manque possible d'hormone de croissance, d'androgènes.

Tests et Cartes d'identité « Hormone de croissance », page 288, « Testostérone », page 323.

Hématome (épiderme) : la personne âgée se fait facilement des bleus au moindre traumatisme parce que la paroi de ses vaisseaux capillaires s'amenuise et se fragilise. De plus, l'innervation se réduit dans la peau, ce qui la rend moins sensible et accroît le risque de blessure par inattention.
Pensez à un manque d'androgènes, d'hormone de croissance, de vitamines du groupe B.

Tests et Cartes d'identité « Hormone de croissance », page 288, « Testostérone », page 323.

Lésions mécaniques faciles (hypoderme) : après un épaississement initial et une accumulation de graisse chez beaucoup de personnes, le tissu sous la peau s'amincit et devient très fragile.
Pensez au manque possible d'insuline ou à la diminution d'efficacité de cette hormone qui influence la graisse sous-cutanée agissant comme un pare-chocs.

Test et Carte d'identité « Insuline », page 300.

Peau moins résistante à la friction (épiderme) : du fait d'un aplatissement du réseau sous-papillaire.
Pensez à un manque de testostérone et d'hormone de croissance.
Tests et Cartes d'identité « Hormone de croissance », page 288, « Testostérone », page 323.

Peau sexuellement moins parfumée (derme) : les glandes odoriférantes s'agrandissent, mais leur activité s'effondre.
Pensez à un manque de testostérone et de DHEA.
Tests et Cartes d'identité « Testostérone », page 323, « DHEA », page 280.

Vitamines et vieillissement de la peau

*Une étude récente (*Natura Medecine, *avril 1999, pages 376 et 418) a démontré que l'exposition aux UV provoque une diminution dans la peau des récepteurs rétinoïdes, induisant ainsi un déficit fonctionnel en **vitamine A** qui peut contribuer au vieillissement et au cancer de la peau dus à l'exposition au soleil.*
*Un déficit en **vitamine B2 ou riboflavine** provoque des dermites séborrhéiques des ailes du nez, sur les lobes des oreilles et/ou la queue des sourcils, ainsi que des petites fissures sur les commissures des lèvres.*
***La vitamine PP ou niacine** est responsable, en cas de manque, de rougeurs sur les parties découvertes (tête, cou et mains).*
*Un déficit en **vitamine B5 ou acide panthoténique** aux propriétés cicatrisantes en cas de plaies et gerçures ou de brûlures est responsable de troubles trophiques des ongles et parfois d'altération de la peau.*
*La carence en **vitamine B6 ou acide folique** ou encore folates provoque des lésions de type eczéma, herpès ou encore acné rosacée.*
*N'oublions pas **la vitamine C ou acide ascorbique**. Sa carence est res-*

ponsable du scorbut dont les signes au niveau de la peau sont des ecchymoses, des pétéchies (des petites taches rougeâtres sous la peau) et un retard ou une impossibilité de cicatrisation des plaies.

Pour toutes ces vitamines, voir page 252.

Radicaux libres et vieillissement de la peau

Les radicaux libres sont indispensables pour le métabolisme des cellules et sont produits en petite quantité et détruits par des enzymes spécifiques après avoir rempli leur rôle.

Ils ont une durée de vie très brève, de l'ordre du 100 millième de secondes, mais une augmentation sensible de leur production ou de leur durée de vie provoque des dommages. Le vieillissement serait en partie causé par la détérioration minime mais continue des cellules par les radicaux libres.

Parmi les systèmes de défense assurés par les substances antioxydantes capables de neutraliser les radicaux libres, on peut distinguer plusieurs groupes :

- ***Les enzymes** : superoxydismutase, catalase, peroxydase.*
- ***Les vitamines** : vitamines E, A et C.*
- ***Les hormones** : la mélatonine.*
- ***Les oligo-éléments** : le **sélénium** en chef de file avec le manganèse, le cuivre, le zinc et le fer. Nous avons déjà cité le sélénium comme élément protecteur contre le vieillissement de la peau par son rôle-clé d'antioxydant cellulaire combattant les radicaux libres (qui sont eux des oxydants cellulaires).*

*Les aliments les plus riches en sélénium sont **la viande et le poisson**. Les produits végétaux sauf l'ail, l'oignon, les champignons et les fruits sont pratiquement dépourvus de sélénium.*

Pour les vitamines et les oligo-éléments, voir page 252.

• Stopper la chute des cheveux

« Je perds mes cheveux de plus en plus, je ne sais plus à quel shampooing me vouer... »

Nous perdons en moyenne une centaine de cheveux par jour. Mais nous en regagnons tout autant. Une personne jeune possède environ 100 000 cheveux. Cette richesse lui permet d'envisager le proche avenir en toute sérénité : même si aucun cheveu nouveau ne pousse, il lui faut 3 ans pour tout perdre !

La situation s'avère différente pour une personne qui perd beaucoup plus ses cheveux : par touffes, par plaques, ou de manière diffuse. Chez cette personne, l'inquiétude grandit. La peur de perdre son pouvoir de séduction ou sa santé provient en partie d'une insuffisance en hormones capables de la calmer et de la rassurer. Pourquoi les cheveux tombent-ils par poignées ? Des carences hormonales sont souvent à l'origine de ce désagrément et, spirale infernale, ces déficits hormonaux engendrent eux-mêmes une part de l'angoisse qui accompagne la chute de cheveux.

Vous perdez vos cheveux de manière diffuse

Hormones thyroïdiennes

Vos cheveux sont drus, secs et cassants ; ils poussent lentement. Peu à peu, votre crâne se dégarnit. Un **traitement thyroïdien** approprié peut rétablir l'ordre. Il faut au moins 4 mois de traitement pour que le résultat devienne visible.

Test et Carte d'identité « Hormones thyroïdiennes », page 294.

Autres causes à envisager

Une **carence en fer** amène une perte de cheveux diffuse avec des cheveux fendillés, dédoublés.

Une **carence en graisses polyinsaturées** cause également une chute importante des cheveux secs qui se peignent difficilement.

Vos cheveux sont plats, sans relief

Hormone de croissance

Si vous avez des cheveux petits, très minces, qui n'ondulent plus, qui s'aplatissent par manque de consistance et s'amenuisent un peu partout sur le dessus du crâne, soupçonnez **une carence en hormone de croissance.**

Test et Carte d'identité « Hormone de croissance », page 288.

Vos cheveux disparaissent sur le sommet du crâne

Hormones mâles

C'est l'exemple type de la calvitie masculine. Cette « alopécie androgénique » débute et s'aggrave progressivement au fil des années, lorsque les hormones mâles commencent à manquer. Malgré la croyance populaire, cette perte de cheveux ne provient pas d'un excès d'hormones mâles, mais paraît plutôt favorisée par un déséquilibre hormonal. Chez des patients de 25 ans souffrant de ce désagrément, nous retrouvons fréquemment des taux plutôt bas en hormones mâles (par rapport à la moyenne). Rien n'est perdu pour eux : des suppléments d'hormones mâles, prescrits aux doses physiologiques appropriées, restaurent la chevelure. Mais après 25 ans, les pertes sont irrémédiables et seule

une stabilisation peut être espérée par un traitement aux androgènes.
Un confrère médecin a pu observer que certains patients prédisposés perdaient un peu de cheveux au-dessus du crâne lorsqu'ils s'appliquaient un gel de **dihydrotestostérone** sur la peau pour traiter leur carence en androgènes. Mais cette perte de cheveux ne semble pas constituer la règle générale. Reste qu'un déséquilibre hormonal comportant trop de dihydrotestostérone et trop peu d'autres **androgènes** semble encourager cette perte de cheveux.

Mêmes croyances chez les femmes qui perdent leurs cheveux au sommet du crâne. On pense souvent que cette raréfaction résulte d'un surplus d'hormones mâles. En fait, ces femmes produisant beaucoup d'androgènes possèdent souvent peu d'hormones féminines, **trop peu d'œstrogènes et de progestérone**. Et c'est cette déficience (qui se manifeste par des cycles irréguliers, diverses anomalies des règles et un ensemble de plaintes typiques avant les règles) qui semble principalement responsable. Le comblement de ces manques en hormones féminines peut restaurer, parfois superbement, l'état de leur chevelure et normaliser ou contrebalancer leur excès d'androgènes.
Dans certains cas, c'est le **cortisol**, l'hormone majeure des glandes surrénales, qui fait défaut à ces femmes. Pour compenser ce manque, les glandes surrénales sécrètent de manière exagérée les seules hormones qu'elles savent bien produire : les androgènes. Cette surproduction effrénée finit par réprimer la production des hormones féminines par les ovaires. La simple prise par ces femmes de suppléments en cortisol calme des glandes surrénales surexcitées et réactive les ovaires. La concentration des andro-

gènes chute, les hormones féminines réapparaissent, et après quelques mois les cheveux repoussent en beauté.

Tests et Cartes d'identité « Œstradiol », page 309, « Progestérone », page 318, « Testostérone », page 323, « Cortisol », page 274.

Vos cheveux disparaissent par plaques arrondies

ACTH

Chez les patients qui perdent leurs cheveux par plaques arrondies, on observe régulièrement une mycose du cuir chevelu (avec pellicules et démangeaisons). Un traitement avec un shampooing antichampignons acheté en pharmacie et un régime alimentaire particulier (éviter les produits laitiers, le pain, les sucres, augmenter les légumes, les viandes et les fruits... avant les repas) constituent le remède idéal.
Dans d'autres cas, des injections d'ACTH une à deux fois par semaine, consolidées par d'autres suppléments hormonaux, comme les hormones thyroïdiennes, s'avèrent nécessaires pour rétablir la chevelure initiale.

Test et Carte d'identité « ACTH », page 265.

Vos cheveux disparaissent totalement, vous souffrez de pelade

Un savant dosage d'hormones

Quand tous les cheveux tombent au point que le crâne se dégarnit totalement, il faut soupçonner l'existence de déficiences importantes de toute une série d'hormones majeures. Pas de doute possible, les sécrétions de la glande hypophyse se tarissent et la plupart des autres glandes endocrines, capitales pour les cheveux et dépendantes de l'hypophyse (les glandes surrénaliennes, thyroïde, ovariennes ou testiculaires) sont affaiblies.

Que fera le médecin ? Après confirmation biologique, il « mixera » des injections d'**ACTH** et d'**hormone de croissance** et adjoindra des pilules de **DHEA**, d'**hormones thyroïdiennes**, d'**androgènes** et/ou d'**œstrogènes** (mélangés à de la **progestérone**). Pas question alors de porter une perruque : elle ralentirait l'arrivée de sang au cuir chevelu et empêcherait les hormones d'agir.

Une repousse spectaculaire

Au début de sa carrière, le Dr Hertoghe eut l'occasion d'assister à une repousse spectaculaire de cheveux obtenue par multihormonothérapie chez un de ses patients. Chauve à 100 %, ce jeune homme de 19 ans était, en outre, totalement imberbe et glabre, sur tout le corps. Après 2 mois d'injections bihebdomadaires d'ACTH et une prise quotidienne d'hormones thyroïdiennes, le sommet de son crâne se garnit d'une tonsure bien fournie. C'est dans ces deux hormones qu'il reçut, ou dans les hormones qu'il put produire en plus grande quantité sous l'action de cette thérapie, que réside probablement une des clefs de l'énigme de la calvitie typique de l'homme. Il lui fallut plus de temps et d'autres hormones pour voir repousser des cheveux sur les côtés du crâne et des poils sur son corps. 10 ans plus tard, suivant toujours son traitement hormonal, le jeune homme est un adepte du triathlon et arbore toute sa chevelure. Il se rase tous les jours.

Problèmes de pilosité

La perte des poils chez la femme

La perte de poils au niveau du pubis et des aisselles provient d'un manque d'androgènes, surtout de **DHEA**. Le traitement améliore la situation.

Test et Carte d'identité « DHEA », page 280.

La perte des poils chez l'homme

Trop peu de poils sur le ventre (entre le pubis et le nombril), sur les jambes ou sur la poitrine, une barbe trop peu fournie indiquent le manque d'**androgènes**, surtout de dihydrotestostérone, l'hormone la plus virilisante.

Test et Carte d'identité « Testostérone », page 323.

L'excès de pilosité chez la femme

La présence intempestive sous le nez, le menton, les seins, le bas-ventre (la région entre le pubis et le nombril), les cuisses, l'excès de poils sur les jambes et sur les bras résultent rarement d'un véritable excès d'hormones mâles. Paradoxalement, cet « hirsutisme » peut souvent survenir chez une femme produisant peu d'androgènes (elle présente tous les signes caractéristiques de ce manque : muscles mous et faibles, hyperémotivité, etc.). En réalité, ce qui importe dans cette hyperpilosité, c'est le taux d'hormones féminines. Elle se développe le plus souvent, selon notre expérience, lors d'un état de carence en hormones féminines, **œstrogènes et progestérone**, combinée parfois à un manque de **cortisol.** Le traitement hormonal approprié, qui comprend la prise de suppléments d'hormones féminines (et éventuellement de cortisol), compense les carences découvertes et atténue ou efface cette poussée de poils indésirables – excepté chez les petites mangeuses ou chez celles qui souffrent de malabsorption digestive (dont les intestins n'absorbent pas bien les aliments ingérés) qui ne réagissent pas bien au traitement de correction.

Pour obtenir de bons résultats avec la prise d'hormones, il convient de manger suffisamment et de mettre de l'ordre dans ses troubles digestifs !

Tests et Cartes d'identité « Œstrogène », page 309, « Progestérone », page 318, « Cortisol », page 274.

Vos cheveux deviennent gris

La MSH

Si vos cheveux sont gris, c'est qu'ils ont perdu une bonne part de leur pigment, la **mélanine.** Quant aux cheveux blancs, ils ont perdu pratiquement tous leurs pigments.

Cette mélanine des cheveux est produite au niveau des petites cellules situées à la base du poil appelées mélanocytes. Leur nombre (entre 1 000 à 2 000 au millimètre carré) et leur activité diminuent avec l'âge... et les cheveux se décolorent de plus en plus.

L'hormone stimulant la formation de mélanine est produite par l'hypophyse. C'est la **mélanostimuline ou MSH** (de l'anglais *Melanocyt Stimulating Hormone*).

Suffit-il alors de prendre de la MSH pour récupérer une chevelure « couleur jeunesse » ?

Non, car avec l'âge, les acides aminés, les oligo-éléments, les vitamines et autres substances qui interviennent dans la formation de la molécule de mélanine diminuent également. La cystéine, le cuivre, les vitamines B1 et B6, le soufre, par exemple, sont moins bien absorbés dans l'intestin et moins bien utilisés par les mélanocytes.

Une supplémentation de ces substances s'impose donc chez les personnes qui en manquent, pour les aider à retrouver en partie la couleur de leurs cheveux.

L'administration de MSH sans vitamines chez une personne plus âgée n'a, elle, donné aucun résultat satisfaisant. En revanche, lors d'une expérience faite sur lui-même, un chercheur a recoloré une partie de ses cheveux par de la MSH associée à une prise importante de suppléments en vitamines B.

Actuellement, aucun traitement causal des cheveux gris n'est encore disponible sur le marché. Mais nous pensons que, s'il existe un jour, un tel traitement inclura nécessairement de la MSH. Cette hormone est, en effet, à la base de toute pigmentation.

Des expériences avec des injections locales de MSH sur les taches de dépigmentation appelées vitiligo renforcent cette opinion. Une publication portant sur ce sujet explique que la MSH recolore plus ou moins bien ces taches.

D'autres hormones peuvent certainement aider à endiguer l'apparition des cheveux gris et blancs. Certains patients traités avec des hormones signalent une légère recoloration de leurs cheveux. S'agit-il d'un effet direct de ces hormones ou d'un effet induit stimulant, par exemple, la sécrétion interne de MSH ? La question n'a pas encore de réponse.

Toutefois, une autre hormone de structure très proche de la MSH, l'**ACTH**, mérite d'être citée ici. Un des auteurs a pu assister à plusieurs reprises à ces effets de repigmentation majeure des cheveux lors du traitement par l'ACTH de plusieurs patients atteints d'alopécie (perte totale de cheveux). Lorsque ces patients retrouvent des cheveux sous l'action d'une hormonothérapie multiple contenant de l'ACTH (l'hormone majeure de ce traitement), les premiers cheveux, d'abord décolorés, se recolorent progressivement. D'ailleurs, à forte dose, l'ACTH colore la peau et lui donne un aspect bronzé.

Citons, enfin, le témoignage de patients traités par hormones mâles, du type testostérone chez l'homme et la femme et par hormone de croissance, qui ont vu la pigmentation de leurs cheveux accentuée. Des études scientifiques poussées méritent d'être faites à ce sujet.

• Traiter l'obésité et la cellulite

« Je me sens bouffi, je prends du poids et mon corps s'amollit... » Tout au long des années, le corps change. Si l'on n'y prend garde, il se dessèche, se relâche, s'affaisse, perd du muscle. Il devient gras. Il perd de l'eau. Des bourrelets de graisse peuvent déborder sur diverses zones de l'organisme et déformer les contours, enlaidissant au passage la silhouette déjà affaissée par la perte de tonus musculaire. L'obésité s'installe.
Bien sûr, il y a les régimes, le sport, le jogging, l'aérobic, le stretching... et bien d'autres activités dont la mode est à venir (faisons confiance aux magazines pour nous en informer !) pour entretenir la silhouette.
C'est oublier que cette prise de poids et ces déformations découlent pour une bonne part de déficiences hormonales initiatrices. Celles-ci pèsent sur l'organisme et déclenchent à leur tour des réactions de compensation à partir d'autres glandes endocrines qui, elles-mêmes, déversent d'autres hormones « compensatoires »...

Pouvoir et limites des traitements hormonaux pour réduire l'obésité
Dans le traitement de l'obésité, il faut savoir qu'aucun supplément d'hormones n'agira comme une pilule-miracle, en un clin d'œil. Pour bien perdre du poids, il faut du temps et fournir quelques efforts pour accélérer les effets.
Il est possible de perdre 4 à 16 kilos en 1 à 4 mois par une bonne thérapeutique hormonale et un meilleur choix alimentaire ; et ces kilos seront perdus là où la graisse déborde, là où l'on désire les perdre.

Mais pour perdre plus de 20 kilos, il faudra envisager des mesures plus draconiennes : s'abstenir totalement de certains aliments (café, sodas, alcool, féculents, sucreries et produits laitiers), pratiquer des sports au moins 3 fois par semaine, réduire considérablement les situations de stress, prendre régulièrement des vacances (non gastronomiques), ne pas sauter de repas, exprimer ses émotions sans complexe, etc. En appliquant toutes ces dispositions amincissantes à la lettre, on peut être optimiste. Le corps va mincir et se tonifier.
Parcourons d'abord les diverses formes d'obésité liées à des déficits ou à des déséquilibres hormonaux.

Le matin, vous avez un visage bouffi ?

Hormones thyroïdiennes

Regardez-vous attentivement, le matin. Avez-vous réellement un visage bouffi ? Des joues gonflées et empâtées ? Des paupières gonflées et qui forment de grosses poches sous les yeux ? Si oui, votre glande thyroïde fonctionne probablement trop faiblement. Faites confirmer le diagnostic par votre médecin. Prenez, ensuite, chaque jour les suppléments d'**hormones thyroïdiennes** qu'il vous prescrira. En quelques mois de traitement, vous verrez votre visage s'affiner et vous allez vous sentir mieux, beaucoup mieux.

Test et Carte d'identité « Hormones thyroïdiennes », page 294.

Vous trouvez votre visage ballonné ?

Hormone de croissance et androgènes

Avez-vous le visage ballonné comme une « pleine lune » ? Vos glandes surrénales déversent certainement beaucoup trop de cortisol dans votre corps. Cette surproduction se manifeste chez ceux qui subissent des situations de stress intense et prolongé, et qui disposent de bonnes, trop bonnes, glandes surrénales. Si c'est votre cas, sachez que grâce à ce surcroît de cortisol, vous avez l'énergie suffisante pour faire face à ces fortes pressions psychiques. Plus le stress est intense, plus vous fabriquez de cortisol, mieux vous affrontez la situation, mais, effet pervers, votre visage gonfle. Et ce, parce que ce trop plein de cortisol endort votre glande thyroïde et instaure un déficit en hormones thyroïdiennes actives. Pourquoi les glandes surrénales se survoltent-elles à ce point chez certains individus, mais pas chez d'autres ?

Deux carences pointent le bout de leur nez chez l'adulte au visage en forme de « ballon » : l'insuffisance en **hormone de croissance** et en **androgènes.** Ces manques rendent leurs victimes plus réceptives au stress, les mettent dans un état d'inquiétude, de nervosité perpétuel. Ils favorisent la perception de danger et perçoivent plus vite (trop vite) un événement (bon ou mauvais) comme périlleux et exigeant une réponse immédiate. Ils l'affrontent en surstimulant les seules glandes efficaces et puissantes dont ils disposent, leurs glandes (cortico)surrénales.

Que faire ? Corriger les deux déficiences hormonales pour rétablir l'équilibre. Des suppléments d'hormone de croissance et d'androgènes raffermiront le visage de ces individus hyperexcités, le durciront et calmeront profondément leur caractère survolté. Si, en outre, ils compensent leur insuffisance thyroïdienne, ils « dégonfleront ». Enfin, en parallèle, ils devront prendre régulièrement des vacances reposantes, loin de tout facteur stressant !

Tests et Cartes d'identité « Hormone de croissance », page 288, « Testostérone », page 323.

Vous présentez le symptôme appelé « bosse de bison » ?

Hormone de croissance, androgènes et triiodothyronine

Chez certaines personnes, à la base de la nuque et sur le sommet du dos, un tas de graisse s'amoncelle. Un excès de cortisol est la cause de cette « bosse de bison ». Sous-jacente à cet excès, la coexistence de divers manques hormonaux en **hormone de croissance, androgènes et triiodothyronine**, favorisés par des situations de stress excessif. La correction de ces problèmes, associée au passage à une alimentation (modérément) plus pauvre en protéines animales et en graisses (ce qui calme la production en cortisol), fait fondre cette difformité graisseuse.

Tests et Cartes d'identité « Hormone de croissance », page 288, « Testostérone », page 323.

Vous avez des seins trop volumineux ?

Progestérone

Quand la progestérone manque chez une femme, ses seins peuvent se congestionner douloureusement avant les règles et prendre du volume, parfois trop de volume. Après des années de manque, ils deviennent trop gros et trop lourds. Le peu de progestérone produit ne parvient pas à compenser l'autre hormone féminine, l'œstradiol, qui fait gonfler les seins et reste assez présente chez elles.

Ces femmes souffrent, par ailleurs, d'une foule de petits ou gros désagréments : des gonflements dans le ventre avant les règles, irritabilité et anxiété anormales, règles abondantes et douloureuses. Dos courbé et douloureux à cause du poids de seins trop volumineux.

Que faire ? Ajouter la progestérone qui manque. Ajouter les

androgènes et l'hormone de croissance qui font éventuellement défaut. Ces dernières consolident la musculature et la peau du torse et du dos, ce qui permet de redresser les seins. Maigrir aussi. Comme dans beaucoup de cas de déséquilibre hormonal, mieux vaut s'y prendre tôt que tard. Les seins ne redeviennent jamais des seins d'adolescente par le miracle de l'hormonothérapie !

Test et Carte d'identité « Progestérone », page 318.

Monsieur, vous avez des « seins de femme » ?

Hormone de croissance et (dihydro)testostérone

Certains hommes « attrapent » des seins de femme. Ils présentent en fait un déséquilibre hormonal semblable à celui de leurs consœurs souffrant de seins trop volumineux : manques d'hormone de croissance et de dihydrotestostérone. Des suppléments d'androgènes (dont une crème de dihydrotestostérone sur la poitrine) et d'hormone de croissance font fondre cette graisse encombrante sur leur poitrine.

Tests et Cartes d'identité « Hormone de croissance », page 288, « Testostérone », page 323.

Votre ventre est trop « dodu » ?

Androgènes, DHEA

Vous vous trouvez affublé(e) d'un gros ventre, plusieurs hormones peuvent vous apporter un remède.

Des dégraissements et des resserrements du ventre ont été obtenus chez des femmes au ventre distendu à l'extrême par une grossesse, grâce à la prise quotidienne de 20 à, exceptionnellement, 50 mg par jour de DHEA associée à des exercices sportifs

appropriés pour obtenir un raffermissement du ventre. Un succès impressionnant en 4 mois.
Autre possibilité : la prise régulière de quelques milligrammes de testostérone ou d'androgènes de synthèse, combinée à une alimentation mieux choisie et des exercices physiques forgent des résultats aussi (ou même plus) convaincants que ceux obtenus avec de la DHEA chez les représentants des deux sexes.
Tests et Cartes d'identité « DHEA », page 280 et « Testostérone », page 323.

Vos fesses et vos cuisses sont trop enveloppées ?

Hormones « hyperglycémiantes »

Un gros ventre, des fesses opulentes, remplis de graisse, se rencontrent chez les hommes et femmes qui **surproduisent l'insuline.** Son rôle est de fournir une réserve d'énergie sous forme de graisses, stockées sur le ventre, le bassin, les cuisses. Ces réserves donnent les moyens de survivre en cas de famine. Une situation devenue très rare dans les pays occidentaux, mais l'insuline, vigilante, continue à remplir son rôle de stockage des graisses. Pourquoi certaines personnes transforment-elles presque tout ce qu'elles mangent en graisse alors que d'autres n'ont pas ce problème ? Pourquoi ces patients accumulent-ils massivement cette graisse sur leur corps (sur le ventre, les fesses et les cuisses, à tel point que la moitié inférieure de leur corps prend des dimensions volumineuses ? Parce que ces obèses dont la silhouette fait penser à la forme d'une poire sécrètent trop d'insuline. Ils se ruent sur le sucre, les sucreries, les pâtes, le pain, les sodas et parfois l'alcool. Ils ont de fréquents « coups de pompe » dus à la baisse trop accentuée du taux de sucre dans leur sang (les fameuses hypoglycémies). Ils soignent instinctivement ces fatigues

subites en sautant sur un aliment qui se convertit rapidement en sucre (ou glucose) dans le corps. Ils souffrent plus vite que d'autres du manque de sucre dans leur sang parce que, gros producteurs d'insuline, ils ne sécrètent pas assez d'hormones capables de faire fabriquer par leur propre corps la quantité de sucre dont ils ont besoin : les hormones hyperglycémiantes : comme le **cortisol**, moins vite sécrété chez les obèses en cas de besoin ; comme la **triiodothyronine** (l'hormone thyroïdienne active), plus rare chez les gros ; comme **l'hormone de croissance**, presque absente chez les poids lourds ; comme la **testostérone** qui manque aux hommes obèses, etc.
Dès que le médecin corrige les déficits hormonaux de façon judicieuse par des suppléments d'hormones, l'appétit du patient obèse pour les aliments sucrés s'apaise, son besoin en sucre chute. Mais, pour obtenir une suppression aussi nette de l'envie ou du besoin de sucre, le patient doit à tout prix, simultanément, s'abstenir pendant 3 semaines de manger des aliments sucrés ou apparentés au sucre (comme le pain, les pâtes, les céréales, les biscuits et même les produits laitiers qui contiennent du lactose, le sucre du lait). Condition difficile à mettre en pratique !
L'administration de suppléments d'**hormone de croissance** et d'**androgènes** consolide également les muscles du ventre, des fesses et des cuisses de ces patients souffrant généralement de carence en ces deux types d'hormones. Ce raffermissement capital rectifie la silhouette en « poire » de ces obèses hyperinsuliniques. Cet affinement hormonal de la silhouette soulage particulièrement ces patients si souvent découragés par l'échec de nombreux régimes de famine.

Tests et Cartes d'identité « Cortisol », page 274 et « Hormone de croissance », page 288.

Vous arborez de gros plis de peau disgracieux ?

L'hormone de croissance

Le « pli de peau » s'évalue en pinçant la peau au moyen d'une pince spéciale, appelée sfingomètre. La mesure du pli cutané permet au médecin d'estimer et de chiffrer la couche de graisse sous la peau en même temps que le degré d'obésité du corps. Les trois principaux « plis de peau » se situent **sur l'arrière du bras,** à mi-hauteur des muscles triceps, **en dessous des omoplates, sur les flancs** (les fameuses poignées d'amour).

La thérapeutique à l'hormone de croissance réussit à élaguer cette couche adipeuse (jusqu'à 70 % de réduction du pli cutané, selon l'expérience de certains médecins ; plus fréquemment, les améliorations avoisinent les 20 à 35 % de réduction, un résultat déjà satisfaisant), sauf au niveau du dos, des mains et des pieds, zones pauvres en graisse, où l'épaisseur de la peau augmente (jusqu'à 50 % d'épaisseur). Malheureusement, ce traitement peut être coûteux pour les très grands obèses qui ont besoin de doses d'hormone de croissance parfois très importantes pour obtenir des résultats probants ! Les meilleurs résultats s'obtiennent toujours en ajustant en même temps l'alimentation et en comblant les carences fort fréquentes en hormones mâles.

D'autres hormones comme la **déhydroépiandrostérone** et la **testostérone** réduisent également, mais plus faiblement, ce pli cutané graisseux. Ces hormones extraient l'excès de graisse de la peau en élevant en partie les niveaux dans le sang des hormones de croissance et à molécule effectrice, les somatomédines C.

Test et Carte d'identité « Hormone de croissance », page 288.

Vous êtes sujet à la cellulite ?

Androgènes et hormone de croissance

Le spectre de la cellulite, synonyme de laideur, hante l'esprit de beaucoup de femmes. Dans la cellulite, la graisse s'entasse de façon irrégulière sur les cuisses. Si vous pincez une zone de cellulite, la peau prend un aspect irrégulier, capitonné, semblable à la peau d'une orange.

Que peut l'hormonothérapie, seule, sans régime contre la cellulite ? La prise de suppléments d'**androgènes** permet de raffermir les muscles des cuisses, et l'injection régulière d'hormone de croissance remet de l'eau dans cette « peau d'orange », fripée sous l'influence conjointe de ces deux hormones, la peau et les muscles des cuisses se réhydratent, se raffermissent, se dégraissent. Pour obtenir des résultats encourageants, quelques mois sont nécessaires.

Les résultats se révèlent satisfaisants, à condition de s'y prendre à temps. Ils sont moins nets lorsque la « cellulite » atteint des proportions énormes, mais là aussi des réductions intéressantes s'obtiennent en associant une hormonothérapie adéquate à des exercices physiques et une diète optimale.

Avant d'entreprendre une hormonothérapie, un régime alimentaire approprié apporte déjà de bonnes solutions. Cette diététique de la santé cherche à modérer la sécrétion d'insuline, l'hormone qui rend les cuisses grasses. Le régime optimal se compose de grandes quantités de fruits (pris en repas séparés, non mélangés à d'autres types d'aliments) et de légumes, accompagnés d'une ration suffisante de viande et de graisses saines (non brûlées) qui réduisent la sécrétion d'insuline. Par ailleurs, mieux vaut éviter les hydrates de carbone (autres que ceux qui proviennent des fruits et des légumes), les sucreries (y compris les boissons sucrées) et les céréales (y compris les pâtes) et boire le moins possible de boissons stimulantes (qui excitent la sécrétion d'insuline) comme le café, le thé, l'alcool. Un peu d'exercice physique améliore également les résultats.

Tests et Cartes d'identité « Hormone de croissance », page 288, « Testostérone », page 323.

Vos mollets sont trop gros ?

Hormones thyroïdiennes

Les (trop) gros mollets constituent un des signes de l'insuffisance thyroïdienne. Ce signe régresse par le traitement aux hormones thyroïdiennes.

Test et Carte d'identité « Hormones thyroïdiennes », page 294.

Vos jambes et vos chevilles sont gonflées ?

Hormones thyroïdiennes

L'œdème des jambes accable souvent les femmes en situation d'insuffisance thyroïdienne. Un traitement aux hormones thyroïdiennes remet les choses en ordre.

Parfois la cause est un **excès en aldostérone**, l'hormone qui retient le sel et l'eau dans le corps. Prendre des **suppléments de potassium** (de l'ordre d'1 à 3 grammes) soulage ces gonflements des jambes tout comme quelques courtes périodes de repos allongé, les jambes surélevées, durant la journée.

Un traitement qui ne convient ni aux cardiaques, ni aux insuffisants rénaux.

Test et Carte d'identité « Hormones thyroïdiennes », page 294.

Vous avez un appétit démesuré ?

La leptine

C'est une lapalissade, les gros mangeurs grossissent parce qu'ils mangent trop et, de surcroît, se ruent sur les aliments qui les font grossir (comme les féculents et les produits laitiers). Cet énorme appétit peut survenir à la suite du manque d'une hormone récemment découverte, la **leptine.** Lors d'expériences sur des souris et des rats adultes, la leptine calme la sensation de faim et empêche les animaux de devenir obèses et ce, de manière spectaculaire. On la retrouve chez l'être humain. Les expériences sur l'homme viennent de débuter. Affaire à suivre...

Vitamines et oligo-éléments contre la prise de poids

Outre un régime alimentaire et un exercice physique indispensables, comme nous l'avons vu précédemment, des éléments autres que les hormones peuvent venir en aide aux obèses.

***La vitamine C** aurait démontré un effet bénéfique pour les pertes de poids à raison de 3 grammes par jour ainsi que la **vitamine PP** ou **niacine**, par son effet hypolipémiant (qui fait baisser les lipides).*

***La coenzyme Q10, la L. glutamine et le C. tryptophane** peuvent également avoir, d'après certains chercheurs, une efficacité en association avec des régimes alimentaires.*

*Parmi les oligo-éléments, on conseillera en premier lieu le **chrome**, en oligothérapie nutritionnelle. Il diminue l'insuline circulant, réduit le cholestérol total en augmentant la fraction de HDL- cholestérol (« bon » cholestérol).*

• Refuser la maigreur

« Je ne parviens plus à prendre du poids... j'ai grossi de partout, sauf là où je le souhaitais. »

C'est surtout dans le grand âge, après 70 ans, que beaucoup de personnes âgées commencent à maigrir. Elles maigrissent d'abord du visage, puis des bras, des cuisses et des jambes. Les mains et les pieds deviennent décharnés. La peau et les cheveux s'amincissent fortement. Et finalement, même le ventre maigrit. Le très grand âge est souvent caractérisé par la maigreur. Combien de centenaires sont obèses ? Très peu, peut-être est-ce parce que l'obésité n'est pas un facteur de longévité. Ceux qui sont arrivés à l'âge de 100 ans n'ont pas été obèses ou ne le sont plus. Toutefois, cette maigreur, ce décharnement du grand âge peut faire peur à certains. L'image qu'ils ont du vieillissement est l'image du vieillard très âgé qui n'a plus que la peau sur les os. À cette image, ils associent toutes sortes de maux : constipation, troubles urinaires, infirmité, pertes importantes de mémoire et nécessité d'être placé dans une maison de retraite. Cette maigreur de la sénescence avancée a des causes et des remèdes. Ces remèdes ne sont peut-être que partiels, mais ils offrent des résultats intéressants.

On distingue deux sortes de maigreur ou d'amaigrissement, qui tous les deux peuvent déjà survenir chez le jeune adulte et même chez le jeune enfant.

D'une part, **la maigreur par manque ou perte de muscle**, par amincissement ou diminution du volume des os et même des organes (foie, reins, poumons). C'est la personne « décharnée »,

pauvrement musclée, et courbée si sa colonne vertébrale est fragilisée. Elle peut néanmoins avoir un petit pannicule adipeux sur le ventre.
D'autre part, **la maigreur par manque de graisse**. L'individu qui en souffre manque, en général, également de muscles.

À quoi est dû le manque de muscle ?
Le manque d'**hormone de croissance** et d'**androgènes** est la cause prédominante. Si le taux d'androgènes diminue, tous les muscles diminuent de volume et de consistance. Surtout aux zones qui différencient les hommes des femmes : biceps, triceps, muscles des mollets, muscles pectoraux et abdominaux. Le manque d'hormone de croissance se voit surtout au niveau des épaules et du bassin, des cuisses, des mains et des pieds ainsi qu'à la taille de la mâchoire. L'hormone de croissance donne également du volume aux muscles et aux niveaux précités, le manque cause une rétraction, une diminution de volume des muscles et des os, des épaules et un bassin amaigris, une mâchoire et des lèvres amincies, des mains et des pieds plus menus et fragiles, une peau et des cheveux plus minces, et un dos qui s'affaisse. Une déficience en **insuline** et en **œstrogènes** peut accentuer ces carences puisque ces hormones stimulent la production de **somatomédine C**, la molécule effectrice principale de l'hormone de croissance.

Quelle est la cause du manque de graisse ?
L'hormone principale stimulatrice de la formation de graisse est l'**insuline.** Tôt ou tard, avec l'âge, comme c'est le cas pour toutes les autres glandes endocrines, le pancréas sécrète moins d'hormones et parmi celles-ci, ce sera surtout le manque d'insuline

qui occasionnera une maigreur par manque de graisse. Lors d'une déficience en insuline, on maigrit de partout. La graisse disparaît du visage au niveau des pommettes, le ventre perd sa graisse, le tissu graisseux en dessous de la peau disparaît et les fesses perdent leurs formes harmonieuses.
Une autre carence induit un amaigrissement important : le manque de **cortisol**. La personne en manque de cortisol perd l'appétit, n'a envie de rien, sinon de sucreries sur lesquelles il peut même avoir tendance à se précipiter. Si la carence en cortisol est sévère, même une consommation excessive de sucreries ne lui fera pas (ou peu) prendre du poids.
Si le diagnostic est confirmé par un médecin, une supplémentation prudente devrait améliorer la situation.

Augmenter votre bien-être

Arrivé à ce stade de l'ouvrage, vous avez déjà pu faire le point sur des insuffisances hormonales éventuelles (à confirmer par votre médecin), pouvant être à l'origine de troubles physiques ou de signes de vieillissement. Les plaintes regroupées sous ce chapitre, le stress, l'angoisse, la dépression, sont souvent le résultat de processus qu'il convient de connaître pour savoir en interrompre le cours. Ainsi, des troubles de la mémoire entraînent une angoisse qui elle-même induit des problèmes d'endormissement... d'où l'intérêt d'une prise en charge globale et raisonnée d'éventuelles carences hormonales.

• Supprimer le stress

« Un rien me stresse et j'ai du mal à faire face à mes problèmes... »

Qu'il soit bon ou mauvais, puisque les deux types coexistent, le stress prolongé, répété et excessif fait vieillir plus vite, trop vite. Nous l'observons chez les autres et dans notre miroir après des épreuves particulièrement éprouvantes. Là, sur notre visage, des marques témoignent d'un vieillissement prématuré : des cheveux qui grisonnent ou qui tombent, quelques rides qui semblent s'être creusées du jour au lendemain, les signes anormaux d'une souffrance intérieure qui ne veut décidément pas partir... Dur, dur !

Comment réagit le corps face à une situation de stress ?

Un stress aigu de quelques minutes provoque l'afflux spontané de toutes sortes d'hormones à action rapide dans notre sang. Ces messagers chimiques ouvrent les vannes des réserves d'énergie, libèrent dans le sang le sucre et les acides qu'elles contiennent et procurent au corps les ressources nécessaires pour faire face. Certaines de ces hormones sont rapides et excitent les nerfs et le cerveau. Ce sont des **substances catabolisantes** qui produisent de l'énergie par consommation de tissu.

En revanche, d'autres sont **anabolisantes** et produisent du tissu nouveau. Leur production et leur action sont plus lentes et leur taux descend de façon importante dans le sang. Ce déséquilibre temporaire entre hormones catabolisantes et anabolisantes en faveur du catabolisme peut entraîner une consommation excessive de tissu ; un phénomène acceptable sur des périodes courtes. Mais s'il persiste, les conséquences esthétiques et internes sont importantes.

Lors d'un stress de plusieurs heures, le taux de certaines hormones importantes, comme les hormones thyroïdiennes et l'insuline, baisse de façon notable. Les réserves accumulées dans les glandes s'épuisent l'une après l'autre et la production de nouvelles hormones s'amenuise progressivement. Les glandes pallient difficilement cette surconsommation.

Si le stress se prolonge plus longtemps encore, des jours, des semaines, des années, toutes les réserves d'hormones s'épuisent.

Le corps et les glandes endocrines souffrent et s'usent. Des petites détériorations tissulaires apparaissent, un sentiment de fatigue s'installe, une anxiété de fond envahit la personne stressée : il est temps pour elle de se reposer pour éviter des dégâts irrémédiables.

Notons que ces chutes de taux hormonaux qui surviennent lors d'un stress prolongé, quel que soit l'âge, ressemblent étrangement aux effondrements hormonaux qui affaiblissent les personnes du troisième ou du quatrième âge, victimes de « l'usure du temps ».

Les déficiences hormonales liées au stress

Derrière chaque signe physique de vieillissement provoqué par le stress se cache(nt) une ou des déficiences hormonales. Parcourons quelques-uns de ces signes physiques qui, rappelons-le, apparaissent souvent entre 45 et 50 ans :

Les cheveux gris se multiplient en cas de manque d'androgènes.

Les rides et ridules abondent après des années de déficience en hormone de croissance et hormones sexuelles.

Les muscles se relâchent du fait d'un manque d'hormone de croissance et d'androgènes.

Le visage et le corps pâlissent à la suite de carence en hormones sexuelles, thyroïdiennes et en érythropoïétine.

La fatigue s'installe par manque d'hormones thyroïdiennes (fatigue matinale et au repos), d'hormones sexuelles (fatigue chronique), d'hormone de croissance (manque d'endurance et récupération difficile lors d'efforts anormaux) et de cortisol (fatigue lors de stress).

Les coups de pompe sont causés par le manque de sucre dans les cellules nerveuses et musculaires lors de la baisse des hormones thyroïdiennes, de l'hormone de croissance, des catécholamines, du cortisol et de l'insuline. Autant d'hormones spécialisées dans le maintien d'un niveau de sucre suffisant dans le sang.

Un fond d'angoisse s'insinue durablement lorsque les androgènes, l'hormone de croissance et la progestérone (chez les femmes, avant les règles) font défaut.

Un sommeil fragile apparaît lors d'un déficit en mélatonine, en hormone de croissance et en hormones sexuelles.

La mémoire se trouble en cas de carence en hormones thyroïdiennes, androgènes, DHEA, pregnénolone, vasopressine et ACTH.

La tension est trop basse. Elle résulte d'un manque d'aldostérone, de cortisol et de vasopressine.

La tension est trop élevée. C'est souvent le signe d'un manque d'hormones thyroïdiennes, d'œstrogènes et de testostérone (ces hormones dilatent les artères) capables d'abaisser naturellement la tension artérielle.

Même très jeune, un corps peut vieillir prématurément

Après une longue période de stress (et de suractivité) suivie d'une infection importante qui leur « coupe les jambes », de jeunes adultes peuvent présenter souvent un syndrome de fatigue chronique. C'est souvent une cause de vieillissement prématuré. Effondrés après leur grosse infection, ces jeunes gens restent très fatigués, parfois pour le restant de leur vie et leur corps montre les signes de vieillissement prématuré que nous venons d'examiner. Ils souffrent souvent, en réalité, d'une multitude de carences hormonales modestes, mais fort invalidantes.

Peuvent-ils éviter ce vieillissement prématuré induit par le stress en prenant des hormones ? Oui, très efficacement : par la prise

de petites doses d'hormones leur faisant défaut, ils peuvent alors connaître une véritable « résurrection ». On évalue le taux de remise sur pieds entre 50 et 80 %. Un résultat encourageant car ces personnes épuisées sont souvent réfractaires à tout autre traitement.
Des réponses tout aussi encourageantes s'obtiennent à l'issue d'une hormonothérapie multiple chez des patients plus âgés et stressés, mais moins sévèrement fatigués. Souvent, ces personnes soumises au stress viennent à notre consultation à bout de force, accablées par leurs problèmes. Elles ne parviennent plus à se sortir de situations difficiles qu'elles jugent inextricables, au point d'en garder parfois des séquelles psychologiques. L'hormonothérapie peut être d'un très grand secours même dans des cas apparemment « désespérés », pour mettre un terme ou un frein à leurs souffrances.

L'oligothérapie contre le stress

Il est impératif de supprimer le café, l'alcool et, ce que l'on sait moins, les sucreries qui peuvent provoquer des attaques de panique, même consommées en très petites quantités.
Chez les patients atteints de maniaco-dépression, la prise de suppléments en ***lithium*** *leur permet de mieux résister au stress.*
La prise de ***magnésium*** *est également souvent nécessaire chez les patients stressés. On le retrouve dans les fruits secs, les céréales intégrales, le cacao et le chocolat.*

• Vaincre l'angoisse

« Le moindre tracas m'angoisse et je n'arrive pas à me raisonner... »

Le monde semble devenir chaque jour plus exigeant, la vie plus compliquée, la pression plus pesante. Avec les années apparaissent chez chacun des peurs irraisonnées (irraisonnables ?) et quelquefois une anxiété permanente. Beaucoup de personnes, apparemment peu soumises à de véritables situations de stress, souffrent néanmoins d'angoisses et la fréquence des consultations pour cause d'anxiété excessive est élevée. Faut-il s'étonner que les anxiolytiques, les fameux « calmants », soient parmi les médicaments les plus consommés actuellement, en France particulièrement ?

Les déficiences hormonales et nutritionnelles susceptibles de favoriser un état d'anxiété

Les sentiments d'anxiété augmentent avec l'âge chez la majorité des individus. En comparaison des risques que prennent ces « jeunes inconscients » audacieux pratiquant des activités sportives potentiellement dangereuses, les hésitations et ruminations inquiètes que ressentent certains adultes face aux imprévus de la vie semblent disproportionnées.

Pour un médecin, une dramatisation continuelle des événements de la vie, un état d'anxiété permanent laissent soupçonner une ou plusieurs défaillances glandulaires. Les traitements hormonaux de substitution peuvent-ils calmer cette angoisse de fond ? Quels sont les plus appropriés ?

Les suppléments d'hormones thyroïdiennes rendent plus serein et moins irritable

Notre avis, fondé sur notre expérience, rejoint celui du professeur Gilbert S. Gordon de l'université de Californie qui écrivait déjà, en 1956, dans le livre de référence sur la thyroïde (*The Thyroid*) : « *L'incidence de l'anxiété dans la déficience de la glande thyroïde a été, à mon avis, négligée. L'incapacité du patient pauvre en hormones thyroïdiennes de mener à bien ses intentions peut le mettre dans une détresse extrême. Il est curieux de voir cette anxiété apaisée par la prise de substance thyroïdienne que l'on considère habituellement comme un stimulant.* »

Comme pour les plaintes de fatigue ou de dépression, le moment de la journée où survient le plus souvent la plainte d'angoisse aide à déterminer si cette anxiété est favorisée par une déficience de la glande thyroïde ou, au contraire, d'un excès en hormones thyroïdiennes.

Pas assez d'hormones thyroïdiennes. Si la thyroïde faiblit, l'insuffisance d'hormones thyroïdiennes qui en résulte favorise l'apparition d'un état d'anxiété survenant au repos. Le matin, au lit, le patient a « peur » de se lever, se demandant ce qui va lui arriver de désagréable aujourd'hui. Plus tard, au cours de la journée, s'il reste un peu trop longtemps tranquille, il sent ses peurs revenir. Elles s'évanouissent dès qu'il se remet à s'activer.

Comment expliquer ces bouffées d'anxiété au repos ?

Le sang circule au ralenti dans le cerveau du déficient thyroïdien et dans ses muscles lors du repos. Cette lenteur de la circulation du sang perturbe l'activité des cellules nerveuses et musculaires et fait naître en lui la peur de ne pouvoir faire face aux exigences de la vie. Heureusement, cette situation se rétablit plus ou moins dès que le patient bouge, s'active, se démène. Son sang circule alors mieux et son angoisse s'atténue.

Quelques rares publications médicales ont évoqué cet état d'angoisse provoqué par la baisse du niveau d'hormones thyroïdiennes. Chez plus de 60 % de réfugiés allemands venant de l'ancienne République démocratique d'Allemagne qui furent médicalement suivis pour un état d'anxiété permanent (où se mêlent des éléments dépressifs), on trouve de faibles niveaux d'hormones liées à l'activité thyroïdienne. Un autre article médical nous informe que les grands déprimés (souffrant de dépression majeure) ont davantage tendance à craindre certaines situations si le niveau de **thyroxine** (l'hormone thyroïdienne la plus abondante dans le sang) apparaît bas dans le sang.

Test et Carte d'identité « Hormones thyroïdiennes », page 294.

Excès d'hormones thyroïdiennes. L'hyperthyroïdie est également connue pour engendrer de l'anxiété allant même parfois jusqu'à la panique.

Les hormones « mâles » rassurent et aident à dédramatiser les difficultés

Les hormones mâles rendent hommes et femmes plus tenaces, plus audacieux, moins peureux. Ces hormones aident à mieux relativiser les événements désagréables de la vie. Elles donnent une détermination aidant à résoudre les problèmes et calment très bien les fameuses angoisses nocturnes, de la personne âgée en particulier. Que survienne un événement imprévu, il est affronté avec confiance.

Les **androgènes** agissent de manière permanente tout au long de la journée, contrairement à la plupart des autres hormones dont l'effet est plus inconstant. Cet effet s'étend même jusque tard dans la nuit (contrairement aux hormones thyroïdiennes, par exemple, dont l'action apaisante se fait sentir en début de matinée et au repos).

Lorsqu'une femme manque d'androgènes, un fond d'angoisse l'étreint souvent. Ces femmes « émotives », réellement paniquées, sont même quelquefois taxées d'hystérie par leur entourage ! Il suffit souvent d'administrer de petits suppléments d'androgènes pour voir l'hyperexcitation anxieuse se calmer et ce, sans psychothérapie ! Un comble !

Une étude anglaise a montré, après 2 mois de traitement à la testostérone (l'androgène majeur), l'effet désangoissant de cette hormone en périménopause (la période qui précède la ménopause).

Lorsqu'un homme manque d'hormones mâles, son corps s'amollit, ses muscles diminuent de volume et il devient souvent mentalement moins « viril ». Il peut bien sûr continuer à avoir un comportement « macho », mais ce comportement de façade peut cacher un état anxieux de plus en plus pressant. Cet homme peut alors apparaître grave, surmené, persuadé que son surmenage est responsable de son irritabilité. Ce masque exprime en fait sa peur de ne plus pouvoir faire face à la situation. Ses crises de colère ne parviennent pas à dissimuler son désarroi de ne plus pouvoir, comme auparavant, prendre les difficultés avec sérénité.

Le Dr Auguste Werner, un des pionniers américains du traitement de l'andropause par hormones mâles, a montré dès 1947 la fréquence élevée de l'anxiété sous toutes ses formes, dans les cas de déficience en androgènes, due à des testicules défaillants. Ce chercheur a décelé de la nervosité chez 90 % d'hommes sécrétant peu d'hormones mâles, de l'irritabilité chez 80 %. Le sentiment de malaise existe chez 56 % des « hypogonadiques » (qui ont une insuffisance des gonades – les glandes sexuelles). De plus, une excitabilité excessive était également attestée chez près de 50 % de ces derniers, la peur chez 40 %, et des soucis inutiles chez 25 %.

Toutes ces plaintes d'anxiété s'atténuent ou s'effacent avec l'hormonothérapie aux androgènes : la **testostérone** et ses dérivés, principalement, mais aussi la **DHEA**, l'hormone la plus produite dans une vie.

Des expériences sur des souris soumises à un excès de bruit, par exemple, montrent qu'elles supportent mieux le vacarme si elles reçoivent de la DHEA.

Quant à l'être humain, Morales et Yen ont montré qu'une dose de 50 mg de DHEA rend la majorité des individus, âgés en moyenne de 54 ans, plus détendus, plus aptes à réagir au stress. Certains patients (surtout des femmes) sont des inconditionnels de la DHEA. Avec une prise quotidienne, ils(elles) ressentent un bien-être et un calme intérieur parfois plus forts que ceux apportés par d'autres thérapies androgéniques. Particulièrement sensibles à la DHEA, ces personnes deviennent nerveuses, anxieuses, et résistent mal au stress lorsque, par mégarde, elles oublient pendant 1 ou 2 jours de prendre leur complément hormonal.

Bien qu'aucune étude n'ait été rédigée sur le sujet, l'action de la testostérone semble différente de celle de la DHEA. D'après notre expérience, elle rend le patient plus combatif, plus déterminé, plus décidé, n'ayant pratiquement « peur de rien ». La DHEA, en revanche, rend le patient plus doux, plus serein. Elle lui fait supporter plus facilement les aléas de la vie, lui permettant d'adopter une attitude plus raisonnable et pacifique.

Il arrive que les androgènes n'atténuent pas suffisamment l'état de quasi-terreur dans lequel vivent certains patients. Faut-il y déceler une angoisse purement psychologique ? C'est probablement le cas pour certains d'entre eux, mais la plupart de ces patients terrifiés et rebelles au traitement androgénique souffrent en réalité du manque d'autres hormones, les hormones somatotropes.

Tests et Cartes d'identité « Testostérone », page 323, « DHEA », page 280.

Les hormones somatotropes apportent la paix intérieure

Parmi les hormones somatotropes (venant de l'hypophyse), les plus importantes sont l'**hormone de croissance** et la **somatomédine C.**

L'hormone de croissance désangoisse profondément. Elle renforce considérablement non seulement le corps mais aussi l'esprit. Les patients carencés qui suivent un traitement à l'hormone de croissance bien conduit (judicieusement dosé : ni trop ni trop peu, comme pour tout traitement hormonal) y trouvent des bénéfices certains. Parmi ces bénéfices, un état de quiétude et pour certains une paix intérieure.

Les personnes (jeunes ou âgées) qui souffrent d'une importante carence en hormone de croissance se plaignent de troubles anxieux qui ressemblent de façon frappante à l'insécurité engendrée par la carence en hormones mâles, tout en étant bien plus graves. Le handicap est non seulement physique et psychologique, mais aussi socio-économique : il donne au patient l'envie de s'isoler, de rompre tout contact avec l'extérieur.

Bien souvent, ces troubles sont à l'origine des difficultés pour obtenir et garder un emploi. Un patient déficient en hormones somatotropes se marie moins facilement. Le fond d'inquiétude

perpétuel et sans raison se mêle à d'autres signes comme la tendance à tergiverser sans fin, à s'éterniser sur les détails sans importance, à manquer de confiance en soi. Toutes ces caractéristiques compliquent la vie de ces patients qui voient, pour la plupart, leur caractère se métamorphoser par un apport quotidien d'hormone de croissance !
Certains surnomment cette hormone « l'hormone du dirigeant » ou « l'hormone du mystique », tant leur semble profond l'état de sérénité qu'apporte cette hormonothérapie.

Test et Carte d'identité « Hormone de croissance », page 288.

Le cortisol donne le courage et l'audace de faire face à l'imprévu
Le cortisol est par excellence l'hormone d'attaque, celle qui vous fait résister au stress ou, mieux, celle qui vous fait échapper aux effets désagréables du stress : l'angoisse.
Si vos glandes surrénales n'augmentent pas assez leurs sécrétions de cortisol, l'anxiété vous envahit, car l'énergie vous manque pour y faire face. À mesure que ces situations de stress se répètent, un état permanent d'insécurité s'installe. Chaque imprévu devient vite le petit événement de trop qui déclenche l'anxiété, l'impression de ne pas savoir comment faire face, l'envie de fuir une telle situation.
Quel est le rôle du cortisol dans l'atténuation ou plutôt l'évitement de l'anxiété ?
Le cortisol est surtout nécessaire pour affronter des situations imprévues qui exigent de notre corps des suppléments d'énergie. Si l'événement est léger et dure quelques secondes, pas de problème ! Les hormones **catécholamines** (dont l'**adrénaline** et la **noradrénaline**) libèrent l'énergie nécessaire. Il n'en va pas de même lorsque l'incident dure de longues minutes ou même des

heures, demandant encore plus d'énergie. Il faut alors produire beaucoup de cortisol, et vite. Les glandes surrénales doivent donc savoir réagir rapidement.

Test et Carte d'identité « Cortisol », page 274.

La mélatonine fait taire les angoisses nocturnes

Si l'anxiété par manque de cortisol survient principalement durant le jour et s'amplifie plus particulièrement lors d'événements imprévus, l'anxiété par manque de mélatonine, en revanche, survient la nuit et empêche sa « victime » de bien dormir. Heureusement, cette anxiété nocturne s'estompe par la prise de mélatonine avant le coucher. Elle calme, apporte la quiétude, fait somnoler agréablement et bâiller avec insouciance. Elle semble dissoudre les petits tracas, grands perturbateurs du sommeil. Ce pouvoir de la mélatonine a été rapporté par le cancérologue italien Lissoni qui traite ses patients atteints de cancer avancé avec de la mélatonine dans des expériences validées en double aveugle avec placebo. Mieux, la mélatonine réduit l'anxiété en partie, indépendamment de son effet somnifère. Une partie du calme qu'apporte la mélatonine s'explique aussi par son action sédative sur le système nerveux involontaire car elle relâche les muscles (lisses) involontaires en renforçant probablement le système nerveux parasympathique, qui a plutôt tendance à mettre le corps au repos.

Test et Carte d'identité « Mélatonine », page 304.

La progestérone, l'hormone-sérénité et tranquillité de la femme

Formidable hormone que cette progestérone que la femme est capable de produire en si grande quantité lors d'une grossesse et dans la deuxième partie de son cycle !

Quand cette hormone est sécrétée en abondance, cette femme est sereine, douce, réceptive comme si rien ne pouvait venir la perturber. Sa décontraction est parfois si grande, lors d'une grossesse qui se déroule bien, par exemple, qu'elle devient bientôt « paresseuse », passive, contemplative (ce qui, pour une grossesse, est l'attitude idéale !).

Il en va tout autrement chez les femmes sécrétant peu de progestérone. Cette carence laisse libre cours à l'action excitatrice des œstrogènes et autres hormones stimulantes. Cette femme douce et accommodante dans la première partie de son cycle menstruel devient irritable, les nerfs « à fleur de peau » dans la seconde partie du cycle par manque de progestérone alors que l'action de cette hormone devient essentielle pour un bon équilibre physique et mental. Inquiète pour des futilités, agressive pour un rien, querelleuse, agressive, nerveuse à l'extrême, n'essayez surtout pas de la raisonner dans ces moments-là, parce qu'elle souffre encore plus que son entourage. Une semaine ou deux plus tard, la discussion redevient possible, facile, comme par enchantement !

Ce sera peut-être le moment de positiver ce comportement et de diminuer ces souffrances : en lui conseillant de voir un médecin qui pourra, après des tests, lui prescrire le supplément de progestérone dont elle a besoin.

Effectivement, la progestérone naturelle possède des effets calmants importants. Cette sédation provient de la transformation de cette hormone en dérivés sédatifs puissants appelés **prégnanes** (hydroxylés en position 3-alpha, pour les spécialistes). Ces prégnanes diminuent l'anxiété et la douleur, induisent le sommeil (ils agissent comme des somnifères naturels) et peuvent même bloquer des convulsions épileptiques.

Le niveau de sédation obtenu par la progestérone est d'ailleurs proportionnel aux taux obtenus dans le sang de ses dérivés (l'allopregnénolone et le pregnénolone), quoique le lien avec le taux de progestérone soit moins net. Une étude américaine a d'ailleurs confirmé que ce sont bien les dérivés de la progestérone qui réduisent l'anxiété, et non la progestérone, comme le démontre l'utilisation d'un anti-inflammatoire, l'indométhacine, qui bloque la conversion de progestérone en son dérivé calmant, l'allopregnénolone. Résultat : lorsque les deux produits (indométhacine et progestérone) sont administrés, l'action anti-anxieuse de la progestérone disparaît.
Attention cependant, l'effet calmant n'est pas obtenu avec la plupart des dérivés synthétiques (non naturels) de la progestérone, les progestatifs de synthèse (surtout pas ceux dérivés des androgènes).

Test et Carte d'identité « Progestérone », page 318.

• Guérir la dépression

« Docteur, je me sens déprimé, je n'arrive plus à trouver un sens à ma vie... »
« J'ai tout pour être heureux, et pourtant je ne vais pas bien, vraiment pas... », « Depuis quelques années, mon mari ne supporte plus grand-chose. Il s'irrite pour des peccadilles, s'enferme dans son bureau, apparaît éternellement de mauvaise humeur, lui avant si joyeux. Et pourtant, son travail, ses enfants ou notre relation ne posent pas de problèmes qui peuvent justifier son état. Est-ce la vieillesse, Docteur... ? » Des plaintes souvent

entendues dans une consultation de généraliste. Les carences hormonales accompagnant le vieillissement peuvent parfaitement amener cet état dépressif.

Contrairement aux stress réactionnels bien identifiés et surmontés relativement vite, les dépressions provoquées par le manque en hormones accompagnant le vieillissement persistent aussi longtemps que le déficit n'est pas comblé.
La plupart des mécanismes utilisés par les hormones pour améliorer l'humeur sont pratiquement les mêmes que ceux abordés dans le chapitre sur la fatigue.

Les hormones thyroïdiennes mettent de bonne humeur dès le lever et lors du repos

Qui n'a dans son entourage un proche qui se lève régulièrement « mal luné », le matin, et se montre irritable en début de journée ? Cette personne souffre de **dépression matinale.**
Ou une personne réputée pour être constamment en activité, sans jamais prendre de repos, qui ne cesse de bouger pendant la journée sous peine de se trouver « mal », c'est-à-dire fatiguée ? Cette personne souffre de **dépression du repos.**
Ces deux types de dépression se retrouvent fréquemment chez le patient dont la glande thyroïde est affaiblie. Elles sont assez vite soulagées chez le patient thyroïdien avéré par la prise d'hormones thyroïdiennes. Au bout de 1 à 4 mois de traitement, son état et son humeur s'améliorent. Les hormones thyroïdiennes ont une réputation antidépressive nullement surfaite ! D'ailleurs, certains psychiatres connaissent bien les effets antidépresseurs des hormones thyroïdiennes et utilisent parfois une association de médicaments antidépresseurs classiques avec une préparation

thyroïdienne. Ils obtiennent souvent de meilleurs résultats qu'en prescrivant uniquement un antidépresseur traditionnel. Une expérience japonaise a montré que ce sont les patients qui présentent les taux les plus bas en hormones thyroïdiennes (thyroxine) qui répondent le mieux à cette double thérapie.

Test et Carte d'identité « Hormones thyroïdiennes », page 294.

Les hormones féminines de type œstrogénique stimulent les femmes et améliorent leur humeur toute la journée

Dans le cerveau, la plus grande partie de la testostérone, l'hormone « mâle » par excellence, est convertie en œstradiol, l'hormone féminine de référence. La réputation antidépressive des hormones sexuelles revient par conséquent principalement à l'œstradiol.

Cependant, un peu de testostérone reste nécessaire au psychisme de la femme pour rester en forme, et les femmes manquant d'hormones sexuelles et prenant de l'œstradiol (naturel) sont de meilleure humeur si le médecin leur prescrit également de la testostérone. En effet, si l'œstradiol incite à la gaieté et même à l'optimisme, la testostérone ajoute de la ténacité, une bonne résistance au stress, de l'assurance, et même de l'autorité ou de l'audace. Sans oublier le désir en général (pas seulement sexuel) pour les deux sexes, un désir qui ne peut qu'embellir la vie.

Des chercheurs ont examiné la fréquence de signes dépressifs tels que la tristesse, la perte de l'intérêt pour les activités habituelles, la dévalorisation de soi chez les femmes subissant une carence sévère en hormones sexuelles, comme cela peut être le cas des femmes ménopausées. Ils ont trouvé ces signes dépressifs chez près de 45 % d'entre elles. Une simple supplémentation

en œstradiol en quantité suffisante chez ces patientes a fait disparaître les signes dépressifs.
La dépression se caractérise par une perte d'intérêt pour les choses de la vie et pour les autres personnes. Notons pour la petite histoire que les femmes qui ont un taux d'œstradiol dans le sang supérieur à la normale présentent une attirance plus grande pour les choses de la vie, et même pour des représentations de personnes (un bébé, un homme, une femme). Elles manifestent, par exemple, davantage d'intérêt pour des images de personnes qu'on leur présente.

Taux d'œstradiol et suicide

En France, une étude a montré que sur 73 % de femmes venant de faire une tentative de suicide, plus de la moitié avaient un taux en œstradiol dans le sang assez bas (moins de 50 pg/ml). Très peu d'entre elles avaient un taux satisfaisant (supérieur à 100 pg/ml). Près de la moitié (42 %) des tentatives de suicide ont lieu les sept premiers jours du cycle, période où le taux d'œstradiol est généralement au plus bas.

Comment l'œstradiol parvient-il à faire reculer la dépression ?
Deux mécanismes de base y contribuent.
D'abord l'œstradiol, comme certains médicaments antidépresseurs, bloque la mono-amino-oxydase, une **enzyme** du cerveau qui élimine trop rapidement les **neurotransmetteurs** stimulants de l'humeur. En bloquant l'action de cette enzyme, ces neurotransmetteurs agissent plus longtemps et donc plus fortement.
Ensuite, l'œstradiol renforce cette action en se transformant lui-même au niveau du cerveau en plusieurs neurotransmetteurs excitants appelés **catécholœstrogènes.**

Test et Carte d'identité « Œstradiol », page 309.

La testostérone et ses dérivés : de solides antidépresseurs pour les deux sexes

Et chez les hommes ? Une recherche faite sur 273 hommes atteints d'un manque en androgènes a relevé des plaintes de dépression chez 77 % d'entre eux. Si un homme tombe dans une dépression durable, il semble avisé de vérifier ses taux d'hormones mâles. Ainsi, une analyse de sang faite chez 12 hommes hospitalisés pour dépression majeure a montré chez tous les sujets un taux de testostérone plus bas que celui des hommes d'âge comparable, non déprimés. En revanche, au fur et à mesure que ces hommes déprimés sortaient de leur dépression, le taux de testostérone augmentait. Un phénomène comparable fut observé dans une autre recherche effectuée sur 25 autres patients dont la teneur sanguine en testostérone s'est révélée plus basse lors d'une analyse de sang prise de nuit.

Le processus inverse est également vrai : de bonnes nouvelles peuvent augmenter le taux de testostérone chez l'homme jeune. Une expérience a montré que si l'on annonce à un homme qu'il a gagné une forte somme, suite à un concours, son taux de testostérone s'élève dans le sang. Inversement, une mauvaise nouvelle le fait baisser. La joie stimule-t-elle la sécrétion de testostérone ? Ou la testostérone apporte-t-elle de la joie ? Il semble bien que la testostérone mette de bonne humeur. L'injection de testostérone à de jeunes volontaires les rend plus optimistes. Les hommes qui se dopent aux dérivés de la testostérone (les stéroïdes anabolisants) se déclarent plus enthousiastes. Notre expérience médicale chez les patients déficients en testostérone et traités par cette hormone confirme ces données : la plupart du temps, la tendance dépressive du patient disparaît.

Test et Carte d'identité « Testostérone », page 323.

La DHEA réactive les désirs et relève l'humeur

La DHEA semble améliorer de manière significative le désir sexuel chez les femmes, et parfois chez les hommes. Certaines personnes déficientes en DHEA sont parfois si sensibles à la prise de cette hormone qu'au moindre oubli, elles se sentent mal, tristes et renfrognées... et retrouvent leur vitalité et leur bonne humeur dès qu'elles reprennent leur « pilule du mieux-vivre » comme l'appelle le Pr Baulieu de Paris.

D'après notre expérience, l'effet antidépresseur de la DHEA (lorsqu'elle est donnée à dose « normale », c'est-à-dire comparable à celle produite à l'intérieur de notre corps) n'égale pas celui de la testostérone ni de l'œstradiol. À petites doses, son action sur l'humeur est plus discrète.

Des dosages sanguins ont été effectués sur 9 patients déprimés. Contrairement à des personnes en bonne santé morale, ces patients ne présentaient pas la variation cyclique quotidienne du taux de DHEA dosé dans le sang comprenant une hausse le matin et une baisse le soir. Le même manque de variation cyclique du taux de DHEA se retrouve chez les personnes âgées. Ces faits montrent que les déprimés souffrent d'une certaine faiblesse des glandes surrénales qui ne produisent pas correctement la DHEA.

Une enquête étonnante

Une publication scientifique sur la DHEA mérite d'être mentionnée. Elle décrit l'existence de différences de teneur sanguine en DHEA chez les

hommes d'affaires italiens et américains. Les managers italiens présentent un taux (significativement) faible de DHEA par rapport à leurs collègues américains.
Des profils psychologiques ont ensuite révélé que les managers italiens éprouvaient, plus que leurs homologues américains, des sentiments proches de la dépression se manifestant par du cynisme, de l'hostilité et un manque de plaisir à participer aux activités de loisir.

Des études ont montré qu'un taux bas en DHEA favorisait la survenue de sentiments dépressifs. Au Canada, des psychiatres ont analysé l'évolution du taux de DHEA chez leurs patients déprimés tout au long du traitement antidépresseur. Ils ont observé chez ces patients une montée progressive de la DHEA dosée dans le sang au fur et à mesure que la dépression s'estompait.
Des essais de traitement avec la DHEA ont été entamés avec un certain succès sur la dépression de patients atteints de sclérose en plaque (une maladie grave du système nerveux qui paralyse progressivement le patient).
Pour obtenir l'effet antidépresseur de la DHEA, 2 semaines de prise de DHEA chez les femmes et 6 semaines chez les hommes ont été nécessaires.
Test et Carte d'identité « DHEA », page 280.

Le cortisol, une arme antistress
Le cortisol est déversé en grosse quantité dans le sang lors de situations qui exigent un supplément d'énergie.
Si cette hormone de combat contre le stress vient à manquer, le patient démuni se sent mal, présente des difficultés à bien ordonner ses idées, il est distrait et déprimé. Au moindre stress,

il exprime pessimisme et défaitisme. Il préférera fuir les situations difficiles plutôt que les affronter.
Il en va tout autrement des hyperagités qui produisent trop de cortisol. Ces personnes dont la tête et le visage sont habituellement arrondis, sont comme attirées par le stress. Les sécrétions continues de cortisol que le stress libère chez eux les revigorent, les énergétisent en quelque sorte. L'excès en cortisol peut même rendre ces personnes aux glandes surrénales trop efficaces euphoriques et excessivement actives.
Quelques publications scientifiques ont relaté les effets bénéfiques du cortisol sur l'humeur et particulièrement sur la dépression. Il existe cependant une différence importante entre le cortisol naturel (propre à notre corps), psychiquement plus efficace, et les dérivés de synthèse.
Un cas issu de la littérature l'illustre bien. Une patiente, dont les deux glandes surrénales productrices de cortisol avaient été retirées, reçut un dérivé de synthèse du cortisol (le prenidsone en l'occurrence). Elle développera alors des signes nets de folie (psychose) rebelle à tout traitement par médicament psychotrope. Lorsque, des mois plus tard, les médecins remplacèrent le dérivé synthétique par du cortisol pur, un retour à la normale fut obtenu en quelques jours !
Le déprimé s'adapte généralement mal aux situations nouvelles. Une des raisons peut résider dans le fait que la sécrétion de cortisol est invariable chez les patients déprimés : elle reste à un taux constant, alors qu'elle devrait augmenter en cas de stress et diminuer en période de quiétude. Pas assez de cortisol le jour et lors de situations stressantes imprévues, trop de cortisol la nuit entraînent une mauvaise adaptation au stress.

Test et Carte d'identité « Cortisol », page 274.

L'aldostérone tonifie le mental quand on est debout

De la même façon qu'elle combat la fatigue en station debout, l'aldostérone augmente votre qualité de vie et votre sentiment de bien-être en station verticale.

Test et Carte d'identité « Aldostérone », page 268.

L'EPO donne du tonus et un sentiment de bien-être

L'**érythropoïétine** améliore le sentiment de bien-être chez les patients qui en ont besoin comme, par exemple, les malades atteints d'insuffisance rénale soumis à la dialyse (l'appareil utilisé pour nettoyer le sang lorsque les reins ne sont plus en état de le faire).

Test et Carte d'identité « EPO », page 285.

L'hormone de croissance rend serein et peu vulnérable au stress

Plusieurs études scientifiques ont montré la faiblesse du taux d'hormone de croissance chez les patients déprimés. Le manque d'hormone de croissance se retrouve également chez les patients sujets à de fréquentes et graves récidives de dépression et ce, quel que soit le stade de leur déprime. Les malades souffrant de dépression de façon quasi permanente, atteints par exemple de dépression dite « endogène primaire », présentent également ce manque.

Dans la dépression endogène primaire, le patient se sent si mal qu'il éprouve les pires difficultés à accomplir les tâches quotidiennes même les plus anodines.

Y compris chez les plus jeunes, ce lien entre dépression et déficience en hormone de croissance se confirme. Les adolescents déprimés à tendance suicidaire par exemple sécrètent eux aussi

moins d'hormone de croissance que la moyenne des adolescents de leur âge.
Typiquement, la dépression de l'adulte due au manque en hormone de croissance consiste d'après notre expérience en un état mental profondément fragilisé où le patient se sent excessivement vulnérable au moindre stress.
Lorsque de gros stress émotionnels surviennent, il a d'énormes difficultés à les surmonter. S'il les surmonte, il le fera lentement. Parfois il n'y arrive pas. La personne déficiente en hormone de croissance devient si fragile qu'elle peut grièvement rechuter dans la dépression à la suite d'un événement quelconque.
L'injection quotidienne atténue la vulnérabilité au stress. De plus, une telle thérapie apporte souvent un sentiment de bien-être où se mêlent parfois des sensations de sérénité profonde et de confiance en soi. Plusieurs publications scientifiques constatent cette augmentation de la qualité de vie aussi bien chez les plus jeunes que chez les plus âgés.
Test et Carte d'identité « Hormone de croissance », page 288.

La dépression peut être due à des déficiences non hormonales

- *Parmi les **vitamines** :*

*Une déficience en **vitamine B9**, fréquente chez les alcooliques, les personnes âgées, les femmes sous contraceptifs oraux, ainsi que chez les fumeurs, induit couramment une dépression.*
*La **vitamine B6** (pyridoxine) est transformée dans la cellule hépatique en coenzyme, substance activatrice très efficace dans le métabolisme des acides aminés, comme la conversion de tryptophane en sérotonine dont le manque peut être cause de dépression.*
*Des manques en **vitamine B2** (riboflavine), en **vitamine B1** (thiamine), en **vitamine B12** ainsi qu'en **vitamine C** sont souvent décelés*

lors de la dépression. La dépression chronique, l'irritabilité, figurent d'ailleurs parmi les symptômes initiaux du scorbut (maladie due au manque de vitamine C ou acide ascorbique).

- *Parmi les* ***minéraux :***

Le ***calcium*** *peut être la cause de dépression lorsqu'il est en trop grande abondance dans le sang ou au contraire lorsqu'il est en déficience.*

Les manques de ***cuivre****, de* ***zinc****, de* ***fer*** *sont également souvent relevés lors d'un syndrome dépressif, ainsi qu'un taux trop bas ou trop élevé de* ***magnésium*** *dans le sang.*

L'hypokaliémie (manque de ***potassium****), fréquente chez les patients prenant des diurétiques, peut également induire des états dépressifs.*

Enfin, le rôle du ***lithium*** *est bien connu dans le traitement des dépressions bipolaires et des psychoses maniaco-dépressives.*

III

Les hormones au service de la santé

Maladies de cœur, infections, rhumatismes, cancers... Ces maladies graves et souvent handicapantes sont en général associées à la vieillesse mais n'attendent pas toujours le grand âge pour se déclarer même si, la plupart du temps, leur « mise en place » prend de nombreuses années. C'est dans la lutte contre ces maladies que la science a pu le mieux mettre en évidence l'action des hormones et expérimenter leur puissance curative ou tout au moins palliative. De là à passer à l'aspect préventif d'une hormonothérapie, il n'y avait qu'un pas que la médecine a franchi allégrement pour mettre en évidence des processus et des protocoles dont l'efficacité se confirme au cours des années.
Nous allons examiner la puissance des hormones en passant en revue des maladies hélas relativement fréquentes, et les nombreuses études faisant suite aux expérimentations sur l'homme et l'animal. Ces études ont toutes été publiées ou sont parues dans des journaux scientifiques de référence.

Les hormones bénéfiques au cœur et aux vaisseaux

Près de trois personnes sur quatre meurent d'une maladie du cœur ou des vaisseaux. En général, la mort survient à la suite d'un long processus de vieillissement des organes, un vieillissement si insidieux que les futures victimes ne sont même pas conscientes préalablement du mauvais état de leurs artères.
Que peut-on faire pour éviter ces maladies ? Prendre des mesures d'hygiène de vie comme un peu de jogging, suffisamment d'heures de sommeil et de repos, une alimentation riche en légumes et en fruits, et un peu d'aspirine tous les jours pour fluidifier le sang ?
Tout comportement qui ralentit, diminue la gravité ou même inverse le cours de ces maladies cardiaques et vasculaires est le bienvenu. Or, une part importante de cette dégradation du réseau d'approvisionnement des organes en sang peut être attribuée à un manque de diverses hormones. De nombreuses études scientifiques ont montré l'effet heureux des thérapies hormonales de substitution.

Certains suppléments hormonaux comme les hormones mâles et féminines destinées à suppléer à la déficience en hormones sexuelles de l'adulte âgé soulagent les artères et la « pompe cardiaque » déjà défaillante. Ils diminuent la gravité des atteintes cardio-vasculaires. D'autres suppléments comme les hormones thyroïdiennes, par exemple, semblent retarder l'apparition des maladies cardio-vasculaires.
La thérapie à l'hormone de croissance chez l'adulte qui souffre d'un déclin de la sécrétion en cette hormone permet même

d'inverser le processus de vieillissement de ces tissus si importants pour l'oxygène des organes que sont les artères et le cœur. Certes, une restitution totale n'est pas encore possible avec les traitements hormonaux actuels. Un cœur usé couvert de cicatrices inactives dues à de multiples petits infarctus ne se remettra jamais totalement à neuf. Mais les scientifiques se sont efforcés de comprendre dans quelle situation un traitement hormonal s'avère judicieux ou non.

COMMENT DIMINUER NATURELLEMENT LE TAUX DE CHOLESTÉROL

Depuis longtemps, on sait que la fréquence des maladies cardiovasculaires s'élève en flèche proportionnellement au taux de cholestérol, et surtout proportionnellement au rapport entre la quantité de LDL-cholestérol (le « mauvais » cholestérol) et de HDL-cholestérol (le « bon » cholestérol).

Beaucoup moins connu est le fait que 70 à 80 % du cholestérol décelé dans le sang provient d'une fabrication interne, à l'intérieur du corps, et non pas de l'alimentation. Une réalité qui explique pourquoi les régimes alimentaires ne suffisent souvent pas à normaliser les taux de cholestérol élevés. Peut-on agir sur ces mécanismes internes de production et de consommation de cholestérol avec efficacité ?

L'industrie pharmaceutique a tenté d'apporter des réponses en élaborant des substances qui peuvent réduire le taux du cholestérol dans le sang de 10 à 30 %.

Ces substances hypolipémiantes (de hypo, bas ou abaissé, et de lipide, synonyme de graisse) sont en général des produits artificiels étrangers au corps, provoquant des effets secondaires

quelle que soit la dose ingérée, car le corps humain ne s'y adapte jamais entièrement.
Il existe d'autres moyens plus naturels pour réduire le taux exagéré de mauvais cholestérol : prendre des suppléments de lécithine et de graisses polyinsaturées, manger des fruits et des légumes, et boire plus d'eau. Un autre traitement abaisse le taux de cholestérol, c'est la correction des carences hormonales. Grâce aux **hormones thyroïdiennes**, par exemple. D'ailleurs, l'élévation excessive du cholestérol est un signe caractéristique de déficience de la glande thyroïde et à l'inverse, le taux trop bas en cholestérol dans le sang, est typique de l'excès en hormones thyroïdiennes. Ces deux signes se normalisent par le traitement approprié. Plus le patient prend d'hormones thyroïdiennes, plus son taux de cholestérol chute. La baisse est surtout proportionnelle au taux dans le sang de la seule hormone thyroïdienne réellement active, la T_3, et accessoirement au taux de la thyroxine ou T_4, l'hormone précurseur.
Les hormones sexuelles appartiennent à une autre catégorie d'hormones qui agissent favorablement sur le taux de cholestérol. Principalement les **œstrogènes** chez la femme et les **androgènes** chez l'homme. Ainsi, chez les femmes, la prise de suppléments d'œstrogènes augmente le HDL-cholestérol et diminue le LDL-cholestérol dans le sang. Chez les hommes, en revanche, c'est la **testostérone** et ses dérivés qui jouent le rôle protecteur. Plus le taux de ces hormones dans le sang est élevé, plus le « bon » HDL-cholestérol est élevé et donc la protection cardiovasculaire. L'inverse est également vrai.
Une étude allemande a comparé des hommes stériles présentant des taux plus bas de testostérone à des hommes atteints de

lésions athéromateuses au niveau des artères coronariennes, et à des sujets normaux.

Les taux de testostérone dans le sang sont plus bas chez les hommes dont les artères coronariennes sont abîmées. Les hommes des deux groupes à testostérone basse avaient aussi un taux d'apolipoprotéine B (complexe graisse-protéine) important dans leur sang, phénomène préjudiciable à la santé des artères.

Chez des lapins castrés, donc privés de la majeure partie de la production d'hormones mâles, le taux de cholestérol augmente progressivement et se stabilise à un niveau trop haut. Si on administre de la testostérone à ces lapins pour pallier leur déficience, le cholestérol diminue.

La prise de certains androgènes provoque une baisse indésirable du HDL-cholestérol (bon cholestérol). C'est pourquoi certains médecins déconseillent le traitement aux hormones mâles chez les cardiaques. Or, cette baisse survient lors de la prise d'hormones mâles par la bouche et principalement lors de l'utilisation de dérivés synthétiques de structure différente de celle de la testostérone. D'après notre expérience, l'injection de testostérone ou l'application de gel sur la peau n'a pas cet effet délétère.

Prendre un supplément de **DHEA**, l'hormone la plus abondante dans le sang, peut aussi diminuer le taux de cholestérol. Cependant, cette baisse assez modeste du cholestérol ne survient chez l'homme qu'à des doses de DHEA supérieures à la normale.

L'hormone de jouvence probablement la plus puissante, **l'hormone de croissance** possède le pouvoir de diminuer le LDL-cholestérol et d'augmenter le HDL-cholestérol, un effet inverse à celui qui survient progressivement lors du vieillissement. Cet heureux rééquilibrage confirme une fois de plus l'effet réellement rajeunissant que possède cette hormone sur le métabolisme.

La **mélatonine** réduit, chez les rongeurs, le taux de cholestérol trop élevé dans un grand nombre de situations, notamment les hypercholestérolémies obtenues par une alimentation trop riche en graisses, par hérédité (génétique), lors du vieil âge ou par médicaments. Notons aussi que les souris pauvres en mélatonine, comme celles qui ont subi une ablation de la glande pinéale, ont un taux de cholestérol de 30 % supérieur à la normale. L'action bénéfique de la mélatonine sur le cholestérol du sang se confirme d'ailleurs chez l'animal, et plus précisément chez les souris âgées. Lorsque celles-ci reçoivent de la mélatonine, une des hormones dont le taux s'effondre avec l'âge, l'élévation progressive du cholestérol que connaissent ces souris en vieillissant ne se produit pas.

La prise **d'insuline**, l'hormone qui « pousse » le sucre du sang dans les cellules pour qu'il y soit consommé comme un carburant, fait diminuer l'hypercholestérolémie chez le patient diabétique déficient en insuline.

Les injections d'**EPO**, l'hormone qui stimule la production des globules rouges, favorisent aussi un taux plus sain de cholestérol chez les personnes souffrant d'une insuffisance rénale et généralement pour cette raison de déficience en cette hormone.

Même la prise de **pregnénolone**, l'hormone des glandes surrénales, qui peut être considérée comme l'hormone précurseur de toutes les autres hormones surrénaliennes, semble également s'opposer à une élévation excessive du cholestérol.

En survolant l'action favorable de ces diverses hormones qui ont toutes tendance à être moins sécrétées avec l'âge, sur les graisses du sang, ne sommes-nous pas en droit de nous demander si le taux du cholestérol n'augmente pas avec l'âge justement parce que ces hormones anticholestérolémiques viennent à manquer en vieillissant ? Les effets sur le cholestérol de ces multiples déficits hormonaux s'additionnent pour engendrer les perturbations du métabolisme des graisses qu'entraîne naturellement le vieillissement.

COMMENT AMÉLIORER LA TENSION ARTÉRIELLE

Avec l'âge, la tension artérielle augmente progressivement. Pour un grand nombre de personnes, cette tension va trop s'élever, tôt ou tard. 10 % de la population environ souffrent **d'hypertension.** Les parois des artères perdent de leur souplesse et ne se dilatent plus aussi bien à chaque battement du cœur. Cette rigidité de la paroi augmente la pression à l'intérieur des artères et provoque une hausse de la tension artérielle et donc une accélération du vieillissement du cœur et des vaisseaux (ou athérosclérose prématurée) et une morbidité (c'est-à-dire une qualité de vie moindre avec maux de tête, fatigue, etc.). L'épée de Damoclès au-dessus du patient hypertendu est une hémorragie cérébrale par excès de pression au niveau du cerveau. Ce risque est nettement plus élevé chez le patient hypertendu que chez un sujet normal.

Là encore, l'industrie pharmaceutique a consacré une grande partie de ses recherches à la découverte et à la production de substances pouvant soulager le patient hypertendu. Malgré le travail remarquable de ces spécialistes, ces molécules ne sont pas toujours très efficaces et leur prise s'accompagne souvent d'effets indésirables (fatigue, vertiges, maux de tête, toux, etc.). Ces effets secondaires surviennent en général déjà aux doses thérapeutiques et mènent souvent à l'arrêt du traitement chez les patients peu enclins à tolérer ces inconvénients. Sans l'aide d'un médecin, vous pouvez déjà faire beaucoup : manger plus de fruits et de légumes, boire de grandes quantités d'eau, éviter les boissons caféinées et le tabac, et pratiquer régulièrement et prudemment une activité sportive d'endurance comme la marche, le jogging modéré.

Tous ces conseils ont fait leurs preuves. Mais vous pouvez faire davantage avec l'aide d'un médecin : combler vos déficiences hormonales éventuelles. En effet, plusieurs déficits prédisposent à une tension artérielle trop élevée et la thérapie qui rétablit le taux hormonal à celui du jeune âge améliore et normalise assez souvent la tension artérielle trop élevée.

Ici, de nouveau, les **hormones thyroïdiennes** occupent une place de premier ordre, trop souvent méconnue. Les hormones thyroïdiennes maintiennent les parois artérielles souples et leur élasticité s'adapte alors mieux aux fluctuations de la pression provoquée par les battements cardiaques. Lorsque les hormones thyroïdiennes viennent à manquer, des déchets (appelés mucopolysaccharides) s'accumulent entre les cellules des parois artérielles. Ces déchets freinent l'entrée de nutriments dans les cellules, perturbant leur bon fonctionnement. Un œdème épais se forme avec l'empilement de ces déchets visqueux. Les parois gonflent, perdent leur souplesse. La tension artérielle s'élève progressivement, surtout la tension inférieure (diastolique, c'est la tension la plus basse obtenue lors de la lecture sur le tensiomètre ; elle influence le risque vasculaire plus encore que la tension supérieure dite systolique). Dans l'insuffisance thyroïdienne, les pressions artérielles systolique et diastolique sont plus proches l'une de l'autre que la normale. Ce qui semble confirmer le manque de souplesse de la paroi des artères, incapable de bien se distendre et donc de donner des écarts de pression nets entre la tension systolique et diastolique. Les patients qui sécrètent trop d'hormones thyroïdiennes présentent par contre des tensions artérielles systolique et diastolique anormalement éloignées l'une de l'autre.

Plusieurs études scientifiques ont démontré l'effet bénéfique, souvent curatif, du traitement thyroïdien sur l'hypertension artérielle du patient manquant d'hormones thyroïdiennes.

Mais il y a mieux : en cas d'insuffisance thyroïdienne, la prise d'hormones semble offrir des chances importantes d'empêcher la survenue d'une hypertension artérielle. L'étude la plus convaincante à ce propos a été menée par un médecin américain, le Dr Broda Barnes, qui a suivi pendant 20 ans plus de 1 000 patients sous traitement hormonal thyroïdien. Un hypothyroïdien a 3 fois plus de risques de développer une hypertension artérielle qu'une personne normale (10 % de la population) sur 20 ans de vie. 300 personnes sur une population de 1 000 patients hypothyroïdiens qui ne reçoivent pas de traitement thyroïdien approprié devraient devenir hypertendus. Or, seuls 5 patients sur les 1 000 traités à l'hormone thyroïdienne par le Dr Broda Barnes développèrent une hypertension, c'est-à-dire 60 fois moins !

Les traitements de substitution hormonaux de la ménopause et de l'andropause protègent également contre la survenue d'hypertension à la condition expresse d'éviter de prendre les préparations aux œstrogènes ou à la testostérone par la bouche. Une seconde condition peut être ajoutée : préférer la prescription d'une hormone véritable dont la structure moléculaire est identique point par point à celle de l'hormone naturellement présente dans le corps.

Ainsi, **l'œstradiol** naturel administré par la peau (le produit passant à travers la peau) fait baisser la tension artérielle systolique et diastolique, au contraire de son dérivé de synthèse, l'éthinyl-œstradiol et les œstrogènes conjugués pris par la bouche qui induisent des élévations de la tension artérielle, surtout diastolique. Cet effet est dû à une augmentation de la production dans le foie d'une molécule qui est à la base de l'élévation de la tension artérielle, l'angiotensinogène.

Chez les hommes hypertendus, les taux de **testostérone** (libre et total) sont de 30 % inférieurs à la normale. Ces patients gagneraient beaucoup à se voir prescrire l'application d'un gel de testostérone sur la peau ou des injections de cette hormone. En effet, la testostérone dilate les artères, y compris l'aorte et les artères coronaires du cœur, ce qui abaisse la tension artérielle.

La **DHEA** joue aussi un rôle intéressant dans la prévention de l'hypertension artérielle. L'excrétion dans les urines du sulfate de DHEA est fortement diminuée chez les patients hypertendus, de même que celle de ses dérivés. Chez l'animal et chez l'homme, la thérapie à la DHEA dilate les artères. Cette même thérapie réduit l'hypertension artérielle provoquée par des excès de glucocorticoïdes, les hormones du stress.

Quant aux autres formes d'hypertension artérielle comme l'hypertension génétique, ou celle induite par un excès de minéralo-corticoïdes, la prise de DHEA ne semble toutefois pas produire de résultats convaincants. Les minéralo-corticoïdes sont des hormones comme l'aldostérone sécrétées par les glandes surrénales et qui retiennent l'eau et le sel dans le corps.

La **mélatonine** appartient également au groupe des hormones antihypertensives. Une étude a même montré une chute d'un tiers de la tension systolique par rapport au groupe contrôle traité par placebo. La tension diastolique a chuté de près de 20 %. Détail important : cette chute est démontrée lors d'une administration en début de nuit, à un moment où le corps offre un maximum de récepteurs à la mélatonine. Si la mélatonine vient à manquer comme par exemple chez des animaux qui ont subi une ablation de la glande pinéale, ils deviennent hypertendus. Leur pression artérielle redevient normale dès la prise des suppléments de mélatonine. Les personnes hypertendues ont d'ailleurs un taux de mélatonine inférieur à la normale.
La thérapie à **l'hormone de croissance** améliore assez efficacement le fonctionnement des reins en augmentant le passage du sang et sa filtration (nettoyage) en très peu de temps. 4 jours déjà peuvent suffire pour voir un effet probant. Un rein en mauvais état, atrophié, mal irrigué, augmentera la pression artérielle par un système complexe appelé le système « rénine-angiotensine ». L'administration d'hormone de croissance à des adultes pauvres en cette hormone ne leur cause donc aucun tort, bien au contraire. D'ailleurs, plus basse est la teneur du sang en somatomédine C, l'hormone produite par le foie essentiellement sous l'action de l'hormone de croissance, plus élevées deviennent les pressions artérielles systolique et diastolique. Ce qui explique tout l'intérêt pour les adultes de garder un taux correct de somatomédine C et donc d'hormone de croissance.

COMMENT RELEVER UNE TENSION ARTÉRIELLE TROP BASSE

Un nombre plus réduit de personnes âgées se plaignent d'une tension artérielle trop basse. Ils se sentent fatigués, manquent de résistance au stress et souffrent de divers malaises en position debout. Que peuvent les traitements hormonaux pour soulager ces « chutes de tension » ?

De nouveau, répétons qu'il ne s'agit pas ici de prescrire un traitement hormonal à n'importe quelle personne pour n'importe quelle plainte liée au grand âge. Il est question ici de rechercher et de découvrir quelles carences présente une personne bien particulière. Cette façon de procéder demande du temps au médecin traitant et à son patient pour mettre le bon traitement en route, mais offre une plus grande sécurité et fournit de meilleurs résultats.

Ce sont principalement des hormones sécrétées par les glandes surrénales, **cortisol** et **aldostérone**, qui jouent un rôle prépondérant pour conserver une pression suffisamment élevée dans les artères. Une autre hormone, sécrétée par la glande hypophyse, la **vasopressine** qui garde l'eau dans le corps (surtout la nuit) est également appelée à jouer un rôle intéressant pour garder une bonne tension.

Contrairement à ce qu'on entend souvent dire à propos de la cortisone et de son dérivé naturel actif, le **cortisol**, celles-ci sont parmi les hormones les plus saines et les plus indispensables qui existent. À condition, bien sûr, de les utiliser correctement. Trop souvent, ces hormones ou plutôt leurs dérivés artificiels sont pris à doses trop élevées. Les effets secondaires attribués au cortisol et ses dérivés sont souvent dus à un surdosage. Les dérivés de

synthèse, qui ont une structure légèrement différente du cortisol naturel, ne remplacent pas à 100 % l'hormone naturelle.
Le cortisol est l'hormone par excellence de la tension artérielle. Il libère dans le sang, à partir des stocks de glycogène ou d'acides aminés, suffisamment de sucre pour nourrir les cellules, y compris les cellules musculaires lisses des parois artérielles. Il augmente la sensibilité des vaisseaux à d'autres hormones qui élèvent la tension artérielle, comme l'adrénaline et l'angiotensine II, par exemple. Enfin, comme l'aldostérone, il retient l'eau et le sel dans le corps, les empêchant de se perdre inutilement par les reins dans les urines. Tous ces mécanismes se conjuguent pour maintenir une bonne pression dans les artères.
Grâce à toutes ces actions, le cortisol est indispensable au bon fonctionnement de nos organes ; à tel point qu'une personne sous stress qui manque de cortisol meurt rapidement, tombant les jours qui suivent dans un coma profond, sa pression artérielle chutant à zéro. Une étude précise que de petites doses de cortisol (15 à 25 mg par jour dont seule une partie est véritablement absorbée) augmentent la tension artérielle systolique de 15 % et la diastolique de 20 %. L'excès de cortisol ou de glucocorticoïdes de synthèse, par contre, provoque une hypertension artérielle chez certaines personnes prédisposées.
L'**aldostérone** est l'autre grande hormone des glandes surrénales qui élève de façon notable la pression artérielle. Cette hormone freine les pertes de sel et d'eau au niveau des reins. Cette rétention des ingrédients de base de la tension artérielle augmente la tension artérielle, effet particulièrement apprécié par les personnes hypotendues.

COMMENT PROTÉGER ET SOUTENIR LE CŒUR

Ce sont principalement les hormones dites **anabolisantes** qui sont connues pour améliorer l'état du cœur. Paradoxalement, le terme « anabolisant » a mauvaise presse actuellement à cause des abus commis par certains sportifs d'élite, en général consommateurs de dérivés industriels des hormones naturelles. Ces abus d'hormones ou plutôt de pseudo-hormones ne doivent pas occulter l'importance des hormones anabolisantes pour la santé du cœur des personnes déficientes. Les hormones anabolisantes prescrites à bon escient permettent justement de redresser et de réparer les petites détériorations et destructions microscopiques que le temps et la vie infligent aux organes. Ces hormones conservent le tissu cardiaque en meilleur état de santé.

L'**hormone de croissance** est une des hormones anabolisantes les plus importantes pour le cœur. Elle détermine de manière prépondérante son volume et sa tonicité et, plus modestement, sa vitesse de battement. Une personne qui a toujours été carencée en hormone de croissance, comme un individu nain (d'origine), possède un cœur de petite taille qui se contracte faiblement. La personne âgée qui présente une déficience en hormone de croissance due à l'âge souffre d'un relâchement de toutes les structures de son corps. Son cœur devient non seulement mou, mais est aussi moins bien irrigué par le sang riche en oxygène. Il bat plus faiblement. Ses parois sont plus minces et se contractent moins bien, poussant moins de sang à chaque contraction vers les organes. Des injections d'hormone de croissance rétablissent la situation (faisant pomper au cœur 15 à 20 % de sang en plus au repos et 45 % en plus à l'effort).

Une recherche sur la mortalité des adultes gravement ou totalement déficients quant à leur glande hypophyse a montré qu'il ne suffisait pas de prescrire à ces patients les hormones thyroïdiennes, surrénaliennes et sexuelles dont elles ont besoin pour préserver leur état cardio-vasculaire. En effet, à cause de leur déficience hypophysaire qui comprend aussi une déficience en hormone de croissance, ces patients meurent, en général, prématurément de maladies cardio-vasculaires.

Le traitement de la déficience en hormones mâles par la **testostérone** et ses dérivés constitue pour l'adulte de sexe masculin un autre traitement préventif. Traiter à temps cette déficience qui apparaît tôt ou tard chez tout homme à cause d'une usure de différents tissus permettant la production d'hormones mâles est utile pour qui veut rester en bonne santé, surtout du point de vue cardiaque.

Le traitement de la déficience en hormones mâles, de testostérone et de dérivés, chez l'adulte de sexe masculin, est un traitement proche de celui de l'hormone de croissance précédemment décrit.

L'hormone mâle s'accumule 2 fois plus dans le muscle cardiaque (le myocarde) que dans le muscle normal (squelettique) qui s'attache aux os, et 4 fois plus que dans la prostate, quoique ces tissus soient pourtant très réceptifs aux hormones mâles. Le cœur est sensible à la testostérone et non à l'autre grande hormone mâle, la dihydrotestostérone. La testostérone stimule, à l'intérieur des cellules cardiaques, la production de protéines sans lesquelles aucune vie n'est possible. Lors d'expériences de laboratoire, grâce à la testostérone, le cœur des rats ne succombe plus lorsque les expérimentateurs interviennent en rétrécissant le diamètre de leur aorte. Ce rétrécissement de l'artère principale surcharge gravement le cœur en l'obligeant de produire des efforts beaucoup plus importants pour pousser le sang dans un conduit trop étroit. Un cœur déficient en testostérone succombe. En revanche, un cœur très alimenté en testostérone résiste beaucoup mieux, restant mieux oxygéné et beaucoup plus puissant et endurant.

Augmenter le taux de testostérone, surtout par injection, diminue la gravité (intensité, durée et fréquence des crises) des maladies ischémiques comme l'angine de poitrine (des douleurs qui surviennent dans la poitrine lors d'efforts et de stress parce que le cœur ne reçoit pas suffisamment de sang pour faire face) et la claudication intermittente (des douleurs dans les mollets lors de la marche, dues à un mauvais état des artères appelé artériosclérose). La testostérone accélère fortement la guérison des ulcères de la jambe (dus aussi à un mauvais apport en sang à ce niveau) et même de gangrènes considérées comme ne relevant plus que du domaine de la chirurgie (et de l'amputation).

Chez les femmes, les **œstrogènes** remplissent le même rôle protecteur pour le cœur que celui rempli par la testostérone chez l'homme. C'est simple : une femme qui prend des œstrogènes à la ménopause acquiert une meilleure qualité de vie, meurt en général moins vite (– 11 % de mortalité), et surtout moins vite par maladie cardio-vasculaire (– 28 %). Elle présente près de 2 fois moins de risques de mourir par infarctus du myocarde (– 44 %). Comment les œstrogènes arrivent-ils à protéger le cœur ? Par des mécanismes semblables à ceux de la testostérone. Ils dilatent les artères coronaires, ce qui augmente l'apport en sang au cœur. Puis, ils augmentent la force de contraction et la capacité de relaxation (lors de la diastole) du cœur, accroissant du même coup le débit du sang. De plus, ils calment le cœur en diminuant le rythme cardiaque et les décharges de noradrénaline produite lors de stress mentaux.

La **progestérone** protège les artères du cœur contre les spasmes. Une grande partie des infarctus du myocarde chez la femme se font en l'absence d'une véritable obstruction de l'artère coronaire correspondante, contrairement à l'homme. Leur cause est probablement due à des spasmes de trop longue durée sur les artères de leur cœur. Ces crises cardiaques de la femme surviennent en général lors de la (post)ménopause, une période de la vie où l'ovaire, gros producteur de progestérone, a cessé de produire la plupart de ses hormones. La thérapie de substitution à la progestérone naturelle offre probablement un remède naturel et efficace contre ce genre de troubles artériels. Notons que l'inverse se produit parfois lors de thérapie au dérivé synthétique de la progestérone.

La **DHEA** apporte également des bienfaits et un bien-être incontestables, du moins chez les hommes. Ces bénéfices sont d'ailleurs si importants que bien des scientifiques se demandent pourquoi on a passé sous silence pendant si longtemps une hormone si abondante dans le sang.

En effet, des expériences assez récentes effectuées sur des animaux ont montré que la DHEA freinait l'athérosclérose due à un régime alimentaire excessif en graisses. Pour des hommes atteints d'athérosclérose au niveau des artères coronaires qui irriguent le cœur, plus leur taux de DHEA dans le sang est bas, moins bien ils se portent. Ils ont de plus nombreux rétrécissements au niveau de leurs artères coronaires.

Les hommes qui dépassent la cinquantaine ont 3 fois plus de risques de présenter une maladie cardiaque de type ischémique (par insuffisance d'apport en sang) comme l'angine de poitrine,

3 fois plus de risques de mourir de maladie cardio-vasculaire et 2 fois plus de risques de mourir, quelle qu'en soit la cause, si leur taux de sulfate de DHEA dans le sang se situe en dessous de 140 mcg par décilitre (un taux fréquent chez les personnes âgées). En revanche, à chaque augmentation de 100 mcg de la teneur sanguine en sulfate de DHEA, le risque diminue de moitié. Des études ont montré que l'incidence de l'infarctus du myocarde est moindre chez les personnes qui présentent de meilleurs taux de DHEA et du sulfate de DHEA dans le sang ou les urines. De plus, les chances de survivre à un infarctus du myocarde sont plus importantes chez les personnes qui ont un taux de DHEA plus élevé.

La **mélatonine** réserve également de bonnes surprises pour préserver la bonne santé du cœur. Chez l'homme qui souffre de maladie coronaire (angine de poitrine), le taux est nettement plus bas en mélatonine (jusqu'à 5 fois plus bas la nuit chez l'homme cardiaque).

L'**insuline** est une hormone anabolisante, qui construit et répare le tissu cardiaque continuellement. En effet, elle facilite la captation par les cellules (parmi lesquelles les cellules cardiaques) d'acides aminés et stimule ainsi la production de protéines essentielles à la survie des cellules. Si, avec les années, l'insuline se raréfie (comme dans les diabètes), les cellules du corps (et donc aussi du muscle cardiaque) deviennent plus résistantes à son action et le cœur vieillit plus vite. Par ailleurs, le taux de sucre dans le sang et les tissus augmente plus vite. Cette glu sucrée freine le passage de l'oxygène des artères qui approvisionnent les cellules cardiaques. Ces cellules sont alors en manque d'oxygène quasi permanent et l'infarctus, mort brutale de milliers de cellules cardiaques, survient. D'ailleurs, 5 % des patients avec infarctus du myocarde présentent un diabète manifeste. Ce pourcentage dépasse de loin celui de la moyenne d'une population « normale ».

Même le **cortisol**, l'hormone antistress, est important pour un bon fonctionnement cardiaque. Il permet au cœur de se contracter avec force et vitalité en stimulant entre autres la sensibilité des cellules cardiaques à l'adrénaline, une hormone excitatrice. C'est l'hormone du guerrier, celle qui le prépare au combat. En situation de stress, ses glandes surrénales saines déversent des suppléments assez abondants de cortisol, ordonnant au cœur d'augmenter le débit de sang et commandant aux artères les plus éloignées du cœur de se rétrécir (un processus appelé vasoconstriction) pour réserver un maximum de sang aux parties du corps qui en ont le plus besoin. Tout est fait pour que l'individu puisse mieux « combattre ». Les patients souffrant d'insuffisance en cortisol ont un cœur qui bat faiblement, trop rapidement (surtout en position debout ou lors de situations stressantes), et qui ne s'adapte pas bien à l'effort et au stress. Nous ne conseillons cependant la prescription de cortisol dans le traitement d'une maladie cardiaque qu'associée à une hormone anabolisante comme le DHEA (de préférence) ou, à défaut, à d'autres androgènes, ou même une hormone somatotrope comme l'hormone de croissance ou la somatomédine C. Par un équilibre judicieux entre hormones catabolisantes et anabolisantes, le cœur et le corps tout entier se porteront mieux. L'effet catabolique du cortisol, qui donne de l'énergie mais qui consomme aussi des tissus pour obtenir cette énergie, est compensé par l'effet constructeur des hormones anabolisantes.

L'EPO est fabriquée par les reins. Elle augmente la production de globules. Un traitement à l'EPO accroît le nombre de molécules d'oxygène transportées par le sang. L'oxygénation est également meilleure pour les tissus, y compris le tissu cardiaque. Le cœur fonctionne de manière plus performante sous une thérapie à l'hormone érythropoïétine (en abrégé EPO).

Peut-on passer sous silence l'impact bénéfique de la glande thyroïde sur l'état de santé du cœur ? Depuis longtemps l'influence des **hormones thyroïdiennes** est bien connue. Comme pour toutes les hormones, le meilleur conseil à donner pour un traitement thyroïdien est de n'administrer « ni trop ni trop peu » d'hormones au patient : tout comme l'excès, la carence peut rendre le cœur défaillant et causer une décompensation cardiaque.

Les hormones thyroïdiennes augmentent le taux de calcium dans les cellules cardiaques. Ce minéral permet aux fibres musculaires de se contracter. Les hormones thyroïdiennes alimentent les cellules cardiaques en glycogène, la réserve d'énergie des cellules cardiaques. Pour cette raison, le rythme cardiaque est influencé de manière prépondérante par les hormones thyroïdiennes. La différence de rythme cardiaque au repos entre plusieurs personnes est due en partie à des différences de T_3. Les hormones thyroïdiennes raccourcissent surtout la phase de contraction (la systole) du cœur, ce qui donne une plus grande vitesse au sang et allonge la phase de relaxation (la diastole) du muscle cardiaque, lui permettant de se remplir davantage et donc de pomper et d'évacuer plus de sang. L'influence s'observe surtout sur le ventricule gauche du cœur, celui qui propulse le sang qui vient d'être oxygéné par les poumons dans l'aorte et vers les organes. Des suppléments d'hormones thyroïdiennes bien choisis musclent le ventricule gauche du cœur, comme des expériences chez le rat le démontrent. Tout porte à croire qu'il en irait de même

pour le cœur de l'être humain atteint par les défaillances dues à l'âge.
Prescrire des hormones thyroïdiennes à des patients cardiaques fait souvent peur aux cardiologues, car nombre d'entre eux craignent de voir le cœur de leurs patients battre trop vite, manquer d'oxygène et succomber. Mais, comme dans tout, c'est l'excès qui nuit, et non le juste équilibre. Ne pas traiter un patient cardiaque manquant d'hormones thyroïdiennes n'est pas une bonne attitude non plus.

COMMENT PRÉVENIR L'APPARITION DE THROMBOSE ET D'HÉMORRAGIE CÉRÉBRALE

Le succès des thérapies hormonales dans la prévention et le traitement des maladies cardio-vasculaires se confirme au niveau des artères du cerveau. Ces artères occupent une place primordiale dans notre vie car, en apportant le sang au cerveau, elles maintiennent en vie les neurones et permettent conscience et mouvement. Lorsque ces artères se bouchent, de véritables catastrophes peuvent se produire. Un caillot se forme, en général dans le cœur ou sur une artère située plus en aval. Une artère peut aussi se boucher plus lentement encore par la formation d'une plaque athéromateuse, appelée thrombose, ou encore se rompre et provoquer une hémorragie cérébrale. Paralysies, troubles de l'élocution et de la mémoire, troubles de la conscience et de la sensibilité sont quelques-unes des conséquences des accidents vasculaires cérébraux (en abrégé AVC).
Expérimentalement, chez le rat, la perfusion constante (grâce à l'écoulement d'une solution en baxter par la voie veineuse) de

somatomédine C, l'hormone qui exprime la plupart des effets de **l'hormone de croissance**, permet de limiter au maximum les dégâts causés par la forte diminution d'arrivée de sang vers un lobe du cerveau (le lobe frontal dans cette expérience), épargnant au passage remarquablement l'hippocampe, cette zone du cerveau essentielle pour la mémoire et les émotions. Les AVC sont plus fréquents chez les adultes déficients en hormone de croissance.

La **vasopressine** permet, en colmatant les brèches dans les vaisseaux, de garder le sang dans les artères et de s'opposer de cette façon aux hémorragies cérébrales. D'ailleurs, la thérapie à la vasopressine est utilisée pour arrêter les grosses hémorragies d'artères suite à des traumatismes physiques comme des accidents de la route.

La **mélatonine** fluidifie le sang pendant la nuit. Elle parvient à accomplir cet effet préventif des thromboses en diminuant la capacité des plaquettes à adhérer normalement aux parois des vaisseaux, les cellules du sang permettant la coagulation du sang. De plus, la mélatonine amplifie cet effet anticoagulant nocturne en freinant la libération de plusieurs produits qui stimulent la coagulation : ATP, sérotonine, thromboxane B-2. Les effets bénéfiques de la mélatonine sur les vaisseaux disparaissent pratiquement au lever. Ce qui arrange bien les choses puisque le sang doit bien pouvoir coaguler durant le jour, moment où l'être humain s'active et court le risque de se blesser et de saigner. La nuit, au contraire, le risque de se blesser est alors nul et il faut surtout éviter que le sang ne coagule trop vite.

Toutefois, l'effet antiplaquettes de la mélatonine n'est heureusement pas illimité. En effet, les plaquettes sont nécessaires pour éviter de saigner trop facilement et de voir survenir des hémorragies anormales (y compris cérébrales). Certains traitements anticancéreux comme ceux à l'interleukine-2 provoquent une perte importante de plaquettes. En combinant au traitement à l'interleukine-2 une thérapie à 40 mg/j (une dose forte) de mélatonine, le taux de plaquettes se normalise et reste constant dans le sang.

Les hormones thyroïdiennes sont également fort importantes pour que le cerveau puisse recevoir correctement le sang dont il a besoin. Dans les maladies des vaisseaux du cerveau, les taux de l'hormone thyroïdienne active, la T_3 totale et la T_3 libre, sont généralement abaissés, alors que ceux des formes nettement moins actives sont augmentés (T_4, T_3, TSH). Les personnes qui ont subi une hémorragie cérébrale (avec perte de sang dans le tissu cérébral situé entre les artères du cerveau) ont des taux d'hormones thyroïdiennes plus perturbés que ceux qui subissent une thrombose cérébrale. Dans la très forte baisse de la tension artérielle (choc hémorragique) qui suit certaines hémorragies graves, la présence d'une fonction thyroïdienne intacte augmente les chances de survie. En fait, les hormones thyroïdiennes améliorent la pression artérielle, les performances du cœur et l'importance du volume sanguin.

Les glandes surrénales, ces très petites glandes situées audessus des reins, produisent diverses hormones importantes pour maintenir une bonne pression dans les artères cérébrales, comme le **cortisol** et l'**aldostérone**, ou pour préserver la paroi des artères en bon état, comme la **DHEA** et une série d'autres hormones androgéniques du même type. Ainsi, la DHEA (induite par l'acide arachidonique) fluidifie le sang en diminuant l'accolement des plaquettes l'une sur l'autre chez le sujet vivant. Cet accolement des plaquettes entre elles forme une des premières étapes non seulement de la coagulation (normale), mais aussi de la thrombose (anormale). La DHEA protège aussi les artères cérébrales par son action anti-athérosclérotique précédemment décrite.

L'insuline, l'hormone du sucre, protège également les artères en général et les artères cérébrales en particulier contre le vieillissement (ou athérosclérose). Cette protection se voit clairement dans le traitement à l'insuline chez le diabétique, surtout de type I, celui qui produit trop peu (ou plus du tout) d'insuline.

Les hormones des glandes sexuelles utilisées pour traiter la ménopause ou l'andropause et administrées par injection ou par application sur la peau sont de première importance comme traitement préventif des troubles artériels au niveau du cerveau (accidents vasculaires cérébraux).

Pour le sexe féminin, la thérapie à **l'œstradiol** permet de limiter les accidents vasculaires cérébraux. Après un épisode d'ischémie s'instaure une phase où le flux de sang vers le cerveau est excessif. La thérapie à l'œstradiol modère efficacement et favorablement cet excès.

La thérapie à la **progestérone**, autre hormone abondante chez la femme, surtout dans la seconde phase de son cycle, modère également l'œdème cérébral induit par des traumatismes de son cerveau. La thérapie hormonale préserve mieux les neurones de la dégénérescence et protège la mémoire (spatiale, nécessaire à l'orientation dans l'espace).

Chez les hommes, l'action bénéfique de **la testostérone** et de ses dérivés sur les artères du cerveau s'explique par deux mécanismes principaux. Le premier mécanisme, déjà décrit précédemment, consiste en une « musculation », un entretien et un développement plus ample des cellules musculaires de la paroi des artères. Les artères peuvent être considérées comme des « tubes de muscles » fort influencés par les hormones du muscle par excellence que sont la testostérone et ses dérivés. Le second mécanisme est l'activité anticoagulante (antifibrinolytique) de la testostérone. L'hormone et ses dérivés naturels comme la dihydrotestostérone ou artificiels comme le nandrolone fluidifient le sang, généralement lorsqu'ils sont pris autrement que par la bouche (par injection ou par application sur la peau). En effet, l'administration orale entraîne une accumulation de l'androgène dans le foie, qui peut alors produire des substances coagulantes indésirables.

Diététique, vitamines et oligo-éléments contre les maladies cardio-vasculaires

Le régime alimentaire pour prévenir les affections cardio-vasculaires est connu de tous. Il faut, bien entendu, éviter toute surcharge pondérale entraînant un diabète ou une augmentation des triglycérides, ***éliminer dans ce cas féculents, sucres et sucreries, plats en sauce, charcuteries, produits laitiers*** *; il faut également faire baisser votre taux de cholestérol si le LDL (mauvais cholestérol) est trop élevé en supprimant la cuisson à haute température des huiles végétales et des graisses animales provenant surtout des œufs, de l'agneau, des crustacés et des fruits de mer. Les huiles d'olive et de colza à pression froide donc non chauffées sont, par contre, conseillées.*

Le ***café****, d'après certaines études, augmenterait le taux de mauvais cholestérol dans le sang.* ***L'alcool et surtout le vin, en quantité raisonnable ne sont pas déconseillés*** *et même parfois recommandés, c'est le fameux* « french paradox ».

- *De nombreuses études récentes ont prouvé la corrélation entre le déficit en* ***vitamine E*** *et la survenue de maladies cardio-vasculaires.*

La vitamine E aurait une action bénéfique en faisant baisser le LDL cholestérol (mauvais cholestérol).

- *La **vitamine C** devra être associée à la **vitamine E**, parce qu'elle renforce l'action de celle-ci et qu'elle pourrait augmenter le HDL cholestérol (bon cholestérol), diminuer la viscosité du sang et faire baisser la tension artérielle.*
- *La carence en certaines vitamines du groupe B (**B6, B9, B2**) entraîne une accumulation dans le sang du taux d'homocystéïne susceptible d'augmenter le risque d'athérosclérose.*
- *Les oligo-éléments jouent également un rôle dans la prévention des maladies du cœur et des vaisseaux. Le **silicium**, le **cuivre** et le **zinc** assurent le maintien de la paroi des vaisseaux. Le **chrome**, le **manganèse** et le **zinc** préviennent la formation de dépôts sur les vaisseaux (plaques d'athérome). Un déficit en **sélénium** augmente la tension artérielle, ainsi que la viscosité du sang. Enfin, le **magnésium** joue un rôle non négligeable dans certains troubles du rythme cardiaque.*

Les hormones qui soulagent les rhumatismes

Deux formes fondamentales de rhumatisme coexistent. Le rhumatisme inflammatoire, appelé aussi **arthrite**, qui commence souvent chez un sujet encore relativement jeune. L'arthrite déforme littéralement l'articulation par l'intensité de l'inflammation. Cette inflammation, douloureuse même au repos, gonfle l'articulation, la chauffe et donne une teinte rougeâtre à la peau. Son intensité est variable : à des crises douloureuses parfois très pénibles succèdent des périodes plus calmes.

L'autre forme de rhumatisme est le rhumatisme d'usure appelé **arthrose** qui survient généralement chez la personne âgée.

L'arthrose fait mal au moindre mouvement de l'articulation. Si le patient reste tranquille, la douleur dans son articulation usée s'estompe rapidement. L'arthrose est souvent invisible à l'œil nu parce que ce type de rhumatisme consiste plus en une atrophie (ou rétraction) et une usure de l'articulation qu'en un remaniement et une déformation (comme dans l'arthrite).
Les traitements classiques n'offrent pas toujours les résultats désirés. Dans l'arthrite, des médications anti-inflammatoires non hormonales sont administrées parfois avec succès, parfois elles n'ont pas ou trop peu d'effet. Dans l'arthrose, des médicaments destinés à soulager la douleur sont utilisés pour aider les patients à vivre avec leur mal mais ne réparent pas les dégâts.
Quant aux thérapies hormonales de substitution, peuvent-elles calmer les douleurs articulaires ? Revitaliser les articulations endommagées ? Traiter les causes du rhumatisme ?

LE CORTISOL, UNE HORMONE MIRACULEUSE

Une des toutes premières hormones à étonner par son action spectaculaire sur le rhumatisme, et plus particulièrement l'arthrite, fut le **cortisol.** La découverte de cette hormone aux effets si miraculeux pour le patient rhumatismal a ouvert le champ d'application des thérapies hormonales à un tout nouveau groupe de personnes, celles qui souffrent de leurs articulations. La synthèse du cortisol et les premières études sur ses effets valurent le prix Nobel au Dr Hench. Mais très vite, aux premières années d'euphorie succédèrent des décades de méfiance envers cette hormone et ses dérivés artificiels de synthèse très vite (trop vite) mis sur le marché par les firmes pharmaceutiques.

Pourquoi ? Parce que dans l'enthousiasme initial, beaucoup de médecins oublièrent un principe fondamental du traitement hormonal bien conduit : ne donner que la dose nécessaire pour combler la déficience hormonale, ni plus ni moins. Ce principe fut mal suivi durant les premières années d'utilisation et même aujourd'hui, près de 50 ans après sa découverte, certains médecins ont tendance à mal l'appliquer et à prescrire des doses trop élevées. De surdosage en surdosage, la littérature médicale rapporta les « méfaits » de la cortisone.

Ce ne sont en fait que les conséquences logiques de doses trop fortes.

Le cortisol est une hormone tout à fait indispensable au corps humain : sans cortisol le patient décède en quelques heures ou quelques jours. Disposer d'un minimum de cortisol permet la survie, mais une prise massive de cortisol fait gonfler le patient surtout au niveau du visage, amincit sa peau ; des bleus (ecchymoses) apparaissent avec une facilité déconcertante et la tension artérielle s'élève. De plus, si ce surdosage persiste assez longtemps (des mois, des années), une perte osseuse, l'ostéoporose, survient. Par contre, lorsqu'il manque de cortisol, le patient souffre aussi. Le minimum suffisant pour rester en vie, mais insuffisant pour se sentir bien dans sa peau, nuit en fait à l'état de santé (infections plus fréquentes, sous-alimentation par manque d'appétit, rhumatisme, etc.).

Les patients qui souffrent de rhumatisme inflammatoire possèdent des glandes surrénales faibles. On retrouve dans leur sang moins de cortisol (et d'insuline) et plus d'ACTH. De plus, les cellules de l'immunité comme les **lymphocytes** (et probablement d'autres cellules) ont moins de récepteurs pour le cortisol que la normale. Si deux personnes ont un taux identique de cortisol dans le sang et les autres tissus, l'individu qui a le moins de récepteurs pour cette hormone court davantage de risques d'être déficient en cortisol. Les fluctuations normales du taux de cortisol dans le sang (beaucoup de cortisol au début de la journée, peu de cortisol le soir) chez les patients atteints d'arthrite sévère sont perturbées ou disparaissent.

COMMENT ATTÉNUER L'INFLAMMATION DE L'ARTICULATION DOULOUREUSE ?

Le cortisol agit à divers niveaux. Dans les cellules de l'articulation, le cortisol empêche et freine la production de substances toxiques, propres à l'inflammation, comme l'oxyde nitrique. Il renforce son action protectrice en stabilisant, à l'intérieur des cellules cartilagineuses de l'articulation, les parois (membranes) des petits vésicules, les **lysosomes**, où sont digérés en temps normal les constituants défectueux de la cellule. Ces lysosomes sont riches en sucs (enzymes) « digestifs » destructeurs qu'il vaut mieux garder à l'intérieur de ces vésicules. Il faut éviter à tout prix de libérer ces sucs digestifs hors des lysosomes et de les voir se répandre dans le milieu intérieur des cellules articulaires, sous peine de les voir littéralement digérer et détruire la cellule-mère.

Dans le rhumatisme inflammatoire, l'articulation subit un remaniement important sous l'effet de l'inflammation. Le tissu de remplissage de l'articulation et le tissu environnant (le tissu fibreux) s'accroissent à l'excès et remplacent le cartilage indispensable à la bonne mobilité de l'articulation. Cette « fibrose » ou sclérose progressive de l'articulation la détruit à petit feu. Le cortisol s'oppose à cette sclérose et peut même dans certains cas l'empêcher. Il y parvient en limitant la production excessive de collagène qui compose la majeure partie du tissu fibreux, et d'acide hyaluronique, un des composants majeurs de ce tissu. Par ailleurs, le cortisol atténue l'inflammation de l'articulation en bloquant l'apparition excessive près de cette articulation de cellules inflammatoires et de liquide, fournis normalement par le sang à l'articulation enflammée et qui la font gonfler. Enfin, le cortisol freine l'action ou la production d'agents redoutables de l'inflammation, comme l'histamine, les prostaglandines ou les kinines (qui dilatent les vaisseaux).

Grâce à tous ses pouvoirs anti-inflammatoires, le cortisol ou ses dérivés de synthèse ont depuis longtemps été utilisés avec succès dans diverses formes de rhumatisme inflammatoire : l'arthrite rhumatoïde, la polymyalgie rhumatismale (une maladie inflammatoire des épaules et des hanches, souvent associée à l'inflammation de l'artère temporale), le lupus érythémateux disséminé, la sclérodermie, l'érythème noueux, etc. Par ailleurs, lorsqu'une seule ou plusieurs articulations sont touchées par le rhumatisme inflammatoire, des injections locales de cortisol, directement dans les articulations, peuvent suffire comme remède et sont pratiquées avec succès. Cette méthode de thérapie hormonale purement locale qui évite de submerger le corps, est fréquemment utilisée chez l'enfant et offre de bonnes garanties de sécurité et d'efficacité. À noter aussi que la thérapie au cortisol soulage aussi la douleur. Cet effet « analgésique » du cortisol et de ses dérivés permet de limiter l'usage de médications antidouleurs classiques. Attention toutefois au surdosage et au déséquilibre qui peuvent nuire à long terme.

HORMONES ANABOLISANTES/HORMONES CATABOLISANTES, L'INDISPENSABLE ÉQUILIBRE

En fait, d'après notre expérience, la thérapie hormonale la plus prudente associe la prescription du cortisol, hormone catabolisante consommatrice de tissu (pour produire de l'énergie), à celle d'une hormone qui construit et rebâtit le tissu (une hormone dite anabolisante). De cette façon, l'indispensable équilibre hormones anabolisantes/hormones catabolisantes est préservé.

Ces hormones anabolisantes comme la DHEA, la testostérone et ses dérivés, les œstrogènes, la progestérone, l'hormone de croissance... ont-elles des effets propres contre le rhumatisme ? La réponse à cette question est clairement affirmative.

Prenons l'exemple de la **DHEA**. C'est cette hormone, avant toutes les autres, qu'il semble le plus logique de prescrire comme traitement hormonal adjuvant destiné à contrebalancer un traitement à base de cortisol. Une étude suédoise a montré d'ailleurs que les patients atteints d'arthrite rhumatoïde et qui ne prennent pas de glucocorticoïdes (dérivés synthétiques du cortisol, dont la prise peut diminuer la sécrétion naturelle de cortisol) possèdent peu de DHEA dans les tissus articulaires enflammés (– 60 %) et encore moins dans le sang (– 75 %). Les patients rhumatismaux qui prennent régulièrement des dérivés du cortisol (glucocorticoïdes) ont encore moins de DHEA. Plusieurs études confirment ce déficit dans l'arthrite classique. D'autres formes de maladies inflammatoires proches du rhumatisme inflammatoire comme l'ostéoarthrite (une maladie qui touche les os au niveau des surfaces articulaires) et le lupus érythémateux disséminé (une maladie inflammatoire du tissu fibreux principalement) s'accompagnent apparemment de valeurs plus basses du taux de sulfate de DHEA.

Quand on administre de la DHEA à un patient atteint d'une maladie inflammatoire comme le lupus ou la fibromyalgie (une autre maladie inflammatoire parfois extrêmement handicapante causant des douleurs très vives dans les muscles et les tendons), l'état du patient peut s'améliorer mais il en guérira très rarement avec la DHEA seule. Dans le cas du lupus, grâce au SLEDAI, un index qui mesure globalement l'intensité de la maladie, une nette amélioration peut être observée. Quelques réserves doivent toutefois être émises quant à la dose assez élevée prescrite lors de cette expérience (200 mg par jour, ce qui est beaucoup).

Parmi les autres hormones « constructrices » (anabolisantes), qui peuvent être favorablement associées au traitement au cortisol, figurent également la testostérone et ses dérivés, groupés sous le nom d'androgènes. Les androgènes ont une action antirhumatismale propre importante aussi bien dans l'arthrite que dans l'arthrose. Des taux bas en androgènes dans le sang sont plus fréquents chez les patients qui se plaignent d'arthrite rhumatoïde.

Chez les patients de sexe masculin affligés d'arthrite rhumatoïde et qui prennent de la prednisone, un dérivé de synthèse du cortisol, la teneur du sang en testostérone s'est avérée plus basse, anormalement basse, par rapport aux patients rhumatismaux non traités. D'où l'importance de bien vérifier la concentration des androgènes dans les examens de laboratoire lors de l'utilisation d'un dérivé du cortisol et de donner des suppléments si nécessaire. Même chez la femme en (post)ménopause, l'androgénothérapie a sa place pour contrecarrer la perte de matière osseuse autour des articulations de l'arthrite rhumatoïde, tout comme au niveau de la hanche.

RHUMATISMES : L'INÉGALITE DES HOMMES ET DES FEMMES

L'arthrite rhumatoïde survient 2 à 4 fois plus souvent chez la femme que chez l'homme. Une différence probablement due à la baisse importante, avec l'âge, du taux de ces hormones qui décline plus rapidement chez la femme. Les thérapies à base d'hormones féminines, principalement les **œstrogènes**, occupent d'ailleurs une place intéressante parmi les hormonothérapies destinées à prévenir, soulager ou guérir certaines formes de rhumatisme, surtout celles qui apparaissent chez les femmes souffrant d'un certain degré de déficience de leurs ovaires. Leur efficacité ne fait pas le moindre doute. L'utilisation par exemple de contraceptifs hormonaux à base de dérivés de synthèse d'œstrogène et de progestérone naturels réduit déjà fortement l'incidence d'arthrite rhumatoïde chez les femmes : environ 2 fois moins. Les femmes qui ont pris dans le passé des œstrogènes non contraceptifs sont encore mieux loties : deux tiers de survenue d'arthrite rhumatoïde en moins. D'ailleurs, les femmes qui prennent actuellement ces œstrogènes non contraceptifs s'en sortent encore mieux : 7 fois moins de risques de rhumatisme inflammatoire.

Les œstrogènes protègent aussi les deux sexes contre la survenue de rhumatismes, comme tend à le démontrer une recherche faite sur des souris.

Une autre maladie proche du rhumatisme, la fibromyalgie primaire, frappe également 10 fois plus les femmes que les hommes. C'est une maladie encore assez mal comprise dont la cause exacte est toujours inconnue. Elle afflige ses victimes de douleurs vives – des algies – qui se portent avec prédilection sur les tendons et les muscles. Une étude signale que chez 10 femmes fibromyalgiques comparées à 10 femmes saines de même âge, le taux des œstrogènes (œstradiol et œstrone) était systématiquement plus bas.

L'intérêt de la **progestérone** est encore trop souvent méconnu. Son action précise sur le rhumatisme mérite sûrement d'être mieux étudiée. L'injection de progestérone naturelle dans une articulation enflammée diminue l'inflammation de l'articulation de façon assez similaire au cortisol. Ces effets antiarthritiques persiste jusqu'à 2 deux mois. L'avantage de la progestérone sur le cortisol chez l'adulte est son effet de construction sur l'articulation (l'effet anabolisant). À noter que la progestérone à haute dose prise par la bouche peut aussi être utilisée avec efficacité contre les douleurs grâce à ses pouvoirs anesthésiants. Dans l'arthrite rhumatoïde, beaucoup d'hormones sont basses, par rapport à la normale. Ce sont justement les hormones qui montrent une certaine action antirhumatismale.

C'est le cas aussi de la **mélatonine**. Ainsi, une étude réalisée chez des patients malades d'arthrite rhumatismale a montré que le taux moyen de mélatonine dans le sang pendant le jour était approximativement 4 fois plus bas chez les patients rhumatismaux étudiés que la moyenne normale à leur âge. Des personnes qui souffrent de douleurs sans cause connue (idiopathiques) ont peu de mélatonine dans leur sang et dans les urines. La mélatonine possède un pouvoir analgésique (c'est-à-dire qu'elle diminue la douleur). Ce pouvoir est plus fort la nuit, car la mélatonine est essentiellement sécrétée la nuit. Cette plus grande analgésie nocturne explique pourquoi la sensibilité à la douleur est accrue durant le jour (sensibilité maximale 4 heures après le lever du soleil) et décroît la nuit (avec une sensibilité minimale 2 heures avant le réveil).

La **pregnénolone** est une autre de ces hormones sécrétées par les deux glandes surrénales qui exercent un effet anti-rhumatismal satisfaisant. Cet effet a été établi à l'aide de doses assez élevées (autour des 400 mg par jour), mais apparemment non toxiques, de pregnénolone.

La **calcitonine**, hormone sécrétée par la glande thyroïde dont l'action favorable est importante sur l'os, possède aussi une action anti-inflammatoire non négligeable que l'on pourrait utiliser avec un succès potentiel face à l'arthrite.

Les **hormones thyroïdiennes** forment une autre paire d'hormones efficaces, non seulement contre les douleurs des articulations enflammées (atteintes d'arthrite), mais aussi contre les douleurs des articulations usées (rongées par l'arthrose). Les hormones thyroïdiennes accélèrent la circulation du sang en faisant pomper le cœur plus vite et augmentent le volume total de sang. Elles améliorent par ces moyens la perfusion des tissus et particulièrement parmi ceux-ci les articulations, par du sang frais, bien oxygéné. Les hormones thyroïdiennes activent aussi les réactions métaboliques et libèrent de cette manière énergie et chaleur. Lorsque la glande thyroïde commence à faiblir, du fait du vieillissement, elle sécrète moins d'hormones thyroïdiennes, trop peu pour une qualité de vie optimale. Les articulations reçoivent moins de sang frais. Manquant d'oxygène, de nutriments et d'eau, ces articulations s'enflamment plus facilement et l'arthrite peut apparaître. Manquant en plus de vitalité et de chaleur, ces articulations s'usent plus vite.

Le syndrome de déficit thyroïdien (l'hypothyroïdie) associe des douleurs lors des mouvements à une laxité excessive des ligaments, tendrons et capsules (des articulations), à une raideur matinale au niveau des membres. Caractéristique de ce syndrome : la prédominance de la souffrance articulaire le matin et au repos et son amélioration pendant la journée et en activité (lorsque le patient parvient à accélérer son sang, et donc l'approvisionnement des articulations en sang frais, en bougeant). Les douleurs des articulations du patient hypothyroïdien s'exacerbent au froid et à l'humidité. En revanche, ce syndrome ne présente pas nécessairement une inflammation avec érosion et sclérose de l'articulation et des tissus qui environnent l'articulation (périarticulaires) comme dans l'arthrite typique. Cette litanie de plaintes s'efface ou s'améliore nettement sous traitement thyroïdien.

Les plaintes articulaires de patient pauvre en hormones thyroïdiennes comme les douleurs aux muscles et aux articulations, et la raideur des extrémités ressemblent à s'y méprendre à celles de l'arthrite rhumatoïde. D'ailleurs, un examen plus approfondi de 98 patients atteints de myxœdème (une forme grave d'insuffisance thyroïdienne) a montré chez chacun une forme de rhumatisme inflammatoire avec agrandissement pathologique de l'articulation (de l'arthrite hypertrophique). De plus, la vitesse de sédimentation des globules rouges dans le sang est en général plus élevée chez le patient pauvre en hormones thyroïdiennes, autre indication de sa prédisposition au rhumatisme inflammatoire).

D'autres formes de rhumatisme montrent des liens avec la déficience thyroïdienne. Citons le syndrome du canal carpien. Dans ce syndrome, un fourmillement désagréable dans les doigts apparaît par compression du nerf médian dans le canal carpien, une sorte de gaine qui environne les tendons des muscles de la paume de la main au niveau du poignet. 10 % des patients en insuffisance thyroïdienne présentent ce syndrome qui disparaît lors de la prise d'hormones thyroïdiennes nécessaires pour combler la déficience. La **goutte** enfin, une forme de rhumatisme qui s'attaque de préférence aux pouces et aux gros orteils en y déposant des dépôts irritants de cristaux d'acide urique dans les articulations, a plus de risques de survenir chez une personne dont la glande thyroïde est déficiente. En effet, un taux élevé en acide urique (le facteur principal qui favorise l'apparition de la goutte) survient plus souvent chez le patient hypothyroïdien. D'après notre expérience, ce patient atteint de goutte fait beaucoup moins de crises de goutte s'il est traité par la thérapie thyroïdienne adéquate.

Le traitement thyroïdien soulage indéniablement les douleurs qui surviennent aux articulations (arthralgies) des patients hypothyroïdiens. Cependant, un mystère demeure. Ces dernières années, les revues médicales ont montré une étrange baisse d'efficacité des préparations thyroïdiennes à soulager le rhumatisme. Ainsi, les études de Bland et de Golding, publiées en 1970, montrent une efficacité de près de 100 % pour améliorer et faire disparaître les douleurs aux articulations des patients en insuffisance thyroïdienne. Lors d'investigations faites dans les années 1980 par Khaledi (1984), 78 % des patients bénéficiaient d'une amélioration des douleurs et 50 % de leur disparition totale ; pour Carette, en 1988, 53 % des patients connaissaient une amélioration et 16 % seulement étaient débarrassés de toute douleur. Les résultats d'une étude publiée en 1992 et réalisée par le Néerlandais Kloppenburg sont encore moins encourageants : 50 % des patients hypothyroïdiens sont soulagés, mais seulement 9 % d'entre eux n'ont plus aucune douleur aux articulations. Le rhumatisme des patients qui ont une glande thyroïde trop faible a-t-il changé ? Les scientifiques des années 1970 ou ceux des années 1990 font-ils différemment leur travail ? Toujours est-il que les résultats sont trop divergents pour croire que ce facteur joue un rôle important. La différence résulte plus probablement de la composition des préparations thyroïdiennes utilisées dans les études. Bland et Golding avaient prescrit à leurs patients soit de la poudre de thyroïde desséchée (qui contient un mélange des hormones thyroïdiennes principales, la T_3 et la T_4), soit de la T_3 seule (l'hormone thyroïdienne active). Les médecins des études les plus récentes n'ont utilisé que de la T_3 (ou thyroxine, la prohormone pratiquement inactive à elle seule). Beaucoup de spécialistes continuent à croire, à tort à notre avis, que la T_4 se transforme avec facilité dans le corps chez 100 % des patients. Or, le vieillissement à lui seul diminue déjà cette conversion de l'hormone précurseur T_4 en hormone active T_3. La prise de thyroxine seule n'imite pas très bien la nature. Chez le patient qui ne prend que de la thyroxine, le niveau de thyroxine (T_4) dans le sang est généralement anormalement élevé, et celui de triiodothyronine (ou T_3, qui est pourtant l'hormone thyroïdienne active), est assez souvent anormalement bas.

Terminons ce chapitre en explorant ce que l'**hormone de croissance** ou son « adjudant », la **somatomédine C**, peuvent faire pour limiter ou inverser l'évolution du rhumatisme. Les adultes qui souffrent de fibromyalgies possèdent en moyenne 30 % en moins de somatomédine C que la normale.

La polyarthrite chronique évolutive (PCE) est un rhumatisme inflammatoire qui s'attaque d'abord de préférence aux petites articulations comme celles de la main pour migrer par la suite en crises sur d'autres articulations. Elle peut devenir extrêmement invalidante. Cette PCE survient le plus souvent chez des adultes, mais peut atteindre également des enfants chez lesquels son évolution n'est pas souvent des plus heureuses. Une étude a détecté chez un groupe d'enfants sujets à la polyarthrite chronique évolutive près de 40 % de moins de molécule effectrice de l'hormone de croissance, la somatomédine C. Ces enfants ont aussi des signes compatibles avec ce signe de manque d'hormone de croissance (parmi lesquels la petite taille est la plus caractéristique).

Une arthrose particulière qui semble d'après nous particulièrement bien répondre (par une amélioration parfois assez nette de la mobilité et une diminution, voire une disparition, de la douleur) au moyen d'une thérapie à l'hormone de croissance chez la personne âgée, est l'**arthrose de la hanche** (la coxarthrose). Une sorte de régénération de la hanche semble avoir lieu sous l'action « anabolisante » positive de l'hormone de croissance.

Alimentation, vitamines et oligo-éléments contre les rhumatismes

- *Une alimentation équilibrée ainsi qu'un régime pauvre en graisses cuites est nécessaire pour combattre les affections rhumatismales.*
- *La **vitamine D** vient à manquer en cas de mauvaise alimentation ou de défaut d'ensoleillement. Elle joue un rôle essentiel dans le métabolisme phosphocalcique, garant de la bonne santé des os et des articulations.*
- *Un apport de **vitamine D** et de **calcium** protège des tassements vertébraux et des fractures du col du fémur.*
- *La **vitamine K** aidant à la fixation du calcium dans le sang, son rôle sur la densité osseuse n'est pas négligeable.*

- *Chez les femmes ménopausées, non traitées par hormonothérapie substitutive et chez qui la densité osseuse est faible, il a été noté une baisse des apports en* ***vitamine C.***
- *En cas d'arthrose, outre une* ***gymnastique médicale appropriée****, et une activité physique indispensable, des suppléments à base de* ***magnésium*** *et de* ***potassium*** *semblent apporter des résultats thérapeutiques intéressants.*
- *Le* ***cuivre*** *et le* ***phosphore*** *sont surtout utilisés en cas de poussée inflammatoire.*
- *En cas de perte osseuse (ostéoporose), le* ***silicium*** *pouvant être pris en oligothérapie nutritionnelle (ulmaire ou reine des prés) apporte également une aide appréciable.*
- *Le* ***magnésium*** *et le* ***phosphore*** *sont à conseiller en cas de douleurs articulaires associées à des douleurs musculaires.*

Les hormones pour prévenir ou guérir l'ostéoporose

Avec l'âge, les os perdent du tissu, des protéines et des minéraux. Ils deviennent poreux. Ce processus de vieillissement s'appelle l'ostéoporose. Une silhouette affaissée chez une personne âgée, un dos courbé (la cyphose du dos), des os maigres, amincis (assez visible au niveau des os de la mâchoire), en sont des signes révélateurs. L'ostéoporose se mesure aussi par ostéodensitométrie. Cette mesure radiographique de la densité des os est peu coûteuse et obtenue par faible irradiation. On la reconnaît aussi à une série de signes indirects de carences hormonales précises : un relâchement généralisé des muscles, une peau fine, des cheveux plus fins. C'est pourquoi les deux états se rencontrent sou-

vent simultanément chez la même personne. Une des causes principales d'ostéoporose, par exemple, est le manque d'hormones « mâles », dont l'importance ne doit pas être mésestimée pour la femme. Cette carence se signale par une diminution du volume des muscles, de leur tonicité et de leur force, signes détectables à l'examen physique. Des signes psychiques comme la fatigue et la tendance dépressive sont en général présents toute la journée. Au niveau des os, le manque d'hormones mâles se reconnaît par des signes généraux présents également dans d'autres carences (comme la carence en hormones féminines, en hormone de croissance, etc.) : un ventre qui tombe, poussé par une courbure plus accentuée vers l'avant de la colonne vertébrale à ce niveau (on parle de lordose), une asymétrie accentuée de la colonne vertébrale, des os plus minces (mâchoire, doigts...).
L'ostéoporose n'est pas sans risques pour la santé. Les os poreux cassent plus facilement et guérissent difficilement de leur fracture. Dans certains cas même, les conséquences de l'ostéoporose telles que la fracture du col du fémur peuvent mettre la vie du patient en danger.

HORMONE DE CROISSANCE ET SOMATOMÉDINE C À LA BAISSE

Une des premières déficiences hormonales du grand âge qui entraîne une grosse perte de matière osseuse est le manque d'hormones **somatotropes** : hormone de croissance et somatomédine C.
L'importance de l'hormone de croissance pour la densité et la solidité des os se signale surtout lorsqu'elle vient à manquer. Les jeunes adultes déficients (même s'ils ont reçu un complément)

à la puberté ont un sang plus pauvre en somatomédine C, la molécule effectrice de l'hormone de croissance et dont la production dépend de l'hormone de croissance. Ces jeunes patients ont aussi des os moins denses et donc moins solides que les adultes normaux de même âge. La densité de leurs os est d'ailleurs proportionnelle au taux de somatomédine C. Les adultes qui ont été plus tardivement victimes de cette déficience par perte ou endommagement de la glande hypophyse (par accident, opération chirurgicale, hémorragie cérébrale, etc.) ont eux aussi des os peu denses et un taux bas en somatomédine C. Un taux bas en somatomédine C (et D ainsi que de sa protéine transporteuse) est également attesté dans le sang des personnes chez qui l'on détecte une ostéoporose sans cause connue (dite idiopathique). De plus, la présence d'hormones sexuelles chez une personne est indispensable pour garder un bon taux de somatomédine C et de bons os. Ainsi, chez la femme, à la ménopause, le taux d'œstrogènes (les hormones féminines par excellence) s'effondre dans le corps, de même que le taux de somatomédine C et simultanément on voit se développer une ostéoporose galopante (avec une perte osseuse de 2 % par an au lieu de 0,2 %, ce qui est vraiment beaucoup). La recherche a montré que lorsque l'on injecte de l'hormone de croissance à des singes femelles rendus déficients en hormones sexuelles, ils gardent de bons os grâce à l'action constructive des suppléments d'hormone de croissance, ce qui confirme l'importance à accorder à cette hormone dans la prévention de l'ostéoporose.

LE REMODELAGE DES OS PAR L'HORMONE DE CROISSANCE

Durant les six premiers mois d'un traitement à l'hormone de croissance, on assiste à une accélération du remodelage de l'os. Ce remodelage est permanent mais ralenti chez la personne âgée. On assiste également à un rajeunissement des réactions métaboliques à l'intérieur de l'os, vérifiable dans les tests de sang et d'urine. On note une élévation du taux de phosphatases alcalines, de somatomédine C dans le sang, ainsi qu'un accroissement de la perte de composants de tissu osseux (hydroxyproline et calcium). Après 6 mois de traitement, une augmentation de la masse osseuse et de la densité des os devient visible. Après 2 ans et demi de traitement chez de jeunes adultes, la densité (minérale) a augmenté de près de 8 % dans les vertèbres, et de 10 % approximativement dans les avant-bras.

Dans l'acromégalie, maladie où le patient produit trop d'hormone de croissance, la masse osseuse s'accroît dans tout le squelette. Cette masse osseuse devient même excessive sauf au niveau de la partie interne de la tête du fémur (os trabéculaire). En analogie, la thérapie à doses prudentes d'hormone de croissance permet probablement d'obtenir dans les mêmes parties du squelette un accroissement substantiel de la masse osseuse, sans excès toutefois.

COMMENT UNE THÉRAPIE À LA DHEA PEUT-ELLE AIDER À MAINTENIR LE CAPITAL OSSEUX

La DHEA contribue aussi à maintenir des os denses et en bonne santé. Sans avoir la puissance de l'hormone de croissance, la

DHEA consolide néanmoins les os et mérite toute notre attention. Elle est trop souvent oubliée dans les traitements préventifs de l'ostéoporose, ce qui ne manque pas d'étonner car les traitements qui ne contiennent que du cortisol ou un de ses dérivés sont, à notre avis, déséquilibrés. Le **cortisol**, hormone qui consomme de l'os pour produire de l'énergie, n'est pas contrebalancé par une hormone « bâtisseuse » d'os comme la DHEA. Bien sûr, une cause majeure de cette ostéoporose « cortisonique » est due aux doses massives, manifestement plusieurs fois trop élevées, du dérivé de la cortisone.

Au niveau de l'écorce de l'os, la DHEA stimule la formation d'os de l'intérieur (par la membrane intérieure de l'os ou endoste) et de l'extérieur (à partir de la membrane extérieure, appelée périoste) de l'os. Au niveau du tibia, cette formation d'os nouveau peut s'accroître lors d'un traitement à la DHEA de 35 à 45 %. Contrairement à l'hormone de croissance, la DHEA stimule la formation d'os au niveau d'articulations comme la hanche plus qu'au niveau des vertèbres lombaires. Mais même la densité (minérale) des vertèbres dépend en partie du taux de DHEA. Plus le taux de DHEA dans le sang est élevé, plus les vertèbres sont denses, comme le démontre une investigation faite chez des femmes en (post)ménopause. Il en va de même pour les os de l'avant-bras dont la densité minérale s'accroît à mesure que le taux de DHEA s'élève dans le sang.

Le sang des patients atteints de la maladie d'Addison (une déficience grave des glandes surrénales) transporte fort peu de cortisol et de DHEA. Les os de ces patients sont moins denses.

Les testicules de l'homme produisent de la **testostérone** et une toute petite quantité d'**œstradiol.** Ces deux hormones sexuelles contribuent à préserver de façon notable le capital osseux. Cela est suffisamment notable pour que les médecins y prêtent attention et incluent ces hormones dans la plupart des traitements préventifs et curatifs de l'ostéoporose. En fait, la majorité de la testostérone qui pénètre dans les os se transforme en œstradiol, ce qui augmente encore l'importance de l'œstradiol dans la lutte contre l'ostéoporose.

DANS QUELLE MESURE LA DENSITÉ MINÉRALE DES OS PEUT-ELLE AUGMENTER LORS D'UN TRAITEMENT À L'HORMONE MÂLE ?

L'exemple du traitement de la déficience testiculaire des hommes atteints d'hémochromatose est édifiant. Ces personnes accumulent, suite à un défaut métabolique, le fer dans leurs tissus, ce qui va perturber la structure de ces tissus et induit une ostéoporose. 2 ans de traitement à la testostérone (à raison d'une injection de testostérone toutes les 3 semaines) augmentent la densité minérale des vertèbres de ces patients de 13 % et de leurs avant-bras de près de 5 %, alors que les sujets témoins perdaient 3,5 % d'os au niveau de leurs vertèbres durant la même période. La densité des os de l'avant-bras était restée stable. Les hommes témoins de cette recherche étaient des hommes atteints d'hémochromatose, mais non traités à la testostérone parce que le résultat des tests de laboratoire affichait chez eux des valeurs en hormones mâles estimées encore suffisantes pour ne pas commencer un traitement. Chez les hommes âgés atteints d'ostéoporose, les fractures spontanées des os guérissent plus vite s'ils reçoivent des suppléments d'hormones mâles. Les femmes ont également besoin d'hormones « mâles » pour garder des os solides et en bonne santé. Les os les plus denses sont ceux des femmes qui présentent les taux les plus élevés en androgènes. Chez elles, l'androstènedione, l'hormone « mâle » la plus sécrétée par l'ovaire, stimule surtout la production d'os à l'intérieur des os (l'os trabéculaire). Plus le taux d'androstènedione dans le sang d'une femme est élevé, plus la partie intérieure de ses os est dense. La testostérone accroît principalement l'os qui se forme à la surface de l'os (l'os cortical). Plus le sang d'une femme est riche en testostérone, plus la partie extérieure de ses os est solide. Dans les traitements d'ostéoporose par hormones sexuelles, le gain d'os est plus grand chez les femmes si la testostérone est jointe à leur traitement œstrogénique. La thérapie aux œstrogènes peut éviter la perte osseuse au niveau de la colonne vertébrale et de la partie médiane (la diaphyse) des os, mais pour les extrémités des os, au niveau des articulations comme la hanche, ce sont plutôt les androgènes qui permettent d'éviter la perte osseuse.

LA PROGESTÉRONE AGIT, ELLE AUSSI, EN INCITANT LES CELLULES OSSEUSES À SE MULTIPLIER

Le Dr Robert Lee de Californie, grand spécialiste de la progestérone, affirme obtenir d'excellents résultats sur l'os avec de la progestérone en crème à appliquer sur la peau. Les résultats qu'il a pu vérifier à l'ostéodensitométrie sont élevés chez ses patientes : un accroissement de plus de 10 % de la masse osseuse. Si ces données se confirment, la thérapie à la progestérone appliquée sur la peau constituera un excellent traitement pour prévenir ou guérir l'ostéoporose chez la femme et... peut-être chez l'homme qui produit une quantité non négligeable de progestérone au niveau de ses glandes surrénales.

LA CALCITONINE POUR INVERSER LE PROCESSUS D'OSTÉOPOROSE

La calcitonine agit en freinant la perte osseuse. Elle bloque les cellules responsables de la résorption osseuse, les ostéoclastes. La thérapie à la calcitonine fait regagner de la masse osseuse aux personnes adultes lors des situations de perte excessive d'os due à une immobilisation suite à des paralysies profondes (la paraplégie), à une déficience des ovaires, à la ménopause, au grand âge, etc. Ce gain d'os explique la plus grande solidité des os lors d'un traitement à la calcitonine chez les femmes âgées atteintes d'ostéoporose modérée en comparaison avec leurs homologues (qui ne prennent que des tablettes de calcium) : les femmes traitées à la calcitonine ont 3 fois moins de fractures.
Le bénéfice osseux de la calcinothérapie ne se limite pas à arrêter la perte osseuse et à augmenter la masse osseuse. Les douleurs qui surviennent quand les vertèbres se « cassent » et s'effondrent sur elles-mêmes (les tassements vertébraux) sont très vives et peuvent heureusement être atténuées au moyen d'injections de calcitonine. De plus, dans la maladie de Paget, une affection des os qui survient dans la seconde partie de la vie, la calcitonino-thérapie est prescrite avec succès.

D'AUTRES HORMONES AIDENT À CONSERVER L'INTÉGRITÉ DES OS

Citons les **hormones thyroïdiennes.** Dans une expérience sur les rats, l'ablation de la glande thyroïde diminue la taille des os. Ces os contiennent moins de calcium et c'est surtout l'intérieur de l'os (l'os trabéculaire) qui se rétracte par manque d'hormones thyroïdiennes. L'apport des hormones thyroïdiennes manquantes rétablit en partie le contenu en calcium.

L'utilisation des hormones thyroïdiennes chez l'adulte a donné lieu à une controverse. Certaines études chez la femme ont suggéré que l'utilisation de la thyroxine seule (l'hormone thyroïdienne précurseur que sécrète la glande thyroïde dans le sang) induirait une perte osseuse par rapport aux personnes saines ; d'autres études ont démenti ces données. Apparemment, ni les uns ni les autres n'ont entièrement raison ou tort, comme le démontrent le Dr Ribot et ses collaborateurs. Ce n'est que durant la première année de traitement à la thyroxine qu'une réduction transitoire de la masse osseuse de 5 à 7 % a lieu, parce que la résorption de l'os ancien défectueux (déficient en hormones thyroïdiennes) est plus importante que la formation d'os nouveau de meilleure qualité. Pendant la seconde année, un équilibre s'installe entre résorption et production avec formation de plus d'os nouveau.

Même le manque de **mélatonine** pourrait contribuer à l'ostéoporose et à des troubles de la stature. Si l'on enlève la glande pinéale à des poussins, ils développent tous une scoliose importante associée à de graves anomalies de la moelle épinière. Cette anomalie disparaît chez 80 % de ces poussins par un traitement à la mélatonine.

Le **cortisol**, souvent décrié pour être une cause d'ostéoporose, joue un rôle positif dans le traitement des kystes osseux (dans l'humérus, le fémur, le tibia). Mais attention aux excès et aux dérivés synthétiques qui favorisent la perte osseuse en freinant l'absorption de calcium dans l'intestin et en élevant le taux de l'hormone des glandes parathyroïdiennes (qui rétablit le taux du calcium en soutirant du calcium aux os). Cette perte osseuse causée par de trop fortes doses de dérivés de synthèse du cortisol se voit sur toutes les parties de l'os (cortical et trabéculaire). Chez le rat, cette perte d'os peut être enrayée par administration de zinc.

Des doses physiologiques de 1 à 4 mg par jour de dérivés pharmaceutiques du cortisol comme le méthylprednisolone (un dérivé 5 fois plus puissant que le cortisol naturel) ne provoquent pas de perte osseuse chez les patients souffrant de rhumatisme (arthrite) inflammatoire. À partir de 5 mg par jour en revanche, une perte osseuse est observée.

Chez des malades atteints par le lupus érythémateux disséminé (une maladie du tissu collagène – le tissu de « remplissage » dans les organes – caractérisée par une série d'inflammations), les doses de prednisolone de 10 mg par jour peuvent être données pendant des périodes de 6 mois sans perte osseuse.

Hygiène alimentaire, vitamines et oligo-éléments pour combattre l'ostéoporose

- *Le régime alimentaire de base devra avant tout restreindre la viande et les aliments riches en protéines qui augmentent l'excrétion urinaire du calcium et la perte osseuse (Barzel V. S. Acid loacturiq and osteoporosis. J. Am Geriatrics Soc. September 1982, p. 613).*
- *Plusieurs études ont mis en évidence une perte osseuse moins importante chez les femmes ménopausées végétariennes (mais mangeant également des œufs et des aliments lactés), que chez les femmes mangeant tous les aliments.*
- *Éviter la caféine (thé, café, Coca-Cola) qui augmente la perte de calcium par les urines et les selles, et restreindre la consommation en alcool dont l'abus diminue la densité de l'os.*
- *Parmi les vitamines, l'acide folique (**vitamine B9**), la pyridoxine*

*(**vitamine B6**) et bien sûr la **vitamine D** peuvent contribuer à lutter contre l'ostéoporose.*

- *Chez la femme ménopausée non traitée par hormonothérapie substitutive, la prise de **calcium** devra être de 1 gramme par jour, associée à de la **vitamine D** si on habite dans une région où le soleil est rare.*
- *Le **silicium** en oligothérapie joue un rôle non négligeable dans l'élasticité du cartilage articulaire et la solidité du squelette. L'**ulmaire** ou reine des prés et les **prêles** sont les deux plantes les plus riches en silicium.*

Les hormones qui renforcent les résistances immunitaires face aux cancers et aux infections

Aujourd'hui, une personne sur deux atteintes de cancer survit à sa maladie, bien souvent, il est vrai, après une opération chirurgicale.
L'idéal, bien sûr, est d'éviter que le cancer ne survienne, de faire de la prévention. Diverses pistes existent. La piste alimentaire a été largement explorée. Nous savons actuellement que manger beaucoup de légumes, et de fruits dans une moindre mesure, protège du cancer en général.
Modérer la quantité de graisses dans sa nourriture, ainsi que dans une moindre mesure les protéines animales (les poissons comporteraient moins de risques !) sont d'autres mesures de prévention alimentaire confirmées. Quelques recommandations d'hygiène de vie sont évidemment à suivre : éviter de fumer, de boire de grandes quantités d'alcool et de vivre dans un environnement trop pollué. La prise de vitamines ne semble significativement efficace que

sous forme d'une consommation de légumes et fruits riches en ces substances naturelles, et non pas lorsqu'elles sont prises en suppléments pharmaceutiques séparés. Peu d'études ont été publiées sur d'éventuels effets bénéfiques de ces substances naturelles prises à des doses bien au-dessus des recommandations. Quelques essais de traitement ont montré d'étonnants résultats « curatifs » (il serait plus correct de parler d'allongement de la période de « rémission » sans cancer après les premières interventions thérapeutiques) grâce à des suppléments à doses très élevées de quelques vitamines dont la **coenzyme Q10**, encore peu connue. Ces résultats sont encore à valider par des études scientifiques à plus large échelle et devront passer par toute la rigueur que la science impose à l'expérimentation avant de se prononcer sur leur valeur.

Certaines thérapies hormonales de substitution, respectant des protocoles établis, ont aussi montré qu'elles diminuaient le risque global d'apparition d'un cancer chez les patients.

Pour qu'un traitement anticancéreux soit efficace, il doit s'attaquer directement aux cellules cancéreuses (c'est le cas de la chimiothérapie) ou stimuler l'immunité, c'est-à-dire les systèmes de défense du corps contre le cancer. À quelques rares exceptions près, (comme la mélatonine qui bloque la multiplication des cellules cancéreuses du sein mises en culture en laboratoire, et qui présente l'avantage de ne pas être toxique pour des cellules saines), l'hormonothérapie n'entre pas dans la première catégorie des traitements exterminateurs des cellules malignes, mais bien dans la seconde catégorie des produits qui stimulent l'immunité. Elle agit ainsi sur les cellules cancéreuses, indirectement, par les cellules immunitaires appropriées.

Avertissement

Si les thérapies hormonales bien conduites peuvent souvent diminuer le risque de cancer chez le patient, il ne faut en aucun cas considérer celles-ci comme une panacée qui, même bien suivie, bannit à jamais tout risque de développer un jour un cancer. Tout au plus faut-il les considérer comme des traitements préventifs qui retarderont, de beaucoup peut-être, le jour éventuel où cela arrivera. Et lorsqu'un cancer surviendra, ces traitements hormonaux correctement équilibrés auront probablement rendu le patient plus résistant à la tumeur maligne. Il augmentera ses chances de guérison en suivant simultanément les traitements anticancéreux confirmés par la médecine.

L'hormonothérapie ne peut pas sécuriser au point de se passer d'examens de dépistage et de négliger les thérapies anticancéreuses actuelles qui ont fait leurs preuves. Nous vous conseillons de les utiliser conjointement si nécessaire.

LES HORMONES THYROÏDIENNES

Parmi les hormones qui peuvent être qualifiées d'anticancéreuses, les **hormones thyroïdiennes** occupent une place privilégiée. Avec raison car elles stimulent l'immunité à tous les niveaux possibles. Bien ajustée chez le patient en insuffisance thyroïdienne, elles diminuent le risque d'infection et de cancer de façon très significative.

Leur première action est d'augmenter le volume des organes lymphoïdes. Or, plus grande est la taille finale des organes lymphoïdes chez le jeune adulte, plus puissante est sa capacité à réagir aux infections et aux cancers.

Dans la déficience immunitaire (comme celle du sida), les médecins accordent beaucoup d'importance à l'équilibre entre les cellules dites T (parce qu'elles sont originaires du thymus), parmi celles-ci, les CD4+ (qui stimulent l'immunité) et les cellules CD8+ (qui, elles, diminuent l'immunité). La connaissance de cet équilibre permet de déterminer le degré de gravité de la faiblesse immunitaire. Un rapport élevé (avec beaucoup de CD4+ immunostimulateurs et peu de CD8+ immunosuppresseurs) est favorable. Lorsqu'on enlève la glande thyroïde à des poulets, la grave insuffisance thyroïdienne qui en résulte débouche sur un rapport CD4+ sur CD8+ particulièrement préjudiciable. Par contre, si l'expérimentateur donne des hormones thyroïdiennes aux poulets, le rapport redevient favorable.

DANS QUELLE MESURE L'HORMONOTHÉRAPIE THYROÏDIENNE PEUT-ELLE CONTRIBUER À EMPÊCHER LA SURVENUE D'INFECTIONS ?

Un certain degré d'affaiblissement thyroïdien est retrouvé dans nombre d'infections. Ainsi, le taux de T_3 est généralement bas dans le sang lors de la survenue de certaines infections comme les infections respiratoires aiguës. Ce faible taux d'hormones thyroïdiennes est-il la cause qui favorise l'infection, ou bien sa conséquence ? L'infection elle-même provoque un stress particulièrement exigeant pour le corps. Elle va l'amener à consommer plus d'hormones capables de faire face, donc d'hormones thyroïdiennes actives. De plus, l'infection affaiblit la conversion au niveau du foie de l'hormone thyroïdienne précurseur T_4 (thyroxine) en hormone active T_3. Toutefois, compte tenu de l'importante implication des hormones thyroïdiennes sur les organes de l'immunité, il est aussi certain que le taux bas de T_3 dans le sang de patients atteints de certaines infections favorise le processus infectieux. Dans le sida, on observe qu'à mesure que baisse le taux d'hormones thyroïdiennes actives T_3 dans le sang, des infections, comme des pneumonies, apparaissent et se développent parfois de façon fulgurante et souvent fatale. Ces infections, appelées « opportunistes » parce qu'elles ne surviennent que chez les personnes en grave insuffisance immunitaire, profitent de cette condition d'affaiblissement de l'immunité pour se développer.

Des expériences de traitement d'infections par un supplément d'hormones thyroïdiennes ont débouché sur des résultats satisfaisants.

QUE SE PASSE-T-IL SI L'ON DONNE UN SUPPLÉMENT D'HORMONES THYROÏDIENNES À UNE PERSONNE INFECTÉE ?

Cette expérience a été tentée chez des malades souffrant d'hépatite A (une infection du foie par un virus) et présentant des taux réduits d'hormones thyroïdiennes. La réponse ne s'est pas faite attendre : leur foie et leur immunité se rétablirent mieux et plus vite.

Une expérience d'utilisation d'hormones thyroïdiennes chez des lapins infectés par le germe de la tuberculose a confirmé de façon assez éclatante ce rôle positif que jouent les hormones dans la lutte contre les infections.

Chez l'homme, le traitement thyroïdien accélère la guérison de certaines mycoses (des maladies parasitaires provoquées par des champignons) rebelles à toute thérapie antimycotique classique.

En réalité, les hormones thyroïdiennes contribuent de manière assez importante à renforcer l'immunité envers les infections les plus variées : les rhumes, les pharyngites (les « maux de gorge » causés par l'infection), les otites (les infections de l'oreille), les cystites, les infections profondes des os (ostéomyélites) chroniques, les infections parasitaires, les infections aiguës des poumons (la pneumonie).
Les infections causées par des virus, par des bactéries, par des parasites font, de plus, baisser les taux d'hormones thyroïdiennes dans le sang et peuvent même endommager la glande thyroïde. Cet affaiblissement de la glande thyroïde instaure un cercle vicieux puisque la thyroïde est de plus en plus abîmée et l'immunité en conséquence de plus en plus faible. Il est logique que, dans ces circonstances, la propension aux infections s'aggrave.

ET LE CANCER ?

Il n'est donc pas étonnant que des hormones si compétentes pour stimuler les défenses immunitaires contre les germes de l'infection (infectieux) aient aussi la capacité de nous protéger en partie contre le cancer.
Plusieurs publications scientifiques ont tenté de vérifier quel était le meilleur état thyroïdien pour se prémunir du cancer. Le docteur Schwartz, par exemple, a contrôlé ses patients en insuffisance thyroïdienne. Il sépara ses patients thyroïdiens suivis pendant une longue période (d'au moins 10 ans et au plus 46 ans) en deux groupes. Le premier était constitué de patients traités par une dose suffisante d'hormones thyroïdiennes (130 mg ou

plus de poudre sèche de glande thyroïde animale) et le deuxième de patients non traités ou traités insuffisamment (65 mg ou moins).

N.B. : Qu'un médecin aussi consciencieux que le docteur Schwartz ait eu des patients insuffisamment traités est tout simplement dû à la Seconde Guerre mondiale, période pendant laquelle il partit plusieurs années en Europe, dans l'armée américaine.

Le résultat de son étude est assez impressionnant. Parmi les patients correctement traités, un seul développa un cancer, soit 3 % de l'échantillon, ce qui est peu, très peu. En revanche, chez les patients non traités ou traités à dose insuffisante, ils furent 74 % à développer un cancer ! Les cancers les plus fréquents étaient les cancers intestinaux (du colon et du rectum), suivis par des cancers typiquement féminins (cancer de l'utérus et du rectum), venaient ensuite le cancer du poumon et quelques cancers des organes immunitaires (lymphomes malins et syndromes myéloprolifératifs). Les durées moyennes d'observation des patients bien traités (15 ans) étaient pourtant plus longues que la durée moyenne (10 ans) d'observation des patients restés en insuffisance thyroïdienne !

Une autre publication américaine est également assez convaincante. Elle porta sur un groupe de 3 000 patients suivis dans une clinique spécialisée dans les maladies de la glande thyroïde. Les patients furent divisés en trois catégories : les patients déficients en hormones thyroïdiennes (7 % au total), les patients à thyroïde normale (55 %) et les patients dont la glande thyroïde fonctionnait trop (38 %). L'âge moyen des groupes était comparable et oscillait entre 47 et 50 ans.

Les résultats de l'étude sont éloquents. Une tumeur maligne se développa chez près de 7 % des patients déficients en hormones thyroïdiennes. Environ 2 fois moins de patients à thyroïde normale eurent un cancer (3,5 %), et 2 % seulement des sujets en excès d'hormones thyroïdiennes furent atteints.

LE CANCER DÉCLARÉ, LE NIVEAU DES HORMONES THYROÏDIENNES INFLUENCE-T-IL LA SURVIE ?

En d'autres mots, qui vit le plus longtemps ? Une analyse plus fouillée des patientes atteintes de cancer du sein (le cancer le plus fréquemment détecté dans ce groupe composé en majorité de femmes) montra une survie nettement supérieure chez les patientes trop riches en hormones thyroïdiennes. Sur 8 femmes cancéreuses, 2 seulement moururent (c'est-à-dire 25 % de mortalité), 8 ans après le diagnostic et une troisième après 20 ans : des survies longues pour des femmes chez qui des métastases (c'est-à-dire une dissémination du cancer vers d'autres régions du corps) avaient été détectées d'emblée. Toutes les autres étaient encore en vie au moment de la clôture de l'étude. En revanche, la situation avait été beaucoup plus sombre pour les 3 femmes carencées en hormones thyroïdiennes et chez qui un cancer du sein avait également été détecté : elles moururent dans les 16 mois (100 % de mortalité !)
La mortalité des patientes atteintes de cancer du sein avec une glande thyroïde normale était, quant à elle, intermédiaire. À juste titre, les auteurs de l'étude conclurent qu'une activité thyroïdienne augmentée présentait un environnement susceptible de protéger et de freiner le développement de cellules cancéreuses.
Le **cancer du sein** est le cancer qui tue le plus de femmes. Il est

intéressant de noter que la mortalité du cancer du sein est plus élevée dans les régions du monde où le goitre est fréquent. Le goitre est un agrandissement très volumineux de la glande thyroïde, facilement visible à l'œil nu. Les régions à haute incidence en goitres sont des régions pauvres en iode. En effet, l'iode entre dans la composition des hormones thyroïdiennes. Le goitre représente, en général, une tentative presque désespérée de la glande thyroïde pour rétablir (vaille que vaille) la situation et arriver à un fonctionnement thyroïdien convenable. En augmentant son volume, la glande thyroïde capte plus de sang et donc plus facilement les petites quantités d'iode qui y séjournent, diminuant ainsi le mieux possible les pertes inutiles en cet oligoélément indispensable. Les régions pauvres en iode sont les régions où une plus grande fréquence d'insuffisance thyroïdienne peut être décelée. Parmi celles-ci, on trouve l'Europe de l'Ouest et la fameuse « ceinture des goitres » (cette région s'étend à travers tout le centre et le nord-ouest des États-Unis et le sud-ouest de l'Asie). La mortalité par cancer du sein est en revanche plus basse dans les régions riches en iode. Parmi celles-ci, l'île de Ceylan détient le record dans l'étude : on y meurt 13 fois moins de cancer du sein qu'au Danemark, le pays le plus défavorisé dans cette étude. Le Japon ne s'en sort pas mal avec 3,5 fois moins de cancers qu'en France et 6 fois moins qu'au Danemark. Le sud-ouest des États-Unis et le Chili, régions riches en iode, présentent aussi des statistiques meilleures que la moyenne mondiale.

Une autre recherche chez des femmes atteintes par un cancer du sein et encore en vie confirme la fréquence des anomalies de la glande thyroïdienne et donc probablement de la déficience thyroïdienne chez ces malades. Le Dr Smyth a mesuré le volume thyroïdien chez 184 patientes cancéreuses du sein et a observé que celles-ci avaient un volume thyroïdien (moyen) significativement augmenté (20,4 ml au lieu des 12,9 ml des personnes normales). Chez 40 % des femmes cancéreuses du sein, la glande thyroïdienne pouvait être considérée comme anormalement élargie, alors que seuls 8,6 % des femmes témoins saines présentaient la même anomalie.

LA DHEA STIMULE L'IMMUNITÉ

Bien que la DHEA, hormone sécrétée par les glandes surrénales et générée par le cerveau pour usage strictement interne, soit l'hormone la plus abondante dans le sang du jeune adulte, elle était encore assez récemment considérée comme une molécule de peu d'importance. Aujourd'hui, certains chercheurs, tombant dans l'excès inverse, lui attribuent toutes les vertus. Qu'en est-il exactement du point de vue de l'immunité et du cancer ?
La DHEA stimule l'immunité. Elle rétablit une partie des altérations immunitaires qui surviennent avec l'âge. Elle augmente par exemple chez les personnes ou animaux âgés, la production déclinante d'interleukine-2, une substance de la famille des cytokines, produits sécrétés par les cellules immunitaires et envoyés, en général, vers une cellule voisine. Ces substances jouent le rôle de « téléphone » ou de médiateur chimique entre les cellules et permettent à celles-ci de communiquer entre elles.
La thérapie à la DHEA peut également augmenter la production par les cellules de l'immunité d'une autre cytokine, l'interféron gamma. L'interféron est produit par les cellules infectées par un

virus. Il inhibe la multiplication du virus et informe de l'infection les cellules saines avoisinantes.

En vieillissant, l'homme produit de moins en moins d'anticorps pour se protéger contre les envahisseurs étrangers ou les agresseurs internes (des cellules cancéreuses par exemple). La thérapie à la DHEA augmente la formation d'anticorps, tant les immunoglobulines M (formées en premier lieu pour faire face aux germes infectieux et les détruire), que les G (anticorps les plus abondants). Ces derniers persistent alors après l'infection, gardent leur capacité à s'attaquer spécifiquement au germe infectieux éliminé dans le cas d'une nouvelle intrusion, et patrouillent pour ainsi dire dans le sang (déjà) prêt à faire face à une autre intrusion.

Avec l'âge, les cellules immunitaires peuvent se tromper plus souvent de cible et produisent des anticorps contre les propres tissus du corps. La production de ces « auto-anticorps » est freinée par la thérapie à la DHEA.

Au niveau de l'immunité, la DHEA joue donc incontestablement le rôle d'hormone de jouvence. Logiquement, cette hormone devrait donc améliorer la résistance contre les infections.

La thérapie à la DHEA présente la plus forte action sur l'infection si elle est donnée sous forme d'injections sous la peau. En fait, la peau partage avec le cerveau le privilège de pouvoir transformer la DHEA en un produit encore plus puissant contre l'infection, l'androstènediol, qui peut être converti au niveau de la peau en un métabolite anti-infectieux encore plus efficace, l'androstènetriol.

La thérapie à la DHEA protège-t-elle l'homme contre l'infection virale chronique ? C'est ce que suggère l'observation de malades atteints d'une infection chronique du foie par un virus. Le foie évoluant progressivement vers la cirrhose (la sclérose du foie est le stade ultime d'un bon nombre de maladies du foie), ces personnes souffrent d'une baisse considérable de leur immunité et ont des niveaux de DHEA et de sulfate de DHEA dans le sang significativement plus bas que des sujets témoins sains.

Le **sida** est une maladie où est impliqué un virus, le HIV qui se multiplie (un processus appelé réplication) dans les cellules immunitaires (les lymphocytes et les macrophages) et les détruit. Cette destruction affaiblit progressivement l'immunité jusqu'à entraîner le désastreux affaiblissement que l'on connaît. En laboratoire, la DHEA et son dérivé, le sulfate de DHEA, bloquent en partie la réplication dans les cellules immunitaires du virus HIV-1 (la forme la plus fréquente du HIV). Les personnes infectées par le virus ont moins de DHEA dans le sang. À mesure que la maladie progresse, le taux baisse de plus en plus. Une étude a ainsi montré, chez les patients séropositifs mais qui se portent bien (n'ayant pas développé de signe de la maladie), un taux réduit de DHEA (une baisse de 28 % par rapport à la normale). Ce taux de DHEA est moins bon encore chez les séropositifs qui ont développé la maladie (une baisse de 50 %). Ce n'est pas simplement une conséquence de la maladie ou de la dénutrition qui l'accompagne dans les stades plus graves. En effet, même les personnes séropositives encore en bonne santé et dont l'appétit n'a pas diminué, ont un taux plus bas. Un manque de DHEA prive le corps de la capacité de la DHEA à stimuler l'immunité et à bloquer ou freiner la multiplication du virus dans les cellules immunitaires. Une recherche, effectuée sur 108 hommes séropositifs suivis pendant 7 ans, a montré qu'une chute du niveau de DHEA dans le sang en dessous de 18 mcg par décilitre chez un patient séropositif, mais encore en apparente bonne santé, laisse prévoir chez lui la future apparition de la maladie.

Une bonne partie des infections sont dues à des bactéries. La thérapie à la DHEA peut-elle aider contre les infections bactériennes ? Tout porte à le croire si l'on examine les résultats encourageants obtenus par le Pr Loria chez des souris infectées par l'entérocoque fécale (une bactérie que l'on retrouve dans le tube digestif de l'homme sain). En vieillissant, les souris deviennent, tout comme l'homme, de moins en moins capables de produire des anticorps. Si l'on injecte à des souris âgées un vaccin contre le pneumocoque (une bactérie qui peut provoquer une pneumonie), cet antigène bactérien ne va pas déclencher de grandes formations d'anticorps. On peut corriger ce déficit immunitaire en donnant de la DHEA. Leur immunité défaillante se réveille sous l'hormonothérapie et atteint un niveau comparable à celui de souris plus jeunes.

Une autre forme d'infection moins fréquente mais aux conséquences parfois plus nuisibles sont les infections occasionnées par les **parasites**. Contrairement aux virus et bactéries, ces agents infectieux ont gravi un échelon sur l'échelle de l'évolution et sont composés de plusieurs cellules. La cryptosporidiose, par exemple, est une maladie infectieuse provoquée par un parasite qui survient chez des patients dont l'immunité est très affaiblie (comme les malades du sida). Elle provoque une maladie fulminante et qui menace leur vie. Une inoculation du germe de la cryptococcidiose à des hamsters montre qu'ils font tous une infection généralisée et les germes envahissent le petit intestin de façon très importante. Si l'on donne de la DHEA à ces hamsters en même temps qu'ils sont infectés, ils se défendent beaucoup mieux face aux parasites, l'intestin est relativement peu colonisé par les parasites et ces derniers ne parviennent plus à franchir la barrière intestinale et à se propager dans le corps pour généraliser l'infection.

Une hormone comme la **DHEA** ainsi capable de relever la résistance aux infections, peut-elle nous aider à éviter un cancer par la stimulation de l'immunité ?
Il semble que oui. Plusieurs études apportent des informations assez encourageantes à ce sujet.
Le niveau de DHEA dans le sang est plus bas chez les femmes qui ont un cancer du sein et les hommes atteints par le cancer de la prostate. La concentration dans les urines des métabolites de la DHEA (c'est-à-dire des produits dérivés de la DHEA après son utilisation) est également plus basse chez les femmes atteintes de cancer du sein (peu d'androstérone, peu d'étiocholanolone et peu d'11-déoxy-17-cétostéroïde). La tentation est grande de conclure que ce taux bas en une hormone qui renforce notre immunité favorise l'émergence de ces cancers. La DHEA est une sorte d'hormone précurseur pour d'autres hormones. Elle peut se transformer en testostérone et ses dérivés (les hormones les plus typiquement virilisantes) et en œstrogènes (les hormones les plus féminisantes). Et ces hormones ont été accusées, sans preuve irréfutable, d'être impliquées dans la genèse des cancers de la prostate pour les hormones typiquement mâles et du sein pour les œstrogènes. Or, des expériences de traitement à la DHEA à doses normales (physiologiques pour l'homme) n'ont pas eu d'influence défavorable sur la prostate, et particulièrement pas sur son volume. De plus, chez certaines espèces de rat, la DHEA

freine ou bloque l'apparition de tumeurs du testicule. Et des expériences chez le rat ont montré que la DHEA freinait ou empêchait l'apparition de tumeurs malignes du sein provoquées par une substance cancérigène notoire, le DMBA (abréviation pour le diméthylbenzanthracène). Les études scientifiques sont donc à l'heure actuelle plutôt rassurantes au sujet de l'usage de la DHEA.

La DHEA protège également le foie contre la survenue de tumeurs. Elle empêche, par exemple, l'aflatoxine B-1 (un redoutable produit cancérigène produit par des champignons) de transformer ces cellules du foie cultivées en laboratoire en cellules cancérigènes. Un effet que n'ont pratiquement pas les hormones mâles dérivées de la DHEA comme l'éthiocholanolone, l'androstènedione et la testostérone. Les nitrosamines sont d'autres substances qui peuvent entraîner un cancer du foie, mais lorsqu'on mélange de la DHEA à de la nourriture chez le rat, l'administration de nitrosamines n'entraîne pratiquement pas le cancer du foie chez les animaux traités.

La DHEA pourrait également nous protéger contre les tumeurs malignes du gros intestin (le côlon) à en croire deux expériences faites sur des souris. Le 1,2-diméthylhydrazine est un toxique qui induit des tumeurs malignes dans le gros intestin chez les souris. Une thérapie à la DHEA conjointe réduit assez nettement l'apparition de ces tumeurs.

Chez l'animal, on peut obtenir des tumeurs de la glande thyroïde en ajoutant à leur nourriture des nitrosamines. Ici aussi, donner à ces animaux de la DHEA les préserve de ces tumeurs.

Pendant longtemps la science médicale avait oublié la DHEA dans l'arsenal des traitements hormonaux (de substitution) destinés à rétablir une carence. Simple oubli ? Méfiance ou préjugé scientifique vis-à-vis de ses effets secondaires inconnus ? Manque d'études scientifiques sur ces effets et sous-estimation de son importance ? Difficulté d'avoir accès à ce produit dans la pharmacopée ? Toutes ces raisons ont probablement contribué à cet oubli. Il existe une autre hormone pourtant aussi importante victime d'une méfiance analogue pendant des années et qui, aujourd'hui, fait la une de pas mal de revues de santé pour le grand public : la mélatonine.

LA MÉLATONINE RENFORCE ÉGALEMENT L'ACTION DES CELLULES IMMUNITAIRES

Etonnante mélatonine ! longtemps négligée, voilà qu'aujourd'hui toute l'Amérique se précipite dans les « *health food stores* » (les magasins diététiques) où la mélatonine est en vente libre. Une des raisons de cet enthousiasme vient de diverses publications scientifiques qui traitent de ces éventuels effets protecteurs vis-à-vis du cancer. Qu'en est-il réellement ?

Pour la médecine, si les défenses immunitaires baissent, le risque de développer un cancer augmente. Pour qu'une hormone protège contre le cancer, elle devra presque nécessairement améliorer nos défenses immunitaires. Or, la mélatonine renforce l'action de la plupart des cellules immunitaires. Parmi celles-ci, on dénombre les globules blancs polynucléaires qui forment chez le sujet en bonne santé la plus grande partie des globules blancs du sang (60 %). Ces cellules ont plusieurs noyaux. Un taux très important de globules blancs polynucléaires indique l'existence d'une infection par bactéries (les lymphocytes, eux, à taux très élevé, indiquent plutôt l'existence d'une infection virale). La mélatonine augmente le nombre de ces cellules en incitant la moelle des os à en produire plus. C'est effectivement au niveau de la moelle osseuse que la majorité des cellules immunitaires sont formées (principalement les polynucléaires et les monocytes).

Une autre espèce de globules blancs réagit à la mélatonine par une augmentation du nombre de ses représentants, les éosinophiles. Un taux de globules blancs éosinophiles plus élevé se retrouve dans certaines situations de besoin accru, par exemple dans certaines infections causées par des parasites.

Les lymphocytes forment une troisième espèce de globules blancs à forte présence dans le sang (en temps normal, 33 % des globules blancs sont des lymphocytes). Leur taux augmente souvent lors d'infections virales. Or, les lymphocytes B fabriquent les anticorps, des protéines immunitaires spéciales. La mélatonine peut aussi stimuler la production d'anticorps par les lymphocytes B lorsque ceux-ci sont soumis à un corps irritant (ou antigène). Mais c'est sur l'autre type de lymphocytes, les lymphocytes T (du T de thymus, la glande située derrière le sternum, au milieu du torse), que la mélatonine a le plus d'influence à en croire les dernières études scientifiques. Des expériences chez le rat ont montré que lorsqu'on enlève la glande pinéale qui produit la mélatonine durant la nuit, non seulement le taux de mélatonine chute, mais la multiplication des lymphocytes T diminue dans la rate, phénomène qui aboutit à un affaiblissement de l'immunité.

Par ailleurs, la mélatonine peut neutraliser les produits réactifs destructeurs appelés **radicaux libres** qui proviennent de réactions métaboliques et peuvent endommager les cellules. Lorsqu'on irradie un tissu, une vaste quantité de radicaux libres sont libérés et causent des dégâts sur les chromosomes, ces longs filaments qui contiennent les gènes. Une expérience a montré que des doses minuscules de mélatonine peuvent protéger en laboratoire les lymphocytes de lésions chromosomiques dues à l'irradiation.

Les personnes âgées voient leur immunité faiblir avec l'âge. Leur **thymus**, glande capitale de l'immunité chez l'enfant, vieillit et s'atrophie presque totalement. Peut-on la réactiver par des suppléments de mélatonine ? Il semble que oui, même si un traitement à la mélatonine ne peut, à lui seul, rétablir un état d'affaiblissement dû à plusieurs facteurs, parmi lesquels d'autres types de carences hormonales. Des expériences chez la souris apportent une réponse encourageante. Lorsqu'une souris vieillit, sa glande pinéale s'use et la production de mélatonine se tarit. Son thymus, le centre producteur principal des lymphocytes T, s'atrophie. Si cette souris âgée reçoit des suppléments de mélatonine ou si l'on implante une nouvelle glande pinéale plus jeune (il existe une technique microchirurgicale qui rend viable cette transplantation de glande pinéale), son thymus reprend vie et son activité immunitaire reprend. Le nombre des cellules actives du thymus s'accroît (parmi celles-ci, le nombre des lymphocytes CD augmente jusqu'à atteindre celui de souris jeunes), et par conséquent la glande thymique augmente en poids et en volume. La thérapie à la mélatonine (que ce soit par des suppléments ou par implantation d'une glande pinéale plus jeune) va plus loin encore. Un autre organe de l'immunité, la rate, retrouve son activité immunitaire juvénile. Le sang de la souris âgée est appauvri en lymphocytes (cellules de l'immunité dite humorale). La thérapie à la mélatonine restaure le nombre de lymphocytes dans le

sang jusqu'à atteindre un niveau bien meilleur. Les lymphocytes deviennent aussi plus actifs sous l'effet des stimulations immunitaires de ce traitement.
Détail important : cette restauration ne survient que si la mélatonine est donnée la nuit (à un moment où le corps présente un maximum de récepteurs à la mélatonine). Une administration matinale (à un moment de la journée où le nombre des récepteurs de la mélatonine est nettement moindre) ne donne pas de résultats brillants.
Quel est le mécanisme responsable de l'action de la mélatonine sur l'activité du thymus ? Il semble, d'après Pierpaoli, un des grands pionniers de la mélatonine, que cette hormone améliore l'absorption du *zinc* et rétablisse le stock de zinc nécessaire à un bon état du thymus. Or, le zinc est connu pour rétablir plusieurs fonctions immunitaires.

Si la mélatonine influence aussi favorablement l'immunité, elle devrait logiquement exercer une influence protectrice contre le cancer. Qu'en est-il en réalité ?
Si la mélatonine protège contre le cancer, alors un taux élevé de mélatonine dans le sang d'une personne devrait la protéger du cancer et, à l'inverse, un taux bas de mélatonine dans le sang devrait favoriser chez elle le cancer. Cela semble en effet être le cas pour une série de cancers.
Dans le cadre de plusieurs études, les personnes chez qui on découvrait un cancer avaient un faible taux de mélatonine dans le sang. Plus l'état cancéreux était grave, plus le taux de mélatonine dans le sang était en général bas.

Nous venons de passer en détail l'effet des trois hormones importantes. Il faudrait un livre complet pour citer et développer tou-

tes les expérimentations relatives au rôle bénéfique sur l'immunité et sur la prévention éventuelle du cancer de toutes les autres hormones.
Nous nous contenterons de citer, dans les lignes qui suivent, les thèmes des études scientifiques les plus importantes.

L'ŒSTRADIOL ET LES ŒSTROGÈNES DIMINUENT LA SENSIBILITÉ AUX INFECTIONS

L'œstradiol et les autres œstrogènes comme l'œstrone et l'œstriol sont des hormones qui peuvent **stimuler l'immunité.**
Des effets bénéfiques sont possibles sur :

• L'immunité cellulaire (locale) : activation et stimulation de la prolifération des monocytes, rejet des greffes.

• L'immunité humorale (effets à distance par libération des anticorps) : augmentation de la production de lymphocytes B et d'anticorps.

Notons que cette stimulation de l'immunité chez l'animal semble dépendre de l'âge : pas de stimulation chez l'animal sexuellement immature, stimulation uniquement chez l'animal sexuellement mature.

• Des effets bénéfiques ont été suggérés par plusieurs études dans les infections suivantes :

– Infections virales : certaines infections à virus chez le poulet.
– Infections bactériennes : infections urinaires en général et surtout entérobactéries, infections à mycoplasma pulmonis.

LA PROGESTÉRONE A DES EFFETS PROTECTEURS

• La progestérone naturelle à doses physiologiques associée à des œstrogènes peut agir bénéfiquement sur l'immunité cellulaire et humorale.

• Chez le rat, la progestérone naturelle seule peut empêcher l'importante réduction (associée à l'âge) du volume et de l'activité du thymus. Comme pour toute autre hormonothérapie, une précaution à prendre : éviter les doses excessives en cas de déficience en œstrogènes, celles-ci peuvent avoir pour contre-effet de déprimer l'immunité. L'adjonction d'œstrogènes suffit à annuler cet effet.

• Effets bénéfiques possibles de la progestérone sur les infections virales : sida, infection d'un virus de la bronchite chez le poulet.

• Effets bénéfiques démontrés ou possibles dans les cancers :

– Cancer du sein : effets protecteurs importants. La progestérone doit toujours être associée à un traitement aux œstrogènes pour préserver le sein.

– Cancer ovarien : effets positifs possibles.

– Cancer de l'endomètre : effets protecteurs indéniables.

FACE AU CANCER, LES ŒSTROGÈNES ONT SOUVENT ÉTÉ DÉCRIÉES MAIS...

Est-ce à tort ? On pourrait le penser en voyant le nombre d'études où les effets plutôt protecteurs des œstrogènes face au cancer ont été suggérés. Parmi ceux-ci :

– Cancer du sein : c'est surtout l'**œstriol** qui semble protéger du

cancer du sein, mais aussi l'**œstradiol** dans certaines circonstances.
– Cancer du côlon : pas d'augmentation de risque avec les œstrogènes.
– Dissémination de cancers dans le reste du corps : les œstrogènes semblent ralentir la dissémination tumorale.
– Survie après le cancer du sein : apparemment plus longue pour les femmes qui possédaient un taux d'œstradiol plus élevé, en prenant une préparation œstrogénique avant l'apparition de leur cancer.

LA TESTOSTÉRONE, LA DIHYDROTESTOSTÉRONE ET LES AUTRES ANDROGÈNES

Les hormones mâles peuvent stimuler l'immunité. Des études scientifiques l'ont suggéré lors de traitements à doses physiologiques et non excessives.
• Elles protègent contre l'inflammation auto-immunitaire de la thyroïde.
• Dans quelques rares infections parasitaires, des taux abaissés d'androgènes ont été retrouvés. Les taux bas favoriseraient-ils l'infection ?
• Face au cancer, même celui de la prostate, elles peuvent jouer un rôle favorable, protecteur ou de confort pour les patients cancéreux :
– Cancer de la prostate : amélioration du bien-être et possible prolongement de la vie. À noter que les patients atteints d'un cancer de la prostate ont de meilleures chances de survie s'ils ont un taux élevé de testostérone dans le sang. La régression de

certaines tumeurs malignes de la prostate a été rapportée sous des traitements à la testostérone et aux androgènes synthétiques.

L'HORMONE DE CROISSANCE ET LA SOMATOMÉDINE (C)

Des effets importants peuvent être constatés sur :

- L'immunité cellulaire :

– Réactivation du thymus et augmentation de son volume.
– Production de l'hormone du thymus (le thymosène-bêta 4).
– Nombre de cellules immunitaires dans le thymus.
– Augmentation potentielle du nombre des cellules immunitaires CD 4 (immuno-protectrices).
– Possible stimulation de la phagocytose.

- L'immunité humorale :

– Augmentation de la production des lymphocytes B.
– Augmentation potentielle du taux d'immunoglobulines.

- Effets bénéfiques possibles dans les infections suivantes :

– Infections virales : la maladie du sida.
– Infections bactériennes : la salmonellose chez le rat, ainsi que les surinfections bactériennes des grands brûlés.

D'autres études ont suggéré des effets favorables et défavorables. En attendant plus d'informations, la prudence est donc de mise en cas de cancer avéré.

Combler une déficience en hormone de croissance avérée est une bonne chose, mais le surdosage doit, à notre avis, être soigneusement évité.

Voici une liste de cancers dans lesquels l'hormone de croissance ou la somatomédine C paraissent avoir des effets bénéfiques chez l'animal ou chez l'homme :

– Cancer du sein chez le rat.

– Cancer du foie causé par des cancérigènes.

– Cancer de la prostate : l'hormone de croissance inhibe les métastases pulmonaires chez le rat.

Des taux bas d'hormone de croissance et de somatomédine C sont retrouvés :

– Dans le cancer de l'endomètre.

– Dans le cancer du foie.

Facteur favorisant ou conséquence ? La question reste posée.

L'hormone de croissance serait également utile dans les soins palliatifs d'un cancer terminal pour maintenir le poids et les muscles autant que possible et améliorer la qualité de vie et la durée de survie.

LE CORTISOL STIMULE À DOSES PHYSIOLOGIQUES

À doses excessives, le cortisol et ses dérivés ont tendance à déprimer l'immunité. En revanche, à doses physiologiques comparables aux doses normalement présentes dans le corps, le cortisol augmente l'immunité.

- En matière d'immunité cellulaire, le cortisol :

– Préserve les lymphocytes T, de type CD 4+ (immuno-protecteurs).

– Stimule les interactions entre les cellules immunitaires (entre les monocytes et les lymphocytes).

– Élève le taux des globules blancs granulocytes, stimule la production des lymphocytes T dans la moelle épinière.

• En matière d'immunité humorale, le cortisol élève le taux des immunoglobulines M, G et A (l'inverse se produit à doses excessives).

• Le cortisol peut avoir des effets bénéfiques sur les infections suivantes :

– Infections virales : la grippe, la rougeole, la mononucléose infectieuse.

– Infections bactériennes : la pneumonie bactérienne, la maladie des légionnaires, la fièvre typhoïde, la tuberculose, la méningite bactérienne, le choc septique, l'infection bactérienne de la cornée, et grâce à des applications locales les surinfections bactériennes chez les patients atteints du sida.

– Infections mycologiques et parasitaires : pas d'action favorable importante connue.

• Le cortisol est prescrit pour :

– Diminuer les inflammations contre l'œdème des métastases du cancer dans le crâne et la moelle épinière (dans le cancer du sein par exemple). Le cortisol diminue la compression et les douleurs.

– Diminuer modérément le taux de calcium trop élevé dans le sang provoqué par des métastases osseuses de cancer qui rongent l'os.

– Supprimer la fièvre dans les cancers.

– Stimuler l'appétit et le bien-être dans le cancer terminal.

• Dans le cancer, le cortisol et les dérivés de synthèse du cortisol sont souvent utilisés en association avec d'autres médicaments anticancéreux avec une certaine efficacité. Citons :

– Les leucémies et lymphomes en association avec d'autres médications, des guérisons peuvent être obtenues.

– Le myélome multiple.

– Le cancer du sein (effet inhibiteur du cortisol sur les cellules cancéreuses du sein.
– Le cancer de la prostate.

LA CALCITONINE CONTRE LA DOULEUR

La calcitonine est utile dans le traitement de la douleur des tassements vertébraux survenus à la suite de métastases osseuses d'un cancer.

COENZYME Q10 BÉNÉFIQUE POUR LES CANCERS AVANCÉS

Elle stimule l'immunité et certaines études ont montré des effets bénéfiques importants à hautes doses dans des cancers avancés.

Vitamines et cancers

• *Parmi les vitamines, le* ***bêta-carotène*** *ou* ***provitamine A****, que l'on trouve surtout dans les végétaux – carottes, melons, épinards, feuilles de salade verte, abricots (voir tableau récapitulatif en fin d'ouvrage) – jouerait, d'après de nombreuses études, un rôle protecteur sur le cancer des poumons et de faibles apports alimentaires augmenteraient le risque de cancer du col de l'utérus, de l'œsophage, de l'estomac, du sein, de la vessie, de l'intestin et ORL.*

La ***vitamine A*** *est efficace dans le traitement de certaines lésions pouvant provoquer un cancer, comme celles retrouvées au niveau de la bouche et de l'œsophage.*

Comme nous l'avons vu sur le chapitre sur la peau, l'acide rétinoïque sous sa forme active possède un rôle protecteur sur les cancers de la peau.

- *Un taux sanguin bas en* ***vitamine E*** *a été retrouvé dans plusieurs études, chez des patients présentant des lésions susceptibles d'entraîner un cancer de l'estomac, ainsi que dans le cancer du poumon. Des recherches sont en cours pour mesurer l'efficacité d'un traitement préventif avec de la vitamine E, dans la prévention de certains cancers.*
- *De faibles apports alimentaires en* ***vitamine C*** *augmentent la survenue de certains cancers comme ceux de l'œsophage, de l'estomac, de la cavité buccale, du pharynx et du sein.*
- *Une étude épidémiologique a démontré que le risque de mortalité par le cancer du côlon ou du rectum est inversement proportionnel aux apports en* ***vitamine D*** *et en* ***calcium****.*
- *Des études réalisées en Chine ont montré un plus grand risque de cancer de l'œsophage en cas de déficience en* ***vitamine B2****. La carence en vitamine B12 est retrouvée dans certaines leucémies et cancers ORL.*

IV

Régimes, vitamines et oligo-éléments

Le régime qui améliore vos taux d'hormones en 3 semaines

Pouvez-vous améliorer vos taux hormonaux sans supplémentation hormonale proprement dite ? C'est possible par une diététique adaptée et nous avons déjà donné quelques conseils nutritionnels dans les chapitres précédents. Mais il n'existe pas une seule et unique diététique capable d'optimiser tous les taux hormonaux chez chaque individu. Selon les carences existantes, pour chaque individu, le choix des aliments peut s'avérer différent.

Manquez-vous d'hormones thyroïdiennes, par exemple ? Si oui, les aliments capables d'optimiser au mieux vos taux d'hormones thyroïdiennes sont les fruits et les légumes, accessoirement les céréales. Diminuez aussi votre consommation de protéines animales (viande, volaille, poisson, œufs).

Un des auteurs, sous traitement thyroïdien depuis la prime enfance, en a fait l'expérience personnelle. Changeant un beau jour son alimentation de type carnée en une alimentation fructivore et végétarienne, il développa une hyperthyroïdie, un fonctionnement thyroïdien excessif, et dut réduire rapidement son traitement thyroïdien. À mesure que les semaines de diète riche en fruits et légumes se poursuivaient, il dut diminuer la dose jusqu'à un tiers de la dose qu'il prenait depuis des années.

Il fit l'expérience inverse récemment, reprenant le régime pauvre en fruits et riche en viande et en graisses. Il redevint lent, frileux et « gonflé », signes d'insuffisance thyroïdienne, et dut remonter sa dose d'hormones pour revenir à celle qu'il prenait auparavant.

De nombreuses publications médicales ont également montré qu'une consommation d'aliments riches en iode (poissons de mer, crustacés) et l'ingestion de céréales (pain, pâtes, riz, etc.) augmentaient les taux d'hormones thyroïdiennes.

L'ALIMENTATION PRÉHISTORIQUE

Avant d'aller plus loin, il est utile d'identifier quels sont les meilleurs aliments pour l'espèce humaine.
L'homme est l'aboutissement de la longue évolution d'une espèce animale qui s'est graduellement adaptée à des types d'aliments présents sur la terre depuis des millions d'années : fruits, légumes et, dans une moindre mesure, viande, volaille, poisson, œufs. Ce sont à ces aliments généralement faciles à digérer à l'état cru qu'il s'est le mieux adapté. En général, ce sont ces types d'aliments qui optimisent les taux hormonaux et apportent à l'homme le plus de vitamines, de minéraux et d'oligo-éléments.
Et les céréales ? Elles ne sont pas comestibles à l'état cru. Ce sont donc des aliments de seconde zone qui doivent être cuits, bouillis ou grillés pour devenir consommables. Même ainsi, ils resteront plus difficiles à digérer que les aliments précités. Nous vous conseillons donc de limiter la consommation de céréales, sans nécessairement les rayer totalement de vos menus, bien sûr. De nombreuses personnes consomment de grandes quantités de pain, de pâtes, de muësli et nous retrouvons souvent chez elles des « maldigestions » qu'elles ne soupçonnent même pas. Certaines protéines des céréales comme le gluten sont très mal tolérées (ballonnements abdominaux, douleurs abdominales, flatulences, somnolence...). Pourquoi cette mauvaise tolérance aux céréales chez beaucoup de personnes qui souvent ignorent la cause de leurs malaises ?

Pour bien comprendre cela, prenons conscience qu'il faut des dizaines, des centaines de milliers d'années à une espèce animale pour évoluer et s'adapter à un nouvel environnement alimentaire. Or, tous les aliments inclus dans l'alimentation humaine depuis l'avènement de l'agriculture sont des aliments auxquels les gènes des cellules du tube digestif humain n'ont pas encore eu le temps de s'adapter pleinement : 6 000 ans, c'est bien peu à l'échelle de l'évolution.

Un grain de blé, par exemple, possède des inhibiteurs enzymatiques, des substances toxiques, qui bloquent ses réactions métaboliques jusqu'au moment (qui peut être très lointain) où l'eau, la chaleur et un sol favorable lui permettront de germer. À ce moment-là, les inhibiteurs enzymatiques seront détruits et la vie pourra apparaître.

Pour digérer des céréales, il faut que ces inhibiteurs enzymatiques nocifs soient détruits préalablement par cuisson comme pour le pain ou le muesli ou encore par ébullition comme pour les pâtes. Mais même après cuisson, ces aliments restent des aliments de seconde zone, plus difficiles à digérer que les aliments comestibles à l'état cru. En principe, donc, tout ce qui n'est pas comestible cru sera moins bien digéré, même à l'état réchauffé ou cuit. Quelques individus semblent mieux digérer que d'autres ces produits de l'agriculture mais, d'après notre expérience, trop de personnes les supportent moins bien qu'elles ne semblent le croire.

LES INFECTIONS AUX CHAMPIGNONS

Beaucoup d'aliments favorisent la survenue d'infections aux champignons (mycoses) peu gênants mais tenaces, qui peuvent

disséminer à partir de l'intestin dans le sang et être véhiculées vers de nombreux tissus qu'ils contaminent. Le pain, riche en levure, les produits laitiers (surtout le fromage) favorisent grandement l'apparition de mycoses. Nous ne sommes pas vraiment faits pour bien digérer le pain. Le pain est un aliment créé par l'homme à partir de substances non comestibles à l'état cru, des céréales, et l'intestin de l'homme est encore principalement celui d'un mangeur de fruits.
Autre exemple, le lait. Quelle espèce animale à l'âge adulte, vivant librement dans la nature, consomme du lait ou un de ses dérivés ? Aucune, à part l'homme. L'adulte humain ne prend pas du lait maternel mais du lait venant d'une autre espèce animale, principalement la vache, un lait plus difficile à digérer. Or, l'adulte ne possède plus beaucoup d'enzymes capables de digérer les produits laitiers. Une partie des produits laitiers va séjourner dans son intestin sans être digérée par ses cellules intestinales. Ces aliments non digérés vont rester 2 à 3 jours dans l'intestin et seront finalement assimilés par la flore intestinale, principalement des levures qui, très vite, s'assemblent et forment des structures plus importantes appelées champignons ou mycoses. Une partie du pain ou du produit laitier ingéré « moisira ». Avec de tels aliments comme avec le sucre et les sucreries, les alcools et tous les produits conservateurs et les antibiotiques, des infections répétitives à mycoses peuvent s'installer et perturber profondément les taux de sucre et d'hormones car, une fois installées, les mycoses puisent dans le sang l'énergie dont elles ont besoin. Elles le font de façon irrégulière, causant des hauts et des bas d'énergie, des hauts et des bas hormonaux, et de nombreux ennuis comme des démangeaisons et des allergies (par toxines mycotiques), des plaques d'eczéma, des pellicules dans

les cheveux, un ballonnement abdominal, des gaz intestinaux, des renvois, des pertes blanches vaginales et des boulimies de sucre surviennent.

Si vous présentez plusieurs de ces symptômes, nous vous encourageons vivement à suivre le régime décrit à la fin de ce chapitre qui est également à notre avis le régime nécessaire à un bon fonctionnement hormonal.

LA DIÉTÉTIQUE DES HORMONES SEXUELLES ET DES HORMONES DES GLANDES SURRÉNALES

Manquez-vous d'hormones sexuelles ? D'hormones mâles et/ou féminines ? Si oui, vous avez tout intérêt à augmenter la consommation de protéines animales et de graisses. De nombreuses études ont démontré l'effet bénéfique de ces aliments sur les taux dans le sang d'hormones sexuelles. Les omnivores (et donc carnivores – mangeurs de viande, poisson, volaille) ont beaucoup plus (30 à 40 %) d'hormones sexuelles, œstrogènes ou androgènes, que les végétariens stricts comme les membres de l'Église des Adventistes du 7e jour. En Inde, dans les castes purement végétariennes, les femmes qui ne parviennent pas à être enceintes ont le droit de consommer de la viande le temps nécessaire pour augmenter leur fertilité. Et pour cause : l'alimentation carnée augmente leur taux d'hormones sexuelles et par ce biais leur fertilité.

Un conseil : les femmes ont tout intérêt à éviter une surconsommation de produits laitiers. Ceux-ci favorisent les infections à champignons (voir plus haut), qui perturbent de manière importante le bon équilibre hormonal surtout entre œstrogènes et

progestérone. La progestérone semble être consommée de préférence par les levures et les champignons et ce, de façon très irrégulière, créant ainsi un déséquilibre œstrogènes/progestérone continuellement variable, très difficile à traiter sans éliminer d'abord l'infection mycologique (et corriger l'alimentation préalablement bien sûr).
La diététique des hormones des glandes surrénales est identique dans les grandes lignes.

LA DIÉTÉTIQUE DE L'HORMONE DE CROISSANCE

Une alimentation riche en protéines semble également améliorer l'efficacité de l'hormone de croissance, en apportant des substrats appelés « acides aminés » en abondance pour que l'hormone de croissance puisse agir efficacement sur la peau, les muscles, les os et les organes.

LA DIÉTÉTIQUE DE LA MÉLATONINE

Plus qu'une diététique, il s'agit principalement d'une hygiène de vie. Beaucoup de lumière le jour, surtout le matin, l'obscurité la plus totale la nuit, augmentent considérablement la sécrétion nocturne de mélatonine. Évitez de prendre des calmants (benzodiazépines), de consommer de l'alcool, d'être sous stress. Ces produits ainsi que le stress diminuent votre sécrétion nocturne de mélatonine.

L'ALIMENTATION POUR UN BON ÉQUILIBRE HORMONAL ET NUTRITIONNEL

PRÉFÉRER : les aliments FRAIS	**ÉVITER :** les aliments CONSERVÉS
Matin • *Si la thyroïde est faible :* **Fruits** (à ne pas mélanger avec d'autres aliments). • *Si les hormones sexuelles ou surrénaliennes sont faibles :* **Bacon, œufs...** + galette de riz. Midi et soir : un plat chaud ou froid **Légumes.** **Viande, volaille, poisson, œufs...** Acceptables : riz, pommes de terre bouillies. Entre les repas **Fruits.**	**Produits laitiers** (fromage, fromage blanc, cottage cheese, lait, lait battu, yoghourt...). **Sucres** (miel, sucre de canne, chocolat, confitures, limonades, gâteaux, biscuits, glaces...). **Alcools** (bière, vin... et vinaigres). **Produits conservateurs** (conserves...). **Céréales** riches en gluten (pains, muesli, pâtes...). Modérer : café, thé.

CONSEILS SUPPLÉMENTAIRES

• Manger suffisamment de graisses (non cuites) : beurre, huile de première pression à froid, poissons gras (saumon, hareng...), œufs.

- Mâcher correctement et longuement la nourriture.
- Réduire fortement un repas si vous avez mangé trop ou mal lors d'un repas précédent ou si vous avez pris 1 kilo (mais toujours boire de l'eau).
- Boire 2 litres d'eau plate par jour.

Précautions : en changeant radicalement votre régime alimentaire selon le tableau, vous pouvez avoir une phase d'adaptation difficile, une sorte de détoxication (les deux premières semaines). Persévérez, et dès la 3e semaine vous devriez vous sentir nettement mieux.

Vitamines et oligo-éléments

Il est courant d'entendre dire, de manière définitive, qu'en Europe il n'y a pas de carence en vitamines ni en oligo-éléments et qu'il suffit de bien s'alimenter pour pallier tous les manques. Il est courant, également, qu'un médecin interrogé pour une prescription de vitamines en laisse le choix à l'appréciation du pharmacien ou du patient lui-même qui se retrouve, perplexe, devant des présentoirs remplis d'une multitude de boîtes : c'est l'étiquette et la lecture du nombre impressionnant de composés figurant sur la boîte qui déterminent le choix final. Se tromper n'est pas dramatique pour la santé, quoique parfois un abus de certaines vitamines peut nuire. L'effet bénéfique, quant à lui, reste douteux. La solution serait de trouver un médecin qui ait le temps d'écouter pour déterminer des déficiences ; malheureusement, les médecins, même s'ils en ont la capacité, n'ont pas souvent les moyens de cette écoute.

Si les pharmaciens peuvent conseiller, qu'en est-il des vendeuses

de parapharmacies ou de grandes surfaces où vous pouvez souvent vous fournir en complexes vitaminiques ?
Faire confiance aux marques proposant leurs vitamines ou oligo-éléments en fonction d'une pathologie (perte de cheveux, troubles de la mémoire, stress, etc.) n'est pas non plus la meilleure méthode, car ces troubles nécessitent une exploration et peuvent quelquefois cacher une pathologie plus importante.
La première démarche est d'apprendre à reconnaître les symptômes, une tâche parfois ardue même pour les médecins. Ces derniers ont souvent recours à des bilans biologiques pour confirmer leur diagnostic mais, en France et en Europe, peu de laboratoires d'analyses sont capables d'évaluer un déficit en oligo-éléments sans sous-traiter avec un laboratoire spécialisé, d'où un coût élevé. Fastidieux et décourageant ! Ce qui explique que la plupart des candidats à un traitement en vitamines et oligo-éléments conservent leurs troubles en attendant des jours meilleurs.
Heureusement, les habitudes commencent à changer. Dans certains pays, des laboratoires s'équipent pour déterminer les carences sur des prélèvements de salive, de sang ou de cheveux. Et peut-être un jour pourrons-nous, seuls, nous rendre dans un petit laboratoire de proximité, déposer une mèche de cheveux ou de la salive dans un flacon et connaître en 24 heures nos manques en vitamines ou oligo-éléments avec une explication détaillée de ce que peuvent entraîner ces déficits, puis faire réaliser une composition de vitamines et d'oligo-éléments adaptée à ces besoins. On peut rêver d'une automédication éclairée et, comme le dit la publicité : « Consulter le médecin si les symptômes venaient à persister. »
En attendant l'ouverture de ces nouveaux laboratoires, faisons un rapide tour d'horizon.

Contrairement à l'idée reçue, il y a bien des carences vitaminiques chez les populations des pays développés. Elles peuvent survenir à n'importe quel âge.

- La **vitamine K** chez le nouveau-né, la **vitamine D** chez les jeunes enfants, les **folates** et le **magnésium** chez les femmes enceintes ou ayant des troubles des règles, les **folates** également chez les personnes âgées.
- Notre hygiène de vie peut également entraîner des carences, l'abus d'alcool, un régime végétarien, un régime alimentaire mal équilibré, la prise de certains médicaments au long cours, etc.
- Enfin, certaines maladies sont responsables d'un déficit ou d'une carence : malabsorptions digestives, alimentation par perfusion, etc.

On admet depuis une dizaine d'années le rôle protecteur des vitamines et on a mis en évidence qu'un déficit vitaminique était un facteur aggravant pour certaines maladies : maladies ostéo-articulaires, cancers, maladies cardio-vasculaires, troubles de l'immunité.

Contrairement aux hormones qui sont des produits naturels de notre corps, les **vitamines** sont des substances organiques nécessaires à l'organisme, non synthétisées en quantité suffisante par l'homme et apportées par l'alimentation.

Quant aux **oligo-éléments**, ce sont des éléments chimiques présents dans le corps humain à une concentration inférieure à 0,01 %. Les plus abondants sont le **fer**, le **fluor**, le **silicium**, le **zinc**, le **cuivre.** La majeure partie d'entre eux a une concentration totale inférieure à 10 mg, comme le **manganèse**, le **sélénium**, le **chrome**, le **lithium**, l'**iode**, le **molybdène**, le **cobalt**, le **vanadium.** Douze sont considérés comme « essentiels ». Parmi ceux-ci, quatre sont des « métalloïdes » : le **fluor**, l'**iode**, le **sélénium.** Les onze autres appartiennent au groupe des « métaux de transition » : **chrome, cobalt, fer, lithium, manganèse, molybdène, nickel, cuivre, étain, vanadium, zinc.**

Quelques oligo-éléments, non considérés comme « essentiels » en biologie, peuvent cependant avoir un rôle important dans certaines pathologies. Citons l'**aluminium** dans le traitement du retard psychomoteur de l'enfant, et dans certaines formes rhumatismales, l'**argent** dans les infections récidivantes et le **bismuth** dans les affections inflammatoires et infectieuses de la sphère ORL. Contrairement aux vitamines apportées par l'alimentation, l'alimentation moderne représente un des principaux facteurs de risque pour la carence en oligo-éléments, du fait du déclin de la qualité biologique et nutritionnelle des aliments. Sur le plan nutritionnel, les oligo-éléments essentiels dont les besoins sont rarement couverts par l'alimentation « moderne » sont le **fer**, le **zinc** et le **sélénium.**

OÙ TROUVER LES VITAMINES UTILES DANS LA NOURRITURE ?

	A	B1	B2	B5	B6	B8	B9	B12	Bêta-carotène	C	D	E	K	PP
Céréales		•		•	•	•	•							•
Fruits et légumes							•		•	•			•	
Matières grasses	•										•	•		
Œufs	•	•	•	•	•	•		•			•			•
Pain		•		•	•	•	•							•
Poisson	•	•	•	•	•	•		•			•			•
Produits laitiers	•	•	•	•		•		•			•			
Viande	•	•	•	•	•	•		•			•			•

Où trouver les vitamines essentielles dans la nourriture ?

Le tableau se lit par ordre croissant. Le n° 1 signale l'aliment dans lequel la vitamine est la plus importante. Ainsi, le bêta-carotène apparaît en première vitamine dans... les carottes crues. Les haricots verts en contiennent également, mais dans une plus faible proportion (4).

	A	Bêta-carotène	D	E	K	B1	B2	PP	B5	B6	B8	B9	B12	C
Abricots frais		3												
Agneau						6								
Banane										6				
Beurre	5		5	6										
Bœuf						6								
Brocolis					5									
Cacahuètes											6			
Cacao											6			
Carottes crues		1												
Céréales						9	8							
Céréales soufflées								6						
Champignons							4	4	3		4			
Choucroute					1									
Chou														2
Chou de Bruxelles					3									
Chou-fleur					5					6				2
Chou rouge					3									
Chou vert					3									

	A	Bêta-carotène	D	E	K	B1	B2	PP	B5	B6	B8	B9	B12	C
Cresson											3			
Épinards											3			
Épinards cuits		2			4									
Foie	2				7	4	2	2	2	3	2	2	1	3
Foie de bœuf			4											
Foie de veau			4											
Fromage							3	9				9	6	
Fromage blanc							5							
Fruits					11	11						9		
Fruits frais (cassis, kiwis, oranges, citrons...)														1
Fruits secs				5										
Germe de blé						2				2				
Haricots									7	5	5	5		
Haricots verts		4			10					6				
Huile de foie de morue	1		1											
Huile de germe de blé				1										
Huile de tournesol				2										
Huiles végétales (autres que tournesol et germe de blé)				3										
Jaune d'œuf			3											

	A	Bêta carotène	D	E	K	B1	B2	PP	B5	B6	B8	B9	B12	C
Lait							6							
Légumes verts				8		11	10					9		4
Légumes verts (sauf cresson, épinards)												4		
Lentilles						8		7		5	5	5		
Levure sèche						1	1	1	1	1				
Levure											1	1		
Margarine				4										
Matières grasses (lait, fromages)	4		6											
Œufs	3			9	9		3	9	4		3	8	5	
Pain blanc								8						
Pain complet						7	9	5				6		
Persil					2	6	7	3		4			3	6
Poisson														
Poissons gras (sardines, thons)			2	7										
Pommes de terre					8			8					6	5
Porc						3								
Prod. laitiers											8		6	
Rognons						5		3	2	3	2	7	2	3
Salade					6									4
Veau						6								
Viande					7		7	3	4	4	7	10	4	6
Yaourts							5							

Correspondances :

Rétinol	=	A
Calciférol	=	D
Tocophérol	=	E
Phylloquinone	=	K
Thiamine	=	B1
Riboflavine	=	B2
Niacine	=	PP
Acide pantothénique	=	B5
Pyridoine	=	B6
Biotine	=	B8
Acide folique	=	B9
Cobalamine	=	B12
Acide ascorbique	=	C
Bêta-carotène	=	Provitamine A

OÙ TROUVER LES MINÉRAUX UTILES DANS LA NOURRITURE ?

	Calcium	Cuivre	Fer	Fluor	Iode	Magnésium	Phosphore	Sélénium	Souffre	Zinc
Ail				•				•	•	
Cacao						•				
Céréales		•								
Céréales intégrales						•	•			
Champignons								•		
Chocolat		•				•				
Chou cru				•						
Chou	•								•	
Cresson				•						
Crustacés		•								

	Calcium	Cuivre	Fer	Fluor	Iode	Magnésium	Phosphore	Sélénium	Souffre	Zinc
Eau				•						
Foie		•								
Fromage	•									
Fruits de mer				•	•					
Fruits secs						•		•		
Haricots	•									
Huîtres										•
Jaune d'œuf	•									
Lait	•									
Légumes secs									•	
Noix	•	•					•			
Œufs							•		•	
Oignons				•				•		
Pain de seigle				•						
Poisson					•		•	•	•	
Riz				•						
Thé				•						
Viandes maigres								•	•	
Viandes rouges			•	•			•	•		

V

Cartes d'identité des hormones majeures

15 hormones peuvent être qualifiées de majeures. Leurs « cartes d'identité » sont rassemblées dans les pages qui suivent : un bref descriptif suivi des signes indiquant leur carence et des traitements envisageables.
Un test rapide, quelques conseils de diététique et d'hygiène de vie viennent compléter chaque fiche. Ils vous permettront d'améliorer, de façon naturelle, vos taux de production hormonale.

Carte d'identité

NOM : adrénocorticotropine

NOM D'USAGE : ACTH ou hormone du panache

Provenance :

Principalement l'hypophyse (par son lobe antérieur), mais certains neurones du cerveau la produisent en quantité non négligeable comme neurotransmetteur (substance « messagère » entre deux cellules nerveuses).

Actions bénéfiques :

- Rend plus résistant au stress, plus vigilant, plus attentif, mieux concentré, clarifie les pensées, réveille la mémoire (surtout visuelle).
- Brunit la peau, la rend plus bronzée.
- Peut faire pousser les cheveux chez les personnes qui présentent une calvitie complète et une perte totale des poils (pelade).
- Apaise, rend plus joyeux, plus sociable, moins anxieux.

Comment reconnaître un manque d'ACTH ?

Par votre apparence

Visage :

- Pâleur.
- Perte de cheveux par plaques (pelade).

Peau :

- Pâle.
- Brûle facilement au soleil.

Corps :

- Un corps maigre.

Si vous vous plaignez...

- D'un manque de panache.
- De difficultés à vous concentrer et à résister lors de situations de stress.
- D'une attention lente à démarrer.
- De la survenue de syncopes (simple évanouissement ou même coma en cas de grande déficience).

Comment le médecin peut-il vérifier ce diagnostic ?

Dans le sang :

- En faisant pratiquer un test au CRF : le CRF injecté dans les veines stimule la sécrétion d'ACTH. Si le taux d'ACTH et de cortisol ne double pas dans les 30 à 60 minutes après l'injection, la carence est avérée.

Ce qu'il va vous prescrire

En général, une injection intramusculaire d'ACTH, 1 à 2 fois par semaine (dans les cas très sérieux, 1 à 2 fois par jour et sous la peau).

Précautions à prendre

Des doses excessives s'accompagnent de signes de surdosage : visage et épaules gonflés, brûlures d'estomac, prise de poids, sueurs profuses, nervosité, mauvais sommeil, tremblements, palpitations.

Comment améliorer naturellement votre taux d'ACTH ?

Mangez plus de protéines, de préférence animales (viande, œufs, poisson, volaille surtout).

Par ailleurs...

Prenez des suppléments d'acides aminés en gélules.

TEST : MANQUEZ-VOUS D'ACTH ?

Non/jamais : 0
Peu/parfois : 1
Modérément/régulièrement : .. 2
Beaucoup/souvent : 3
Énormément/constamment : . 4

SIGNES ET SYMPTÔMES						TOTAUX
Je perds mes cheveux par plaques.						
0	1	2	3	4		-
On s'étonne souvent de mon teint pâle.						
0	1	2	3	4		-
Le soleil ne me fait rien, je ne bronze presque pas.						
0	1	2	3	4		-
J'ai souvent des pertes de mémoire.						
0	1	2	3	4		-
Je suis stressé et j'ai du mal à faire face.						
0	1	2	3	4		-
Mon médecin m'a dit que ma tension avait baissé.						
0	1	2	3	4		-
Mes amis me trouvent plus maigre qu'avant						
0	1	2	3	4		-
TOTAL GÉNÉRAL						

Score :
7 ou moins : le taux est acceptable.
Entre 8 et 16 : une carence en ACTH est envisageable. Parlez-en à votre médecin et suivez nos conseils.
17 ou plus : vous manquez très certainement d'ACTH. Parlez-en à votre médecin et suivez nos conseils.

Carte d'identité

NOM : aldostérone
ou hormone de la station debout

Provenance :
Les deux glandes surrénales, les petites glandes situées au-dessus des reins, plus particulièrement à partir de la couche profonde du cortex (ou écorce) de ces glandes.

Actions bénéfiques :
- Maintient la tension artérielle à un bon niveau en position debout.
- Fait mieux circuler le sang dans la tête en position relevée.
- Dynamise, stimule, fait monter la tension chez une personne, juste assez pour faire face aux situations stressantes en station debout prolongée.

Comment reconnaître un manque d'aldostérone ?

Par votre apparence

Visage :
- Souvent plus mince, comme « dégonflé ».

Corps :
- Une tension artérielle basse (souvent 10 ou moins).
- Un corps d'aspect plutôt déshydraté, desséché, décharné, mince.
- Une apparence peu tonique, surtout en position debout.

Si vous vous plaignez...

- D'un besoin fréquent d'uriner, dans la journée.
- D'urines très abondantes, claires, peu colorées.
- De soif et de déshydratation permanentes.
- D'un besoin de manger salé.
- De fatigue rapide en position debout.
- D'étourdissements, d'une impression d'être « vaseux » en position debout.
- De l'obligation de vous allonger pour vous sentir bien.

Comment le médecin peut-il vérifier ce diagnostic ?

Dans le sang (dosages après activité et éventuellement au repos)

- Un faible taux d'aldostérone après activité et parfois même au repos en position couchée. Pas ou peu d'augmentation après activité par rapport au repos.

Dans les urines des 24 heures

- Un faible taux d'aldostérone (moins de 5 mcg par 24 heures), avec peu d'excrétion de potassium et trop de sodium (sel dans les urines), malgré une alimentation modérée en sel.

Ce qu'il va vous prescrire

Prise orale de gélules d'un dérivé de l'aldostérone, le 9-alpha-fluoro-hydrocortisone ou fludrocortisone : 75 à 150 mcg/jour en une prise par jour, le matin.

Précautions à prendre

À ne prendre que sous la surveillance de votre médecin.

Évitez les doses excessives qui donnent des signes de « surdosage » : un gonflement (ou œdème par rétention d'eau) des extrémités (mains, pieds et chevilles gonflés), parfois un estomac irrité (parce que le supplément hormonal est lié à un acide), une tension artérielle plus élevée.

Comment améliorer naturellement votre taux d'aldosterone ?

Mangez plus de protéines animales (viande, volaille, poisson, œufs) et de graisses (viandes et poissons gras, œufs).

Modérez le café et le tabac.

Ajoutez assez de sel dans votre alimentation (le sel améliore l'efficacité de l'aldostérone déjà présente).

Par ailleurs...

Faites corriger par votre médecin vos carences éventuelles en hormones thyroïdiennes et en œstrogènes.

TEST : MANQUEZ-VOUS D'ALDOSTÉRONE ?

Non/jamais : 0
Peu/parfois : 1
Modérément/régulièrement : .. 2
Beaucoup/souvent : 3
Énormément/constamment : . 4

SIGNES ET SYMPTÔMES						TOTAUX
Je suis obligé d'uriner plusieurs fois dans la journée.						
0	1	2	3	4		-
J'aime tout ce qui est salé.						
0	1	2	3	4		-
Ma tension artérielle est basse.						
0	1	2	3	4		-
J'ai la tête qui tourne, le matin, quand je me lève.						
0	1	2	3	4		-
Il n'y a qu'allongé que je me sente bien.						
0	1	2	3	4		-
TOTAL GÉNÉRAL						

Score :

5 ou moins : le taux est acceptable.

Entre 6 et 10 : une carence en aldostérone est envisageable.

11 et plus : vous manquez très certainement d'aldostérone. Parlez-en à votre médecin.

Carte d'identité

Nom : calcitonine
ou hormone qui préserve les os

Provenance :
Dans la glande thyroïde située à la base du cou. Dans des cellules spéciales, dites cellules C (à calcitonine), dispersées parmi les autres cellules de la thyroïde.

Actions bénéfiques :
- Renforce les os, garde les minéraux dans les os, freine leur résorption.
- Atténue les douleurs osseuses (par exemple dans les fractures ou tassements de vertèbres).
- Fait mieux supporter le stress.
- Protège contre la migraine.
- Atténue et adoucit l'inflammation.
- Protège contre l'ulcère de l'estomac.

Comment reconnaître un manque de calcitonine ?

Par votre apparence

Corps :

- Des signes d'ostéoporose : une propension à faire facilement des fractures osseuses (y compris des tassements vertébraux), une réduction de la taille, une attitude du dos plus affaissée.
- Des ulcères fréquents.
- Des signes de maladie de Paget, une déformation de certains os (tibia, voûte crânienne, bassin...).

- Des douleurs aux os plus vives lors de tassements vertébraux (fractures).

Si vous vous plaignez...

- De migraines fréquentes.
- D'une mauvaise résistance au stress.

Comment le médecin peut-il vérifier ce diagnostic ?

Dans le sang

Une calcitonine indétectable ou très basse après le test de stimulation au calcium en intraveineuse (3 mg) ou par prise orale (la prise de calcium stimule la sécrétion de calcitonine).

Ce qu'il va vous prescrire

Des pulvérisations dans le nez, tous les jours de préférence (coûteux) ou 3 fois par semaine par injection intramusculaire (moins coûteux).

Précautions à prendre

À ne prendre que sous la surveillance de votre médecin.

Évitez les doses excessives qui donnent des signes de « surdosage » : des nausées, des vomissements, un manque d'appétit, un amaigrissement, une nervosité, un mauvais sommeil, un tremblement, des douleurs articulaires, des palpitations, etc.

Comment améliorer naturellement votre taux de calcitonine ?

Mangez plus d'aliments riches en calcium (fruits de mer, poisson, mais modérez les laitages).

Par ailleurs...

Prenez des suppléments d'acides aminés en gélules.

Comblez les autres carences hormonales, en particulier en hormones thyroïdiennes (très important).

TEST : MANQUEZ-VOUS DE CALCITONINE ?

Non/jamais : 0
Peu/parfois : 1
Modérément/régulièrement : .. 2
Beaucoup/souvent : 3
Énormément/constamment : . 4

SIGNES ET SYMPTÔMES						TOTAUX
Je souffre de tassements (fractures) vertébraux.						
0	1	2	3	4		-
J'ai souvent mal au dos.						
0	1	2	3	4		-
Je suis très sensible à la douleur.						
0	1	2	3	4		-
J'ai souvent des aigreurs d'estomac.						
0	1	2	3	4		-
J'ai des problèmes de thyroïde (goitre, insuffisance, radiation appliquée à ce niveau)						
0	1	2	3	4		-
TOTAL GÉNÉRAL						

Score :
5 ou moins : le taux est acceptable.
Entre 6 et 10 : une carence en calcitonine est envisageable.
11 et plus : vous manquez très certainement de calcitonine. Parlez-en à votre médecin.

Carte d'identité

NOM : cortisol
SYNONYME : hydrocortisone
ou hormone antistress

Provenance :
Les glandes surrénales, par des cellules situées dans le cortex, la partie extérieure de ces glandes.

Actions bénéfiques :
- Sans cortisol, l'être humain meurt en quelques jours.
- Libère les réserves d'énergie au moment opportun, augmente l'apport de sucre dans le sang et donne les forces nécessaires pour faire face aux dangers : stress et autres accrocs de l'existence qui surviennent brutalement.
- Fait battre le cœur plus vite. Fait grimper la pression du sang dans les artères, ce qui permet, selon l'état d'urgence, de fournir de l'oxygène et des nutriments supplémentaires aux tissus.
- Cette hormone d'attaque propulse le sang vers les zones stratégiques du corps – tête, épaules, tronc, bassin, hanches.
- Aiguise l'appétit pour la nourriture, y compris pour la viande et le gras.
- Fait mieux digérer, accroît l'absorption des indispensables nutriments, apaise l'excès de sensibilité du système digestif.

- Fait naître l'envie d'action et transforme une personne en « homme d'action fougueux », remet en un clin d'œil une personne « d'attaque », donne envie de combattre.
- « Huile » les articulations, éteint l'inflammation, calme la douleur.
- Apaise l'allergie, la fièvre, l'intolérance médicamenteuse, la réaction excessive à un toxique.
- À dose physiologique ou naturelle, le cortisol aiguise les défenses contre l'infection.

Comment reconnaître un manque de cortisol ?

Par votre apparence

Visage :

- Une perte locale de cheveux par plaques (parfois).
- Un visage amaigri, décharné, gris-brun.

Corps :

- Une silhouette maigre ou amaigrie (dans sa partie supérieure surtout), un ventre trop maigre.
- Une tension artérielle basse.
- Un pouls rapide, des palpitations au moindre stress.
- Des déformations douloureuses et enflammées des articulations (par rhumatisme inflammatoire).
- Une peau avec des taches d'eczéma, de psoriasis, d'urticaire, d'allergies, de vitiligo (taches blanches sans pigmentation), ou encore des taches de pigmentation excessive (mélanodermie).

Si vous vous plaignez...

- D'une fatigue « grippale », qui empire lors de stress.
- De coups de pompe, avec des envies de sucreries, de salé, d'épices.

- De l'impression d'être par moments « dans les vapes », d'avoir des idées confuses, la tête vide.
- De ne pas résister au stress.
- De perte d'appétit, accompagnée parfois de nausées.
- De troubles digestifs (colite...).
- D'allergies, d'asthme.
- De ne pas supporter les médicaments.
- De petites poussées de fièvre régulières.
- D'accès de rhumatismes (inflammations).

Comment le médecin peut-il vérifier ce diagnostic ?

Dans le sang

- Le taux de cortisol libre qui mesure la fraction hormonale « active », prête à entrer dans les cellules : un taux obtenu le matin inférieur à 10 ng/ml et l'après-midi de moins de 5 ng/ml indique une carence. Le taux de cortisol total (la majeure partie du cortisol total est liée à des protéines sanguines transporteuses, celle-ci n'est pas immédiatement disponible pour les cellules) : des valeurs de 10 mcg/dl, le matin, et de 3 mcg/dl, l'après-midi confirment la carence.
- Le test à l'ACTH : après une injection de 25 unités d'ACTH, le cortisol doit doubler de valeur, sinon c'est la carence. Le taux d'ACTH peut être très élevé dans les cas où les glandes surrénales, sécrétrices de cortisol, défaillent alors que la glande hypophyse (qui libère l'ACTH) reste intacte.

Dans les urines des 24 heures

- Le taux de cortisol libre : ce dosage renseigne sur la production de cortisol par les glandes surrénales, et non pas sur son utilisation. Une production inférieure à 20 mcg/dl suggère la carence.

• Le taux des 17-hydroxystéroïdes qui mesure les métabolites, ou molécules dérivées du cortisol, qui se retrouvent après l'utilisation du cortisol dans les urines doit être évalué par la technique plus précise de la chromatographie gazeuse. Chez les insuffisants en cortisol, la somme de tous les 17-hydroxystéroïdes, les dérivés du cortisol, n'atteint pas 3,5 mg par 24 heures chez les femmes et 5 mg chez les hommes pauvres en cortisol. Ce test mesure le cortisol effectivement utilisé et non pas seulement sa production. C'est celui qui a notre préférence.

Ce qu'il va vous prescrire

Prise de cortisol naturel (5 à 10 mg par prise, 3 à 4 fois par jour) en temps normal. Mais dès le début d'une infection ou en cas de crise de rhumatisme inflammatoire, le médecin vous demandera de passer éventuellement au dérivé synthétique pendant quelques jours. L'action des dérivés synthétiques du cortisol est plus permanente.

Augmentez la dose dès qu'un stress ou une infection survient selon les indications de votre médecin.

En général (sauf pour les syndromes particuliers appelés « adrénogénital » ou des « ovaires polykystiques »), adjoindre de la déhydroépiandrostérone au traitement pour éviter que le cortisol ne consomme trop, « brûle » les tissus.

Les dérivés de synthèse sont différents et beaucoup plus puissants (5 mg de prednisolone, 4 mg de méthylprednisolone et 1 mg de dexametasone équivalent à 20 mg de cortisol).

Précautions à prendre

À ne prendre que sous la surveillance de votre médecin et, comme pour toutes les autres hormones, qu'en cas de carence avérée. Ne prenez ni trop, ni trop peu de cortisol.

Évitez de surdoser. Signes : un caractère survolté (monsieur ou madame « 100 000 volts »), une euphorie, un visage gonflé comme un ballon (la face « lunaire »), une obésité de la tête et du tronc, la bosse (graisseuse) de « bison » sur le dos, un amincissement excessif de la peau.

Comment améliorer naturellement votre taux de cortisol ?
Mangez plus de viande, de volaille, de poisson, d'œufs (c'est-à-dire des protéines animales) et de graisses (saines, non brûlées par la cuisson).
Pour les femmes : évitez si possible la pilule contraceptive.

Par ailleurs...
Comblez, sous surveillance de votre médecin, les déficiences en hormones dont celles en mélatonine (un bon équilibre entre la mélatonine et le cortisol est nécessaire), en androgènes et éventuellement en hormone de croissance. Ces hormones contrebalancent assez bien toute consommation excessive de tissus par le cortisol (qui brûle des tissus pour libérer de l'énergie). Ne pas oublier de corriger les manques en hormones thyroïdiennes et en insuline. Ces hormones peuvent stimuler la production de cortisol.

TEST : MANQUEZ-VOUS DE CORTISOL ?

Non/jamais : 0
Peu/parfois : 1
Modérément/régulièrement : .. 2
Beaucoup/souvent : 3
Énormément/constamment : . 4

SIGNES ET SYMPTÔMES						TOTAUX
Mon visage est amaigri.						
0	1	2	3	4		-
Mes amis me disent que je suis maigre.						
0	1	2	3	4		-
Je souffre d'eczéma, de psoriasis, d'urticaire ou d'allergies sur la peau.						
0	1	2	3	4		-
Mon cœur bat rapidement.						
0	1	2	3	4		-
Ma tension artérielle est basse.						
0	1	2	3	4		-
Je suis fatigué, comme si j'avais la grippe.						
0	1	2	3	4		-
J'ai des coups de fatigue avec des envies de sel ou de sucre (jusqu'à la boulimie).						
0	1	2	3	4		-
Je suis souvent stressé.						
0	1	2	3	4		-
J'ai des problèmes digestifs.						
0	1	2	3	4		-
Je souffre d'allergies (rhume des foins, asthme, etc.).						
0	1	2	3	4		-
TOTAL GÉNÉRAL						

Score :
10 ou moins : le taux est acceptable.
Entre 11 et 20 : une carence en cortisol est envisageable.
21 ou plus : vous manquez très certainement de cortisol. Parlez-en à votre médecin.

Carte d'identité

NOM : déhydroépiandrostérone
NOM D'USAGE : DHEA
ou hormone du mieux vivre

Provenance :
Les glandes surrénales, par des cellules situées dans le cortex, la partie extérieure des glandes.

Actions bénéfiques :
- Sur l'ensemble d'une vie d'adulte normale, aucune autre hormone n'est sécrétée autant que la DHEA ! La concentration de sulfate de DHEA dans le sang est près de 20 fois plus élevée que celle de n'importe quelle autre hormone ! Mieux, sa concentration dans les tissus (dont le cerveau) est de 2 à 3 fois celle du sang !
- Réalise une grande partie de ses effets en se transformant au niveau des cellules-cibles en métabolites (dérivés) actifs comme l'androstènediol, l'androstènetriol, l'œstradiol, la testostérone, la dihydrotestostérone, l'androstènedione...
- Adoucit et humidifie les muqueuses.
- Donne de la pilosité au pubis et aux aisselles.
- Renforce les muscles.
- Stimule l'immunité, mais ses dérivés le font encore mieux, l'androstènediol (100 fois plus) et l'androstènetriol (300 fois plus) !
- Donne de l'énergie douce, fait mieux monter les escaliers, renforce les muscles.

- Réduit l'anxiété, rend de meilleure humeur, augmente la libido chez la femme.
- Améliore la mémoire, du moins dans les expériences chez l'animal.
- A une action anticancéreuse importante dans les expériences sur rongeurs.
- S'oppose dans les expériences animales au diabète entre autres lors du cancer du sein (et à l'athérosclérose du moins chez le sexe masculin).

Comment reconnaître un manque de DHEA ?

Par votre apparence

Visage :

- Des cheveux secs, aplatis.
- Un visage tendu.
- Des yeux secs, ternes.

Corps :

- Un manque de poils (dans le creux axillaire) et sur le pubis.
- Une peau sèche, mince.
- Un ventre en bedaine.
- Un mont de Vénus aplati.
- De la cellulite sur les cuisses.

Si vous vous plaignez...

- D'un sentiment d'insécurité, d'une certaine anxiété.
- D'une humeur sombre, triste.
- D'un manque de libido et de désir sexuel chez la femme.
- De difficultés pour monter les escaliers.

Comment le médecin peut-il vérifier ce diagnostic ?

Dans le sang

- Le taux du sulfate de DHEA : test très stable (les valeurs moyennes chez le jeune adulte sont entre 150 et 400 mcg/dl).
- Chez la femme, un taux en dessous de 150 mcg/dl, et chez l'homme en dessous de 200 sont des taux qui suggèrent la carence. Une valeur en dessous de 140 mcg/dl chez un homme de plus de 50 ans augmente selon une étude, de 2 à 3 fois le risque de maladie cardio-vasculaire et la mortalité.

Dans les urines des 24 heures

- Le taux de DHEA : un taux en dessous de 0,10 ng par 24 heures chez la femme et 0,50 ng chez l'homme est suspect de carence.
- Chromatographie de 17-cétostéroïdes, les métabolites dérivés de la DHEA : la somme de tous les divers dérivés doit dépasser chez la femme les 4 mg et chez l'homme les 8 mg/24 heures pour être rassurants.

Ce qu'il va vous prescrire

La prise orale de DHEA de 5 à 25 mg chez la femme et de 25 à 50 mg chez l'homme selon les besoins, est indiquée en cas de déficience dûment diagnostiquée.

Précautions à prendre

À ne prendre que sous la surveillance de votre médecin.

Évitez un surdosage. Signes : cheveux gras, peau grasse, acné, pilosité plus accentuée chez la femme (rare), etc.

Comment améliorer naturellement votre taux de DHEA ?

Mangez plus de graisses saines (évitez de trop les cuire) et de protéines animales (viande, poisson, volaille, œufs).

Par ailleurs...

Prenez de la vitamine E.

Comblez vos carences en hormones thyroïdiennes et androgènes (testostérone, dihydrotestostérone) qui stimulent la production de DHEA.

TEST : MANQUEZ-VOUS DE DHEA ?

Non/jamais : 0
Peu/parfois : 1
Modérément/régulièrement : .. 2
Beaucoup/souvent : 3
Énormément/constamment : . 4

SIGNES ET SYMPTÔMES						TOTAUX
J'ai des cheveux secs, ternes.						
0	1	2	3	4		-
Ma peau et les muqueuses de mes yeux sont sèches.						
0	1	2	3	4		-
Mes muscles sont relâchés.						
0	1	2	3	4		-
J'ai pris du ventre.						
0	1	2	3	4		-
Je manque de poils au niveau des aisselles (0 = OK, 4 = pas de poils).						
0	1	2	3	4		-
Je manque de poils sur le pubis (0 = OK, 4 = pas de poils).						
0	1	2	3	4		-
Je manque de graisse sur le pubis (chez les femmes : mont de Vénus aplati).						
0	1	2	3	4		-

SIGNES ET SYMPTÔMES						TOTAUX
Je manque d'odeurs naturelles (sexuelles).						
0	1	2	3	4		-
J'ai du mal à supporter le bruit.						
0	1	2	3	4		-
Je manque de libido.						
0	1	2	3	4		-
TOTAL GÉNÉRAL						

Score :
10 ou moins : le taux est acceptable.
Entre 11 et 20 : une carence en DHEA est envisageable.
20 et plus : vous manquez très certainement de DHEA. Parlez-en à votre médecin.

Carte d'identité

NOM : érythropoïétine
NOM D'USAGE : EPO
ou hormone de l'oxygène

Provenance :
Les reins. Des petites cellules situées dans les reins sécrètent l'érythropoïétine.

Actions bénéfiques :
- Donne plus de souffle et permet de mieux capter l'oxygène à partir des poumons.
- Fait récupérer mieux et plus vite.
- Donne de l'endurance pour l'effort physique, surtout pour l'effort de longue haleine.
- Améliore les performances physiques.
- Donne une sensation de bien-être, une meilleure qualité de vie.

Comment reconnaître un manque d'EPO ?

Par votre apparence

Visage :
- Un visage et une peau plus pâles.

Si vous vous plaignez...
- D'un manque de souffle, lors d'un effort de longue haleine.
- D'un manque de capacité à l'effort physique.
- D'une fatigue constante, d'un sentiment de bien-être diminué.
- D'une récupération lente après une opération chirurgicale.

Comment le médecin peut-il vérifier ce diagnostic ?

Dans le sang

- Une anémie (manque de globules rouges dans le sang).
- Une érythropoïétine basse (< 500 UI/l).

Ce qu'il va vous prescrire

Une injection, 2 à 3 fois par semaine, 500 à 4 000 UI/l sous la peau en cas d'anémie sévère.

Précautions à prendre

À ne prendre que sous la surveillance d'un médecin.

Évitez les doses excessives qui provoquent un « surdosage » : une trop rapide coagulation du sang, un sang trop visqueux.

Comment améliorer naturellement votre taux d'EPO ?

Mangez suffisamment (légumes et fruits de préférence).

Évitez les excès de viande (qui surchargent les reins).

Buvez beaucoup d'eau plate.

Par ailleurs...

Prenez du fer, de l'acide folique et de la vitamine B12.

Combler les carences en hormones thyroïdiennes, en hormone de croissance et en androgènes. Ces hormones revitalisent les reins (qui fabriquent l'EPO), surtout l'hormone de croissance et les androgènes.

TEST : MANQUEZ-VOUS D'EPO ?

Non/jamais : 0
Peu/parfois : 1
Modérément/régulièrement : . . 2
Beaucoup/souvent : 3
Énormément/constamment : . 4

SIGNES ET SYMPTÔMES						TOTAUX
J'ai un teint particulièrement pâle.						
0	1	2	3	4		-
Le moindre effort m'essouffle.						
0	1	2	3	4		-
Mon médecin a diagnostiqué une anémie dans une analyse sanguine.						
0	1	2	3	4		-
Le bien-être, connais pas !						
0	1	2	3	4		-
Mon taux d'urée a augmenté dans mon bilan sanguin.						
0	1	2	3	4		-
TOTAL GÉNÉRAL						

Score :
5 ou moins : le taux est acceptable.
Entre 6 et 10 : une carence en EPO est envisageable.
11 et plus : vous manquez très certainement d'EPO. Parlez-en à votre médecin.

Carte d'identité

NOM : hormone de croissance
ou hormone du dirigeant

Provenance :
La partie antérieure de la glande hypophyse.

Actions bénéfiques :

- Sans hormone de croissance pendant l'enfance, nous resterions des nains. Une fois devenus grands, nous avons encore besoin d'hormone de croissance pour garder un physique ferme et solide.
- Détermine la taille finale du corps adulte, donne du volume, du tonus et de la fermeté aux tissus et organes, particulièrement aux muscles.
- Raffermit le corps, rend le dos plus droit, développe le nez, le menton, la mâchoire, les muscles des épaules et du bassin.
- L'hormone de croissance et les autres hormones somatotropes (comme la somatomédine C) sont probablement les hormones les plus aptes à maintenir son aspect jeune au corps.
- Diminue la graisse (surtout au ventre), affine les genoux, raffermit les cuisses, et amincit le ventre.
- Le jour, procure de l'énergie, de la résistance à l'effort, permet une meilleure récupération et particulièrement pour les heures de veille après minuit.

- La nuit, permet de raccourcir les heures de sommeil tout en apportant un sommeil plus réparateur.
- Apporte un sentiment profond de sérénité de sécurité, réduit fortement l'angoisse.

Comment reconnaître un manque d'hormone de croissance ?

Par votre apparence

Visage :

- Des cheveux fins ou plus fins qu'avant.
- Des paupières et des joues tombantes.
- Des lèvres et une mâchoire minces ou plus minces qu'avant.
- Des gencives rétractées.

Peau :

- Mince, atrophique, déshydratée.

Corps plutôt affaissé :

- Des épaules et des fesses peu ou moins musclées.
- Des triceps pendants.
- L'intérieur des cuisses qui s'affaisse.

Corps obèse :

- Pseudo-seins chez l'homme.
- Un ventre pendant.
- Des coussinets de graisse au-dessus des genoux.

Si vous vous plaignez...

- De difficultés à contrôler vos émotions.
- D'une fatigue permanente.
- D'un épuisement après activité physique.
- De difficultés pour rester éveillé après minuit.
- D'une résistance faible au stress, d'un sentiment d'insécurité.

- D'une affirmation de soi insuffisante.
- D'une sensation d'incompétence.
- D'une faible estime de soi.
- D'une dépression.
- D'une tendance à vous isoler socialement.
- De répliques verbales sèches.

Comment le médecin peut-il vérifier ce diagnostic ?

Dans le sang

- Un taux de somatomédine C à 150 mg/l est déjà assez bas.
- Le taux d'hormone de croissance : en général indétectable le jour chez l'homme, l'hormone de croissance est souvent contrôlée après stimulation par des substances qui augmentent sa sécrétion (insuline, argining).

Dans les urines des 24 heures

L'hormone de croissance : aucun consensus concernant les valeurs de référence n'existe à l'heure actuelle. La grande variabilité d'excrétion urinaire selon les individus et des méthodes d'analyse selon les laboratoires, explique cette situation. Des valeurs indécelables ou en dessous de 2,5 ng/24 heures d'hormone de croissance signifient une déficience certaine.

Ce qu'il va vous prescrire

L'hormone de croissance s'administre par le patient lui-même, au moyen d'une petite injection sous la peau tous les soirs au coucher. Les doses varient chez l'adulte de 0,05 à 1,0 UI/jour. On prévoit, dans un futur proche, la mise sur le marché de tablettes d'hormone de croissance à faire fondre sous la langue. Il existe de plus sur le marché des produits capables de stimuler la sécrétion d'hormone de croissance, appelés sécrétagogues de

l'hormone de croissance ; parmi ceux-ci, citons les acides aminés comme l'arginine, mais il en faut au moins 7 grammes/jour pour sécréter une quantité satisfaisante d'hormone de croissance, le glutamine, la leucine, la lysine et d'autres...
Un sécrétagogue assez puissant est la BCH, qui n'est pas commercialisée sous sa forme originale, mais sous forme d'un précurseurs le 2(3H)furanone. Certains sécrétagogues à grand succès commercial comprennent un inhibiteur de la sécrétion de somatomédine, une hormone qui ralentit la sécrétion de l'hormone de croissance.
Mais l'efficacité de tous ces sécrétagogues est plus évidente chez les personnes qui ont encore des cellules de sécrétion d'hormone de croissance.

Précautions à prendre

À ne prendre que sous la surveillance de votre médecin.
Éviter le surdosage. Signes après 2 ou 3 jours d'excès : pieds gonflés, fourmillements dans les doigts (syndrome du canal carpien), après 10 à 30 jours : un développement excessif de la musculature (surtout des épaules), des douleurs articulaires (rare).
L'hormone de croissance peut activer les hormones thyroïdiennes et androgéniques et freiner les glandes surrénales. À votre médecin d'adapter les traitements correspondants.

Comment améliorer naturellement votre taux d'hormone de croissance ?

Mangez suffisamment d'aliments riches en protéines (viande, œufs, poisson, volaille surtout).
Modérez le café. Des niveaux bas en somatomédine C sont déce-

lés dans le sang des femmes qui consomment de grandes quantités de café.

Maigrissez si vous êtes obèse. Après avoir atteint un rapport poids/taille acceptable, vous avez une chance sur deux d'augmenter significativement la sécrétion d'hormone de croissance chez vous.

Faites de l'exercice modérément : à chaque effort physique l'hormone de croissance est propulsée dans le sang. Et ceci ne vaut que pour les personnes encore suffisamment capables de produire de l'hormone de croissance. À 50/60 ans, les possibilités sont moindres.

Arrêtez le tabac. La somatomédine C se raréfie à mesure que la quantité de cigarettes augmente, ce qui peut expliquer la peau ridée en parchemin de certains grands fumeurs. Le tabagisme peut bel et bien favoriser un vieillissement prématuré en diminuant l'activité « somatotrope ».

Par ailleurs...

Vous pouvez aussi prendre des suppléments d'acides aminés (arginine, leucine, glutamine) qui incitent l'hypophyse à libérer le stock d'hormone de croissance dans le sang.

TEST : MANQUEZ-VOUS D'HORMONE DE CROISSANCE ?

Non/jamais : 0
Peu/parfois : 1
Modérément/régulièrement : .. 2
Beaucoup/souvent : 3
Énormément/constamment : . 4

SIGNES ET SYMPTÔMES						TOTAUX
J'ai les cheveux plus fins qu'avant.						
0	1	2	3	4		-
Mes paupières se sont affaissées...						
0	1	2	3	4		-
... ainsi que mes joues.						
0	1	2	3	4		-
Mes gencives se sont rétractées.						
0	1	2	3	4		-
Mon ventre est gros, flasque et « pendouillant ».						
0	1	2	3	4		-
Mes muscles sont minces ou fortement relâchés.						
0	1	2	3	4		-
Ma peau, fine, est déshydratée.						
0	1	2	3	4		-
Je récupère difficilement après un effort.						
0	1	2	3	4		-
Je n'aime pas le monde ! J'ai tendance à m'isoler.						
0	1	2	3	4		-
Je me sens continuellement anxieux, inquiet.						
0	1	2	3	4		-
TOTAL GÉNÉRAL						

Score :
10 ou moins : le taux est acceptable.
Entre 11 et 20 : une carence en hormone de croissance est envisageable.
21 et plus : vous manquez très certainement d'hormone de croissance. Parlez-en à votre médecin.

Carte d'identité

NOM : triiodothyronine
CLASSE : hormones thyroïdiennes ou hormones de la vivacité

Provenance :

La glande thyroïde située à la base du cou. Elle sécrète principalement l'hormone précurseur, la thyroxine (pour 90 %) et accessoirement de l'hormone active, la triiodothyronine (pour 10 %). C'est dans le foie que la plus grosse partie de la thyroxine est activée en triiodothyronine.

Actions bénéfiques :

- La triiodothyronine (ou T_3) est l'hormone thyroïdienne réellement active contrairement à la thyroxine (ou T_4). La T_3 est 3 à 10 fois plus active que la T_4.
- Accélèrent la circulation du sang dans les artères et les veines, faisant couler le sang jusqu'aux cellules les plus éloignées du cœur. Elles favorisent de cette manière l'approvisionnement des cellules en eau, en nutriments, en oxygène et en hormones.
- Font abonder le sang dans la peau, qu'elles hydratent et adoucissent grâce à une meilleure production de graisses sur la surface de la peau.
- Donnent meilleure mine au visage.
- Assouplissent les muscles et les articulations en augmentant l'arrivée de sang dans les organes.

- Énergétisent toutes les cellules et les organes en stimulant les mitochondries, ces centrales d'énergie situées dans les cellules, libérant ainsi de la chaleur et de l'énergie.
- Réveillent le cerveau qui devient performant et pétillant de vivacité.
- Réchauffent le corps jusqu'aux extrémités (bout du nez, oreilles, mains, pieds) d'une chaleur bienfaisante, agréable.
- Favorisent l'évacuation des déchets qui environnent les cellules.
- Dissolvent les graisses et le cholestérol, soulageant les vaisseaux sanguins.
- Affinent et dégonflent le visage, le tronc, les mollets. La triiodothyronine soulage le patient de quelques kilos superflus.

Comment reconnaître un manque d'hormones thyroïdiennes ?

Par votre apparence

Visage :

- Des cheveux ternes, secs, drus, clairsemés.
- Un visage bouffi, pâle.
- Des paupières gonflées, des yeux ternes.
- Une lèvre inférieure boursouflée.

Corps :

- Une peau sèche.
- Une silhouette gonflée.
- Modérément gros.
- Des pieds et mains froids.

Si vous vous plaignez...

- D'une fatigue le matin et au repos.
- De frilosité, surtout le soir et au repos.
- De mouvements et de pensées lents ... ou agités (parfois en réaction, certains deviennent hyperactifs, hyperkinétiques, bougent sans cesse, pour accélérer la circulation de sang, irriguant ainsi mieux leurs tissus).
- De vous sentir mieux en mouvement qu'au repos.
- D'une mauvaise mémoire et de difficultés de concentration.
- D'une constipation.
- D'articulations raides et douloureuses, surtout le matin et après un repos.

Comment le médecin peut-il vérifier ce diagnostic ?

Dans le sang

- Une TSH (hormone de la glande hypophyse qui stimule la thyroïde) élevée (au-dessus de 4 mUI/ml ou même de 2).
- Une T_3 (triiodothyronine totale) : basse en dessous de 3 ng/ml (ou même de 5).
- Une T_4 (la thyroxine, le précurseur peu actif) basse (sous les 0,6 et même les 1,0 mcg/dl-nmoles...) ; une T_4 libre basse (en dessous de 0,8 ng/dl).

Dans les urines des 24 heures

T_3 et T_4 : taux médiocres sous les 1 300 et 1 800 pmol par 24 heures.

Ce qu'il va vous prescrire

Quatre types de produits sont disponibles, 90 % des patients prennent de la thyroxine seule, le faible précurseur de la puissante triiodothyronine. Au risque de déclencher les protestations

de certains médecins, l'expérience nous apprend que la meilleure thérapie pour une majorité de personnes âgées se réalise par addition de petites quantités de triiodothyronine à la thyroxine. Pourquoi ? Pour la simple raison que la conversion naturelle dans le corps de la quasi inactive hormone thyroïdienne précurseur, la thyroxine, en hormone thyroïdienne active, la triiodothyronine, est en général ralentie lors du vieillissement. Une préparation plus « ancienne » qui contient les deux, la thyroxine et la triiodothyronine soit sous forme synthétique conçue à l'usine, soit comme poudre séchée de glande animale (très strictement contrôlée sur la qualité) a notre préférence.
Une autre préparation est parfois prescrite : la triiodothyronine seule (à donner 3 ou 4 fois par jour), mais celle-ci est difficile à bien doser.
Toujours commencer le traitement par de petites doses que le médecin augmente tous les 10 à 14 jours. Éviter les boissons caféinées. Diminuer souvent la dose en été, lors de stress et d'inactivité. Augmenter souvent en hiver et en cas d'activité physique intense.

Précautions à prendre

À ne prendre que sous la surveillance de votre médecin.
Évitez le surdosage qui provoque des signes présents 24 heures sur 24 : battements de cœur trop vifs et trop rapides, sensation d'étouffement, de chaleur (la sensation d'avoir chaud comme dans un « four », sueurs intenses, peau moite, humide, soif anormale, appétit exagéré, amaigrissement important malgré une alimentation copieuse, nervosité, hyperfébrilité, mauvais sommeil et tremblements des doigts.

Comment améliorer naturellement votre taux d'hormones thyroidiennes ?

Mangez plus d'hydrates de carbone (des légumes, des fruits de préférence, des céréales éventuellement).

Évitez les excès de viande et de graisse.

Modérez le café et le tabac.

Par ailleurs...

Prenez des acides aminés comme la tyrosine, la cystéine, la méthionine et la glutamine ; combler les carences en vitamines et oligo-éléments comme celles en vitamine B1, en fer, en sélénium, en zinc, en cuivre. Beaucoup de ces éléments stimulent l'activité thyroïdienne en poussant la faible thyroxine à se métamorphoser en fougueuse triiodothyronine.

Comblez les carences en mélatonine, en hormone de croissance, en DHEA, en androgènes et en cortisol.

TEST : MANQUEZ-VOUS D'HORMONES THYROÏDIENNES ?

Non/jamais : 0
Peu/parfois : 1
Modérément/régulièrement : .. 2
Beaucoup/souvent : 3
Énormément/constamment : . 4

SIGNES ET SYMPTÔMES						TOTAUX
Je suis devenu frileux.						
0	1	2	3	4		-
J'ai les mains et les pieds toujours froids.						
0	1	2	3	4		-
Le matin, j'ai le visage bouffi ou les paupières gonflées.						
0	1	2	3	4		-

SIGNES ET SYMPTÔMES						TOTAUX
J'ai tendance à grossir.						
0	1	2	3	4		-
J'ai la peau sèche.						
0	1	2	3	4		-
J'ai du mal à me lever le matin.						
0	1	2	3	4		-
Je me sens plus fatigué au repos que lorsque je suis actif.						
0	1	2	3	4		-
Je suis constipé.						
0	1	2	3	4		-
Mes articulations sont raides, le matin.						
0	1	2	3	4		-
J'ai l'impression de vivre au ralenti.						
0	1	2	3	4		-
TOTAL GÉNÉRAL						

Score :
10 ou moins : le taux est acceptable.
Entre 11 et 20 : une carence en hormones thyroïdiennes est envisageable.
21 et plus : vous manquez très certainement d'hormones thyroïdiennes. Parlez-en à votre médecin.

Carte d'identité

NOM : insuline
ou hormone du sucre

Provenance :
Le pancréas, une glande située au milieu de l'abdomen.

Actions bénéfiques :

- Réveille, stimule l'énergie et renforce la résistance physique.
- Fait prendre du poids et arrondit le ventre, les hanches et les cuisses (en stockant une réserve de graisse et d'énergie à ces niveaux).
- Raffermit les artères, le cœur et les muscles (à doses raisonnables).
- Maintient le sucre du sang à un niveau utile ; sans insuline, le sucre monte désastreusement, engluant le sang et les tissus.
- Diminue les graisses du sang (dont le cholestérol) chez les personnes qui manquent d'insuline.

Deux types de diabète (troubles de l'insuline)

Le diabète de type I : *dans ce diabète, il existe un réel manque d'insuline dans le sang. Il survient également chez les plus jeunes. Chez la personne plus âgée, l'insuline peut venir à manquer de plus en plus et elle maigrit progressivement.*

Le diabète gras (de type II) : *il est marqué par un excès d'insuline dans le sang, mais cette insuline agit de manière de moins en moins efficace* *sur les tissus principaux (nerveux, cardiaque, musculaire, des organes internes...). La personne âgée engraisse et devient obèse (le tissu graisseux continue à bien répondre à l'insuline).*

Comment reconnaître un manque d'insuline ?

Par votre apparence

Corps :

- Une silhouette soit « maigre », pauvre en graisse sur le ventre et les cuisses (diabète de type I) ; soit « obèse » riche en graisses surtout au niveau du ventre et des cuisses (diabète de type II).
- Des signes de déshydratation : la bouche sèche, le pli de peau qui persiste longtemps après pincement.

Si vous vous plaignez...

- D'un besoin de sucre jusqu'aux fringales.
- D'un manque d'appétit pour les autres aliments.
- De somnolence durant la journée.
- D'une soif excessive.
- D'urines abondantes et claires jour et nuit.

Comment le médecin peut-il vérifier ce diagnostic ?

Dans le sang

- Un taux de glucse élevé à jeun (dépassant 100 mg/dl).
- Un taux d'insuline bas à jeun (moins de 3 UI/l) ou trop élevé (dépasse les 25 UI/l) pour certains spécialistes, plus de 10 UI/l à jeun est déjà un début de prédiabète de type II.
- Un taux d'hémoglobine glycosylée HbA 1 élevé (> 8).

Dans les urines

- Présence de glucose.

Ce qu'il va vous prescrire

(Pré)diabète « insulino-résistant » : si le corps résiste à l'insuline, l'individu doit suivre un régime.

Diabète maigre « insulino-déficient » : insuline humaine à injecter sous la peau 1 à 3 fois par jour.

Il est bon aussi de faire corriger les autres carences hormonales.

Précautions à prendre

À ne prendre que sous la surveillance de votre médecin.

Évitez les doses excessives qui donnent des signes de surdosage : à court terme, une faim excessive, des pics de température corporelle basse avec frilosité et frissons, de la somnolence (par manque de sucre), c'est la fameuse hypoglycémie ; à long terme : trop de graisse sur le ventre, les hanches et les cuisses.

Comment améliorer naturellement votre taux d'insuline ?

Mangez plus de légumes riches en fibres.

Faites de l'exercice (qui diminue le taux de sucre dans le sang).

Évitez de fumer. Le tabagisme augmente à la fois la résistance à l'insuline (la rendant inefficace) et le taux de sucre dans le sang.

Par ailleurs...

En cas de diabète maigre (manque d'insuline, comblez les carences en hormones qui élèvent la production d'insuline. Citons l'œstradiol naturel et la testostérone naturelle (appliqués sur la peau).

En cas de (pré)diabète gras, comblez les carences en hormones qui réduisent la masse graisseuse. Parmi ces hormones, citons l'hormone de croissance, les androgènes, les hormones thyroïdiennes.

Prenez du chrome, de la vitamine E, du magnésium, du zinc, de la vitamine B6, de l'acide gamma-linoléique, de la carnitine. Ces vitamines et minéraux améliorent la « tolérance glucidique » (font mieux pénétrer le sucre dans vos cellules).

TEST : MANQUEZ-VOUS D'INSULINE ?

Non/jamais : 0
Peu/parfois : 1
Modérément/régulièrement : .. 2
Beaucoup/souvent : 3
Énormément/constamment : . 4

SIGNES ET SYMPTÔMES						TOTAUX
Je suis porté sur le sucre et les sucreries.						
0	1	2	3	4		-
J'ai toujours soif.						
0	1	2	3	4		-
J'urine souvent de grandes quantités le jour comme la nuit.						
0	1	2	3	4		-
Je cicatrise difficilement.						
0	1	2	3	4		-
J'ai un ventre et des fesses maigres.						
0	1	2	3	4		-
TOTAL GÉNÉRAL						

Score :
5 ou moins : le taux est acceptable.
Entre 6 et 10 : une carence en insuline est envisageable.
11 et plus : vous manquez très certainement d'insuline. Parlez-en à votre médecin.

Carte d'identité

NOM : mélatonine
ou hormone du sommeil

Provenance :
Principalement la glande pinéale, une petite glande située à l'arrière du cerveau. Mais d'autres tissus comme l'intestin et la rétine sont capables de la produire.

Actions bénéfiques :
- La nuit, elle donne envie de bâiller, d'aller se coucher, et de dormir.
- Apaise les tensions, détend les muscles.
- Fait baisser la pression artérielle et fluidifie le sang.
- Neutralise l'excès d'oxydation dans le corps en captant les radicaux libres et empêche ainsi votre corps de « brûler » trop vite et de vieillir précocement.
- Le matin, elle réveille notamment en activant les hormones thyroïdiennes.

Comment reconnaître un manque de mélatonine ?

Par votre apparence

Visage :
- Plus vieux qu'il n'est en réalité.
- Cheveux déjà grisonnants.
- Yeux cernés.
- Air fatigué.

Allure :

- Vous semblez irritable, inquiet.
- Votre aspect prématurément âgé.

Si vous vous plaignez...

- D'un mauvais sommeil superficiel, agité, pauvre en rêves, mais peuplé « d'idées noires ».
- De difficultés à s'endormir et à se rendormir.
- D'un lever difficile et « mal luné ».
- De n'être jamais bien reposé.
- De ne pas savoir aller vous coucher (vous êtes un couche-tard).
- D'une mauvaise résistance au décalage horaire.
- De l'impression d'être tendu, anxieux et agressif.

Comment le médecin peut-il vérifier ce diagnostic ?

Dans le sang

- Le taux de mélatonine acceptable fluctue entre 15 et 35 pg/ml le jour et dépasse les 100 pg/ml la nuit. La carence se révèle par des taux inférieurs.

Dans les urines de 24 heures

- Le taux de mélatonine sur une collecte de 12 heures faite la nuit doit dépasser les 30 ng.
- Le taux de la 6-sulfatoxymélatonine (le dérivé principal de la mélatonine) se trouve aussi abaissé.

Ce qu'il va vous prescrire

Entre 0,2 et 10 mg, variable selon le sujet et les circonstances (à doubler pendant quelques jours lors de décalage horaire).

N.B. : Dans certains pays, comme la France et la Belgique, la vente de mélatonine est interdite, pour la raison officielle que les études n'ont pas démontré entièrement son innocuité. Elle est autorisée aux États-Unis car aucun effet nuisible sérieux n'a pu être démontré, ce qui explique son succès auprès du grand public américain.

Précautions à prendre

Éviter les doses excessives. Signes de surdosage : un sommeil profond trop prolongé (jusque tard dans la matinée, même après s'être couché tôt), une somnolence assez forte le matin, des rêves trop intenses (et des cauchemars chez les hyperanxieux). Une courte période de 3-4 heures de sommeil très profond suivie d'un réveil précoce dans la nuit avec impossibilité de se rendormir avant plusieurs heures. Sensation de « tête lourde » le matin.

Comment améliorer naturellement votre taux de mélatonine ?

Dormez dans un environnement ni trop chaud, ni trop froid (recherchez les températures entre 18 et 25 ° C).

Vivez dans une lumière de très forte intensité durant la matinée, mais dormez la nuit dans l'obscurité totale et mettez-vous si possible au soleil le matin quand vous arrivez sur votre lieu de vacances.

Préférez des nourritures riches en mélatonine comme le riz, le maïs et l'avoine, et des fruits comme la banane.

Consommez des huiles végétales à pression froide, riches en graisses oméga-6 polyinsaturées, ne consommez pas trop d'oméga-3 (poisson...).

Par ailleurs...

Prenez un peu de calcium ou de magnésium juste avant le coucher, des suppléments d'acides aminés comme le tryptophane et la carnitine et de la vitamine B3 (niacine).

Évitez ou modérez, suivant l'avis de votre médecin, le café, l'alcool, certains médicaments comme les bêtabloquants, les benzodiazépines la nuit, les neuroleptiques durant le jour, la clonidine (un antihypertenseur) et le lithium. Comblez vos autres carences hormonales : œstradiol chez les femmes, vasopressine et androgènes.

TEST : MANQUEZ-VOUS DE MÉLATONINE ?

Non/jamais : 0
Peu/parfois : 1
Modérément/régulièrement : .. 2
Beaucoup/souvent : 3
Énormément/constamment : . 4

SIGNES ET SYMPTÔMES						TOTAUX
Je fais plus que mon âge.						
0	1	2	3	4		-
J'ai du mal à m'endormir le soir.						
0	1	2	3	4		-
Je me réveille souvent la nuit...						
0	1	2	3	4		-
... et je ne peux plus me rendormir.						
0	1	2	3	4		-
Je rumine des idées noires en attendant le sommeil.						
0	1	2	3	4		-
J'ai les pieds trop chaud la nuit.						
0	1	2	3	4		-
Au lever, je ne me sens pas reposé.						
0	1	2	3	4		-

SIGNES ET SYMPTÔMES						TOTAUX
J'ai l'impression de vivre décalé : couché tard et levé tard.						
0	1	2	3	4		-
En voyage, je ne supporte pas le décalage horaire.						
0	1	2	3	4		-
Je fume, je bois du café (et/ou) je prends un bêtabloquant ou un somnifère.						
0	1	2	3	4		-
TOTAL GÉNÉRAL						

Score :
10 ou moins : le taux est acceptable.
Entre 10 et 20 : une carence en mélatonine est envisageable.
20 et plus : vous manquez très certainement de mélatonine. Parlez-en à votre médecin.

Carte d'identité

Nom : œstradiol
Famille des œstrogènes
ou hormone de la féminité

Provenance :

Les ovaires produisent la plus grande partie de l'œstradiol. Une petite part se fabrique au niveau de la graisse à partir d'autres hormones venant des glandes surrénales.

Lors de la ménopause, le tissu adipeux devient la source prédominante d'œstradiol.

Actions bénéfiques :

- L'œstradiol est extrêmement puissant. Les 80 mcg de cette hormone typiquement féminine, produits chaque jour, suffisent à compenser chez la femme les 25 000 mcg par jour d'hormones mâles qu'elle produit également.
- Fait naître et développe les seins, sculpte les rondeurs féminines (du visage, de la poitrine, des hanches, du bassin).
- Lisse, déride la peau et rend une femme encore plus féminine en ôtant tout poil inconvenant.
- Mouille les yeux, les fait briller et scintiller.
- Humecte la bouche et le vagin.
- Hormis les 9 mois de grossesse (où cette hormone de reproduction surabonde), chaque mois, de façon cyclique, l'œstradiol tapisse la paroi de l'utérus d'une fine

muqueuse. En absence de fécondation d'un ovule, cette muqueuse finit par se faner à la fin du cycle et s'élimine en filets de sang, les « règles ».

- Fait pétiller de gaieté, de bonne humeur.
- Apporte enthousiasme et ardeur, donne de l'endurance physique.
- Cette hormone de la féminité donne envie d'aimer, fait germer en soi le désir sexuel.

Comment reconnaître un manque d'œstradiol ?

Par votre apparence

Visage :

- Une perte de cheveux au sommet de la tête.
- Un visage parsemé de petites rides autour des yeux et de la bouche (de fines rides en stries verticales autour et surtout au-dessus des lèvres).
- Des yeux secs, ternes, irrités.

Corps :

- Des seins petits, ou devenus flasques (« dégonflés ») et tombants.
- L'absence ou la perte de la rondeur séductrice de la poitrine, des hanches et du bassin.
- Une pilosité excessive de type « masculine ».
- Une sécheresse vaginale.

Si vous vous plaignez...

- D'une fatigue toute la journée.
- D'une tendance à déprimer, à vous décourager.
- D'une absence de désir sexuel.

• De bouffées de chaleur (pendant les règles chez les plus jeunes).
• De règles pauvres, absentes ou qui traînent en longueur (plus de 5 jours).
• De rapports sexuels douloureux.
• De règles douloureuses par crampes violentes.
• De cycles menstruels trop courts ou trop longs et irréguliers.

Comment le médecin peut-il vérifier ce diagnostic ?

Dans le sang

• Un taux d'œstradiol bas (7e jour du cycle : moins de 50 pg/ml, 13e jour : moins de 170 pg/ml, 21e jour : moins de 100 pg/ml).
• Un taux de FSH élevé (plus de 12 mUI/ml).

Dans les urines de 24 heures

Les œstrogènes (totaux) en dehors des règles, dans la seconde partie du cycle : moins de 20-30 mcg/24 heures.

Ce qu'il va vous prescrire

Le meilleur choix est, d'après notre expérience, de prescrire de l'œstradiol (de structure naturelle) à appliquer sur la peau sous forme de gel tous les jours ou par patches 2 fois par semaine.
De la progestérone, complément indispensable, même si la matrice a été retirée.

Précautions à prendre

À ne prendre que sous contrôle de votre médecin.
Évitez de prendre de l'œstradiol ou tout autre dérivé de cette hormone par la bouche. Divers problèmes résultent d'une accumulation excessive de cette hormone dans le foie.
Les doses excessives provoquent : des seins excessivement tendus et douloureux, un bas-ventre et parfois tout le corps gonflés,

des règles trop abondantes, des règles douloureuses de façon constante, de l'anxiété, de la nervosité, de l'irritabilité, de l'hyperémotivité.

Comment améliorer naturellement votre taux d'œstradiol ?

Pour les femmes qui ont encore leurs règles et des ovaires capables de produire de l'œstradiol :

Mangez suffisamment, vous avez besoin d'un minimum de calories pour produire des hormones, surtout des protéines (viande, volaille, poisson, œufs) et des graisses.

Évitez les céréales complètes (pain complet, pâtes complètes, etc.), leurs fibres soutirent des œstrogènes à votre corps et les entraînent dans les selles.

Évitez les situations stressantes prolongées.

Modérez le café et le tabac.

Par ailleurs...

Prenez de la vitamine B6.

Évitez les pilules contraceptives peu dosées en œstrogènes chimiques (malheureusement, les pilules plus fortes présentent d'autres inconvénients).

Comblez vos éventuelles autres déficiences hormonales, en particulier celles en cortisol, en hormone de croissance, en progestérone et en hormones thyroïdiennes.

TEST : MANQUEZ-VOUS D'ŒSTRADIOL ?

Non/jamais : 0

Peu/parfois : 1

Modérément/régulièrement : .. 2

Beaucoup/souvent : 3

Énormément/constamment : . 4

SIGNES ET SYMPTÔMES						TOTAUX
Je perds mes cheveux sur le sommet de la tête.						
0	1	2	3	4		-
De fines rides verticales sont apparues au-dessus de mes lèvres.						
0	1	2	3	4		-
Mes seins s'affaissent.						
0	1	2	3	4		-
J'ai trop de poils sur le visage.						
0	1	2	3	4		-
J'ai les yeux irrités, trop secs.						
0	1	2	3	4		-
J'ai des bouffées de chaleur.						
0	1	2	3	4		-
Je me sens toujours fatiguée.						
0	1	2	3	4		-
J'ai des crises de déprime.						
0	1	2	3	4		-
Mes règles sont peu abondantes (1 à 3) ou absentes (4).						
0	1	2	3	4		-
Femmes avec règles : mes cycles sont irréguliers, trop courts (< 27 jours ou > 31 jours) ou trop longs.						
0	1	2	3	4		-
Femmes sans règles : je n'ai plus envie de faire l'amour.						
0	1	2	3	4		-
TOTAL GÉNÉRAL						

Score :
10 ou moins : le taux est acceptable.
Entre 11 et 20 : une carence en œstradiol est envisageable.
21 et plus : vous manquez très certainement d'œstradiol. Parlez-en à votre médecin.

Carte d'identité

NOM : pregnénolone
NOM D'USAGE : « PREG »
ou hormone de la mémoire

Provenance :
La partie externe (cortex) des glandes surrénales et le cerveau.

Actions bénéfiques :
- Stimule la mémoire, clarifie les pensées, aiguise la concentration.
- Diminue la fatigue.
- Combat la dépression.
- Accélère la guérison de lésions nerveuses accidentelles.
- Calme le rhumatisme inflammatoire, l'arthrite.
- La pregnénolone est très abondante dans le cerveau. Sa concentration y est 75 fois plus élevée que dans le sang et 6 fois plus élevée que la concentration de DHEA.

Comment reconnaître un manque de pregnénolone ?

Par votre apparence

Visage :
- Mauvaise mine.

Corps :
- Signes de manque d'autres hormones :

De DHEA (des muscles relâchés, une pilosité rare aux aisselles et sur le pubis).
De cortisol (une tension artérielle basse, un amaigrissement).

D'aldostérone (une tension artérielle basse, des étourdissements en position debout)

Si vous vous plaignez...

- D'une mauvaise mémoire, de difficultés à vous concentrer.
- De fatigue et de performances physiques moindres.
- De coups de pompe.
- De stress et de dépression.
- De douleurs rhumatismales.
- D'urines abondantes.
- D'autres plaintes liées au manque d'autres hormones produites par les glandes surrénaliennes.

Comment le médecin peut-il vérifier ce diagnostic ?

Le dosage de la pregnénolone ne se pratique pas dans tous les laboratoires, la déficience peut se soupçonner en présence de taux bas des substances qui en dérivent.

Dans le sang

- Un taux bas de pregnénolone (inférieur à 2 ng/ml) confirme la déficience.
- Une déficience en pregnénolone est suggérée par la présence de taux bas, également, en cortisol, en DHEA sulfate, en aldostérone, en 17-OH-progestérone.

Dans les urines de 24 heures

- Une déficience en pregnénolone est suggérée par des taux bas en cortisol, en aldostérone, en pregnandiol, en pregnanetriol, en 17-cétostéroïdes, en 17-hydroxystéroïdes.

Ce qu'il va vous prescrire

Entre 5 à 50 mg/jour de pregnénolone par voie orale selon l'importance de la déficience (100 mg dans certains cas de troubles graves de la mémoire).

Précautions à prendre

Évitez les doses excessives qui suscitent un excès d'hormones surrénaliennes et des signes de surdosage : un comportement survolté, un gonflement de la face (excès de cortisol), des mains et des pieds (trop d'aldostérone), des cheveux gras (trop de DHEA), et autres signes de surdosage d'hormones des glandes surrénales (voir chapitres correspondants). Ces signes sont surtout possibles chez les jeunes encore capables de transformer la pregnénolone en autres hormones (comme le cortisol, la DHEA, la progestérone, l'aldostérone).

Dans certains pays comme les États-Unis, la « preg » peut être prise sans surveillance (jusqu'à 10 mg par jour). Nous conseillons toutefois de vous faire suivre par votre médecin.

Comment améliorer naturellement votre taux de pregnenolone ?

Les recommandations alimentaires données pour les autres hormones surrénaliennes (le cortisol, la DHEA, l'aldostérone) demeurent valables pour hausser le niveau de pregnénolone.

Augmenter les protéines animales (viande, volaille, poisson) et graisses dont le cholestérol (œufs, poissons et viandes grasses), ce qui augmente la production d'hormones corticosurrénaliennes.

Par ailleurs...

Comblez vos carences en somatomédine C, insuline et œstradiol qui stimulent la formation de pregnénolone.

TEST : MANQUEZ-VOUS DE PREGNÉNOLONE ?

Non/jamais : .... 0 Beaucoup/souvent : 3
Peu/parfois : .... 1 Énormément/constamment : . 4
Modérément/régulièrement : .. 2

SIGNES ET SYMPTÔMES						TOTAUX
J'ai des trous de mémoire.						
0	1	2	3	4		-
Mes articulations me font souffrir (doigts, poignets, coudes, pieds, chevilles, genoux).						
0	1	2	3	4		-
J'ai des coups de fatigue, et du mal à résister au stress.						
0	1	2	3	4		-
J'ai peu de poils sur le pubis et les aisselles.						
0	1	2	3	4		-
Mes muscles sont relâchés.						
0	1	2	3	4		-
Mes urines sont importantes et claires le jour.						
0	1	2	3	4		-
Ma tension artérielle est basse.						
0	1	2	3	4		-
J'ai souvent envie d'aliments salés.						
0	1	2	3	4		-
TOTAL GÉNÉRAL						

Score :
5 ou moins : le taux est acceptable.
Entre 6 et 10 : une carence en pregnénolone est envisageable.
11 et plus : vous manquez très certainement de pregnénolone. Parlez-en à votre médecin.

Carte d'identité

NOM : progestérone
ou hormone de la paix des ménages

Provenance :
Principalement des ovaires, renforcés par le placenta pendant la grossesse. Une très petite quantité est formée au niveau des glandes surrénales dans les deux sexes. Chez l'homme, les testicules en produisent une petite quantité.

Actions bénéfiques :
- Détend, calme, déclenche chez la femme une tranquillité profonde, une paix intérieure.
- Elle est l'hormone de la sérénité qui rend la femme plus pacifique, plus insouciante, et même un peu paresseuse, lors de la grossesse où la progestérone, hormone de grossesse par excellence, est en surabondance.
- Fait mieux dormir (par un sommeil plus profond).
- Dégonfle seins et bas-ventre, mains, pieds et chevilles, surtout avant les règles.
- La production de progestérone atteint 40 mg par jour dans la seconde partie d'un bon cycle menstruel et 500 mg par jour pendant la bonne grossesse. Ce qui équivaut à un record hormonal : soit 1 000 milliards de milliards de nouvelles molécules d'hormone (de progestérone) par jour !

Comment reconnaître un manque de progestérone ?

Par votre apparence

Visage :

- Un visage gonflé (d'eau).
- Un visage tendu, « sous pression », un regard nerveux, agressif.

Corps :

- Des seins trop volumineux (ou « macromastie » : signe caractéristique).
- Les seins et le bas-ventre tendus et douloureux avant les règles.
- Des mains et des pieds gonflés (d'eau).
- Des kystes dans les seins et aux ovaires, des fibromes de l'utérus.
- De l'obésité dans la moitié inférieure du corps, un ventre gonflé, ballonné.

Si vous vous plaignez...

- D'anxiété, d'agressivité et d'irritabilité excessive avant les règles.
- De maux de tête envahissants avant les règles.
- De règles douloureuses de manière constante avec un ventre et un dos dur et gonflé.
- De règles trop abondantes.

Comment le médecin peut-il vérifier ce diagnostic ?

Dans le sang

- Taux de progestérone bas (moins de 10 mg/ml), 7 jours avant les règles.

Dans les urines de 24 heures

- Taux de pregnandiol bas (moins de 2 mg/24 heures) 7 jours avant les règles (la progestérone se métabolise principalement en pregnandiol).

Ce qu'il va vous prescrire

Avant la ménopause : 50 - 250 mg/jour de progestérone naturelle (micronisée) à prendre par voie orale du 15e au 25e jour du cycle (ou du 18e au 26e jour si pris seul, sans œstradiol), le plus souvent le soir avant de se coucher.

Après la ménopause : de la progestérone naturelle en association avec de l'œstradiol du 13e au 25e jour du mois (pour obtenir un cycle avec règles), en continu du 1er au 25e jour du mois (pour obtenir un cycle sans règles).

Précautions à prendre

À ne prendre que sous la surveillance de votre médecin.

Éviter les doses excessives qui provoquent des signes de « surdosage » : une somnolence et des vertiges au lever, un manque de panache, parfois même une tendance dépressive, une apathie, des seins affaissés, diminués, des règles qui se déclenchent trop tôt dans le cycle, un sommeil trop prolongé, un manque de libido.

Comment améliorer naturellement votre taux de progesterone ?

Consommez suffisamment de calories, mangez assez de protéines de préférence animales (viande, volaille), de graisses saines, non brûlées, c'est-à-dire cuites à basse température. La température dans une poêle atteint facilement 170 ° C lors de la cuisson, ce qui dénature les composants contenus dans les aliments.

Évitez les situations de stress excessif, qui perturbent l'ovulation et diminuent par ce biais la sécrétion de progestérone.

Par ailleurs...

Faites corriger par votre médecin vos carences possibles en cortisol, en hormones thyroïdiennes et éventuellement en hormone de croissance et en somatomédine C. Ces hormones améliorent l'ovulation et amplifient la sécrétion naturelle de progestérone.

TEST : MANQUEZ-VOUS DE PROGESTÉRONE ?

Non/jamais : . . . . 0 Beaucoup/souvent : 3
Peu/parfois : . . . . 1 Énormément/constamment : . 4
Modérément/régulièrement : . . 2

SIGNES ET SYMPTÔMES						TOTAUX
Mes seins sont trop gros.						
0	1	2	3	4		-
On me reproche ma nervosité et mon agitation.						
0	1	2	3	4		-
Je me sens anxieuse.						
0	1	2	3	4		-
J'ai un sommeil léger et agité.						
0	1	2	3	4		-
Avant mes règles, mes seins me font mal...						
0	1	2	3	4		-
... mon bas-ventre est gonflé						
0	1	2	3	4		-
... je suis irritable, et agressive						
0	1	2	3	4		-
... il m'arrive même de perdre le contrôle de moi-même.						
0	1	2	3	4		-
Mes règles sont abondantes...						
0	1	2	3	4		-
... et constamment douloureuses.						
0	1	2	3	4		-
TOTAL GÉNÉRAL						

Score :
Femmes n'ayant plus de règles (4 questions) :
4 ou moins : le taux est acceptable.
9 et plus : vous manquez très certainement de progestérone. Parlez-en à votre médecin.
Femmes ayant des règles (10 questions) :
10 ou moins : le taux est acceptable.
Entre 11 et 20 : une carence en progestérone est envisageable.
21 et plus : vous manquez très certainement de progestérone. Parlez-en à votre médecin.

Carte d'identité

Nom : testostérone
ou hormone de la virilité

Provenance :

Chez l'homme, principalement des testicules et accessoirement des glandes surrénales et d'autres tissus comme la prostate (à partir d'hormones surrénaliennes précurseurs).

Chez la femme, ce sont les glandes surrénales et les ovaires principalement qui forment les androgènes à partir d'hormones précurseurs venant des glandes surrénales.

Actions bénéfiques :

- Insuffle de l'énergie constante, rend endurant du matin au soir, donne du souffle et du tonus.
- Apaise, aide à relativiser et surmonter les difficultés, les « petits pépins » de la vie.
- Rend plus solide face au stress, plus agressif, injecte de la ténacité au mental.
- Réveille la bonne humeur, avive le désir sexuel (aussi bien chez la femme – car cette hormone « mâle » est indispensable à sa libido ! – que chez l'homme), rend amoureux.
- Muscle le corps, raffermit la silhouette, réduit la graisse (y compris la cellulite).
- Rend la peau plus tonique, plus tendue.
- Humidifie les muqueuses des yeux et de la bouche.

> • La testostérone et surtout la dihydrotestostérone permettent chez l'homme les érections et les éjaculations.
> N.B. : l'œstradiol, l'hormone féminine, dérive directement de la testostérone, l'hormone mâle n° 1 ! La femme serait-elle un être plus avancé dans l'échelle de l'évolution ?

Comment reconnaître un manque de testostérone ?

Par votre apparence

Visage :

- Les muscles des joues plus mous.
- Un teint pâle.
- Des yeux secs, un regard terne.
- De petites rides autour de la bouche, sur la joue et au coin des yeux.
- Chez l'homme, la moustache ou la barbe peu développées.

Corps :

- Une apparence molle : un dos courbé, le ventre relâché et les hanches grasses.
- Chez l'homme, une perte ou un manque de pilosité sur le torse et le ventre.

Pénis :

- Un pénis flasque, parfois avec des indurations (signes de fibrose pouvant mener à une courbure déformante du pénis lors de l'érection appelée maladie de La Peyronie).
- Un prépuce (la membrane entourant le gland) trop grand et mou.

Testicules :

- Mous et/ou de taille réduite.

Prostate :

- Grosse, molle, irrégulière et/ou fortement infectée.

Si vous vous plaignez...

- D'une fatigue permanente du matin au soir.
- D'une tendance à la dépression.
- D'une perte de confiance en vous, d'un manque d'audace.
- D'un état émotionnel excessif, anxieux.
- D'un sommeil agité.
- De pertes de mémoire.
- D'un manque de créativité.
- D'attitudes rigides dans les interventions et les décisions.
- De bouffées de chaleur.
- D'une perte du désir sexuel (aussi bien chez l'homme que chez la femme).
- D'érections et d'éjaculations plus faibles.
- D'un manque de sensibilité clitoridienne.

Comment le médecin peut-il vérifier ce diagnostic ?

Dans le sang

- Le taux de testostérone (total) est défavorable si en dessous de 6 000 pg/ml chez un homme, 200 pg/ml chez la femme.
- Un taux de testostérone (libre) est défavorable si en dessous de 120 pg/ml chez un homme, 4 pg/ml chez une femme.
- Un taux élevé de SHBG (*Sex Hormone Binding Globulin*) est défavorable s'il excède 45 nmol/l chez un homme, 75 nmol/l chez une femme.

Ce qu'il va vous prescrire

Chez les jeunes : comprimés de mesterolon (25 à 100 mg par jour) ou gel de testostérone (à appliquer sur la peau), gélules de testostérone un décanoate (40 à 160 mg par jour) ou gel de testostérone.

Pour les hommes d'âge moyen, gel de testostérone ou injections de testostérone énanthate tous les 10 à 20 jours chez les plus âgés ou les plus déficients.

Les androgènes de synthèse se révèlent moins efficaces parce qu'ils n'imitent pas totalement tous les effets de la testostérone naturelle.

Pour les femmes : des doses équivalentes à environ un huitième ou un quart des doses prescrites chez l'homme.

Précautions à prendre

À ne prendre que sous la surveillance de votre médecin.

Évitez les doses excessives qui donnent des signes de « surdosage » : une musculature trop développée (la personne traitée devient une sorte de « monsieur muscle »), une odeur virile excessive, des cheveux gras, une agressivité exagérée, un désir sexuel gênant.

Faites vérifier votre prostate avant tout traitement.

Comment améliorer naturellement votre taux de testostérone ?

Mangez plus de protéines (viande, poisson, œufs, volaille) et de graisses.

Modérez le café et le tabac.

Évitez l'alcool.

Par ailleurs...

Prenez des acides aminés qui amplifient l'efficacité de la testostérone et de la dihydrotestostérone.

Faites corriger par votre médecin vos carences possibles en hormones thyroïdiennes, en DHEA, en mélatonine et éventuellement en hormone de croissance.
Évitez ou modérez, avec l'accord de votre médecin, les bêtabloquants, la pilule contraceptive, certains médicaments anticholestérol.

TEST : MANQUEZ-VOUS DE TESTOSTÉRONE ?

Non/jamais : 0
Peu/parfois : 1
Modérément/régulièrement : .. 2
Beaucoup/souvent : 3
Énormément/constamment : . 4

SIGNES ET SYMPTÔMES (Hommes et femmes)						TOTAUX
Je trouve mon visage moins musclé et plus ridé qu'avant.						
0	1	2	3	4		-
Dans l'ensemble, je suis moins tonique que par le passé.						
0	1	2	3	4		-
J'ai tendance à engraisser au niveau du ventre.						
0	1	2	3	4		-
Je suis constamment fatigué(e).						
0	1	2	3	4		-
J'ai envie de faire l'amour moins souvent qu'avant.						
0	1	2	3	4		-
TOTAL GÉNÉRAL						

Score pour les femmes (5 questions) :
5 ou moins : le taux est acceptable.
Entre 9 et 13 : une carence en testostérone est envisageable.
14 et plus : vous manquez très certainement de testostérone. Parlez-en à votre médecin.

SIGNES ET SYMPTÔMES (Hommes seulement)						TOTAUX
J'accumule de la graisse au niveau des seins.						
0	1	2	3	4		-
Je suis moins sûr de moi, plus hésitant.						
0	1	2	3	4		-
Je suis sexuellement moins performant.						
0	1	2	3	4		-
J'ai des bouffées de chaleur et des sueurs.						
0	1	2	3	4		-
J'ai du mal à récupérer après un effort physique.						
0	1	2	3	4		-
TOTAL GÉNÉRAL						

Score pour les hommes (10 questions) :
10 ou moins : le taux est acceptable.
Entre 11 et 20 : une carence en testostérone est envisageable.
21 ou plus : vous manquez très certainement de testostérone. Parlez-en à votre médecin.

Carte d'identité

NOM : vasopressine
ou hormone du souvenir

Provenance :
De la glande hypophyse (par son lobe postérieur principalement), mais certains neurones du cerveau en produisent aussi comme neurotransmetteur pour leurs besoins propres.

Actions bénéfiques :
- Ravive le souvenir visuel, la reconnaissance et le rappel.
- Suscite un sentiment de bien-être.
- Réduit la dépendance vis-à-vis des drogues.
- Aiguise l'attention, la concentration.
- Incite à bouger et à être actif.

Comment reconnaître un manque de vasopressine ?

Par votre apparence

Corps :
- Une tension artérielle basse.
- Des signes de déshydratation avec une peau « desséchée », dégonflée.
- Un pli de peau qui persiste longtemps après avoir été pincé.

Si vous vous plaignez...
- De pertes excessives d'urine surtout la nuit.
- D'un besoin impératif de se lever la nuit.
- D'une soif excessive avec impression de déshydratation.

- De moments de confusion avec des difficultés pour bien savoir différencier l'essentiel de l'accessoire.
- De pertes de mémoire.
- D'urines peu denses, très peu colorées.
- De pertes excessives de sang lors d'opérations chirurgicales.

Comment le médecin peut-il vérifier ce diagnostic ?

Dans le sang

Un taux de vasopressine en dessous de 2 ng/ml suggère la déficience, surtout si le sang est trop concentré.

Dans les urines des 24 heures

Impossibilité d'élever la concentration d'urine après une restriction sévère de boissons : les urines restent claires et volumineuses ; 40 mcg de vasopressine par spray appliqué par le nez élève cette concentration et élimine les plaintes liées au manque de vasopressine.

Ce qu'il va vous prescrire

Un traitement de préférence par un dérivé synthétique de la vasopressine : soit la desmopressine, en spray nasal en trois prises journalières, soit la terlipressine en injection journalière. Notons que ces dérivés de la vasopressine agissent moins bien sur la mémoire que la vasopressine naturelle.

Précautions à prendre

À ne prendre que sous la surveillance de votre médecin.

Évitez les doses excessives qui donnent des signes de « surdosage » : une tension artérielle trop élevée, des gonflements.

On peut craindre un surdosage dans les autres traitements hormonaux déjà en cours (lors de la prise de vasopressine, les autres hormones peuvent s'accumuler dans le sang, et ne plus être suffisamment excrétées dans les urines).

Comment améliorer naturellement votre taux de vasopressine ?

Buvez de l'eau.

Par ailleurs...

Comblez vos carences en autres hormones.

TEST : MANQUEZ-VOUS DE VASOPRESSINE ?

Non/jamais : 0
Peu/parfois : 1
Modérément/régulièrement : .. 2
Beaucoup/souvent : 3
Énormément/constamment : . 4

SIGNES ET SYMPTÔMES						TOTAUX
J'ai souvent soif durant la nuit.						
0	1	2	3	4		-
Je me relève régulièrement pour uriner.						
0	1	2	3	4		-
Je saigne beaucoup quand je me blesse.						
0	1	2	3	4		-
Je perds la mémoire.						
0	1	2	3	4		-
Par moments, j'ai du mal à rassembler mes idées.						
0	1	2	3	4		-
TOTAL GÉNÉRAL						

Score :
5 ou moins : le taux est acceptable.
Entre 6 et 10 : une carence en vasopressine est envisageable.
11 et plus : vous manquez très certainement de vasopressine. Parlez-en à votre médecin.

Conclusion

L'hormonothérapie, une médecine d'avenir

Un immense pas en avant fut accompli en médecine lors de l'introduction de l'hygiène, la découverte et l'utilisation des antibiotiques.
Les possibilités qu'offre l'hormonothérapie face au vieillissement sont également très prometteuses. La prescription systématique de suppléments hormonaux chez les personnes dont les glandes endocriniennes faiblissent avec l'âge fera également avancer la médecine d'un grand pas. L'ère des thérapies hormonales est là devant nous.

Aujourd'hui, à l'aide d'une hormonothérapie corrigeant les hormones manquantes, un patient a de fortes chances de se sentir mieux et de bénéficier d'une certaine protection contre la maladie de la vieillesse. À l'avenir, une personne de 50, 60, 70 ans traitée judicieusement aux hormones paraîtra en toute probabilité plus jeune que ses contemporains non traités et peut espérer par ce traitement allonger sa vie de quelques années. Dès l'âge de 25-35 ans, le médecin devrait déjà vérifier les taux hormonaux chez ses patients et les corriger s'il découvre des déficiences.
Pendant quelques dizaines d'années les thérapies hormonales constitueront, à notre avis, les meilleures méthodes préventives et partiellement curatives du vieillissement.
Après l'ère des thérapies hormonales, nous pensons que l'ère des thérapies purement géniques viendra. Ces thérapies chercheront à réparer les gènes des cellules qui se détériorent avec le temps. Elles pourront probablement allonger la longévité humaine bien au-delà de la limite des 120 ans, limite jusqu'ici considérée comme maximale. D'étonnantes expériences de thérapies géniques ont actuellement été pratiquées sur certaines espèces de vers. Elles parviennent à quintupler leur longévité.

Dans l'ouvrage que vous venez de lire, nous avons souvent proposé d'éviter les surdosages dans les traitements hormonaux, à l'origine d'effets pervers facilement identifiés et rapidement corrigés. Nous insistons : les surdosages autant que le dopage sont à éviter. Il faut savoir que les individus dopés, souvent des sportifs, reçoivent quotidiennement de 5 à 1 000 fois la dose d'hormone admise.

L'EPO, par exemple, était administré à 20 ou 30 fois la dose normale. La testostérone produite quotidiennement par le corps est de 7 mg, en cas de dopage, les athlètes pouvaient (restons optimistes et employons l'imparfait) en recevoir de 250 à 5 000 mg/jour. Il en est de même pour l'hormone de croissance. Les sportifs en recevaient des doses situées entre 6 et 8 UI/jour (Unités Internationales par jour) ! À comparer aux 0,5 à 1,5 UI/jour normalement fabriquées par le corps.

Pour ce qui est de l'industrie alimentaire, les hormones habituellement injectées aux animaux sont des dérivés synthétiques des formes naturellement présentes dans le corps humain. Ces animaux n'en ont naturellement pas besoin pour leur santé, mais ainsi, ils grossissent artificiellement, tout comme les bénéfices des producteurs. Pour vous rassurer un peu, sachez que si vous ne mangez pas la viande du site de l'injection de ces hormones, les quantités qui parviennent dans votre assiette sont généralement négligeables, et même indétectables.

Maigre consolation, convenons-en ! Faisons le vœu que ces méthodes douteuses (le dopage sous toutes ses formes) soient en voie de disparition totale.

Pour naturelles qu'elles soient, les hormones ne sont pas inoffensives. De tous temps, l'homme a dû maîtriser les ressources que lui offrait la nature pour devenir ce qu'il est.

Les hormones n'échappent pas à la règle. Souvenez-vous-en. Faites appel à votre médecin en cas de carence avérée. L'homme de l'art connaît ses outils et sera le mieux à même d'en tirer le maximum. N'hésitez donc pas à lui faire confiance !

Références scientifiques utilisées par les auteurs

I – A la découverte des hormones

L'HORMONE DE JOUVENCE, MYTHE OU RÉALITÉ ?

1. Pierpaoli W et al. The Pineal Control of Aging : the effects of melatonin and pineal grafting on the survival of older mice. Ann NY Acad of Sci. 1991 ; 621 : 291-313. **2.** Pierpaoli W et al. Pineal Control of Aging : Effect of melatonin and pineal grafting on aging mice. Proc Natl. Acad of Sci. USA. 1994 ; 94 : 787-91. **3.** Oaknin-Bendahan S et al. Effects of long-term administration of melatonin and a putative antagonist on the ageing rat. Neuroreport. 1995 Mar 27 ; 6 (5) : 785-8. **4.** Lewy AJ et al. Melatonin marks circadian phase position and resets the endogenous circadian pacemaker in humans. Ciba Found Symp. 1995 ; 183 : 303-17 ; discussion 317-21. **5.** Barni S, et al. A randomized study of low-dose subcutaneous interleukin-2 plus melatonin versus supportive care alone in metastatic colorectal cancer patients progressing under 5-fluorouracil and folates. Oncology. 1995 May-Jun ; 52 (3) : 243-5. **6.** Cos S et al. Differences between pulsatile or continuous exposure to melatonin on MCF-human breast cancer cell proliferation. Cancer Lett. 1994 Sep 30 ; 85 (1) : 105-9. **7.** Cos S et al. Melatonin modulates growth factor activity in MCF-7 human breast cancer cells. J Pineal Res. 1994 Aug ; 17 (1) : 25-32. **8.** Baum A et al. A histopathological study on alterations in DMBA-induced mammary carcinogenesis in rats with 50 Hz, 100 muT magnetic field exposure. Carcinogenesis. 1995 Jan ; 16 (1) : 119-25. **9.** Pierpaoli W et al. The Pineal Control of Aging : the effects of melatonin and pineal grafting on the survival of older mice. Ann NY Acad Sci. 1991 ; 621 : 291-313. **10.** Pierpaoli W et al. Pineal Control of Aging : Effect of melatonin and pineal grafting on aging mice. Proc Natl. Acad Sci. USA. 1994 ; 94 : 787-91. **11.** Dillman VM et al. Increase in the lifespan of rats following polypeptide pineal extracts treatment. Experimental Pathology. 1979 ; 17 : 539-45. **12.** Lesnikov VA et al. Pineal cross-transplantation (old-to-young and vice versa) as evidence for an endogenous « aging clock ». Ann NY Acad. Sci. 1994 ; 719 : 456-60. **13.** Birau N. Melatonin in human serum : progress in screening investigation and clinic. Institute of Preventive Endocrinology, Brême, République Fédérale d'Allemagne, 1980.

14. Brugger P et al. Impaired nocturnal secretion of melatonin in coronary heart disease. Lancet. 1995 Jun 3 ; 345 (8962) : 1408. **15.** Grad BR et al. The role of melatonin and serotonin in aging : update (published erratum appears in Psychoneuroendocrinology 1993 ; 18 (7) : 541. **16.** Colombo F et al. Changes in hormonal and biochemical parameters in gastric adenocarcinoma. Minerva Endocrinol. 1991 Jul-Sep ; 16 (3) : 127-39. **17.** Bartsch C et al. Melatonin and 6-sulfatoxymelatonin circadian rhythms in serum and urine on primary prostate cancer patients : evidence for reduced pineal activity and relevance of urinary determinations. Clin Chim Acta. 1992 Aug 31 ; 209 (3) : 153-67. **18.** Murialdo G et al. Circadian secretion of melatonin and thyrotropin in hospitalized aged patients. Aging. Milano. 1993 Feb ; 5 (1) : 39-46. **19.** O'Brien IAD et al. Abnormal circadian rhythm of melatonin in diabetic autonomic neuropathy. Clinical Endocrinology. 1986 ; 24 : 359-64. **20.** Tohgi H et al. Concentrations of serotonin and its related substances in the cerebrospinal fluid in patients with Alzheimer type dementia. Neurosci Lett. 1992 Jul 6 ; 141 (1) : 9-12. **21.** Pierrefiche G et al. Antioxidant activity of melatonin in mice. Res Commun Chem Pathol Pharmacol. 1993 May ; 80 (2) : 211-23. **22.** Reiter R et al. Mélatonine. Faux miracle ou vraie révolution ? Ed First. 1995 Nov ; (17) : 307. **23.** Morrey DM. Activation of human monocytes by the pineal hormone melatonin. J Immunol. 1994 Sep 15 ; 153 (6) : 2671-80. **24.** Mori N et al. Anti-hypercholesterolemic effect of melatonin in rats. Japanese Society of Pathology. 1989 ; 39 : 613-18. **25.** Aoyama H et al. Effects of melatonin on genetic hypercholesterolemia in rats. Atherosclerosis. 1988 ; 69 : 269-72. **26.** Pierpaoli W et al. The pineal control of aging : the effects of melatonin and pineal grafting on the survival of older mice. Ann NY Acad Sci. 1991 ; 621 : 291-313. **27.** Kornblihtt LI et al. Inhibitory effect of melatonin on platelet activation induced by callagen and arachidonic acid. J Pineal Res. 1993 May ; 14 (4) : 184-91. **28.** Vacas MI et al. Inhibition of human platelet aggregation and thromboxane B2 production by melatonin. Correlation with plasma melatonin levels. J Pineal Res. 1991 Oct-Nov ; 11 (3-4) : 135-9.

QUELLES HORMONES SE RARÉFIENT AVEC L'ÂGE ?

1. Bermudez F et al. High incidence of decreased serum triiodothyronine concentration in patients with non thyroidal disease. J Clin Endodrinol Metab. 1975 ; 41 : 28-40. **2.** Hegstad R et al. Aging and aldosterone. Am J Med. 1983 ; 74 : 422-48. **3.** Oventreich N et al. Age changes and sex differences in serum DHEAs concentrations throughout adulthood. J Clin Endocrinol Metab. 1984 ; 59 : 551-555. **4.** Waldhauser G et al. Alterations in nocturnal serum melatonin levels in humans with growth and aging. J Clin Endocrinol Metab. 1988 ; 66 : 648-652. **5.** Morer - Fargos F et al. Die Testosteronansscheidung im harrn bei männlichen individiren. Acta Endocrinologica. 1965 ; 49 : 443-452. **6.** Rudman D et al. Impaired growth hormone secretion in the adult population. J. Clin Invest. 1981 ; 67 : 1361-69. **7.** Wiener R et al. Age, sex and serum thyrotropin concentrations in primary hypothyroidism. Acta Endocrinol Copenh. 1991 ; 124(4) : 364-69

L'ACTION DES HORMONES, UN TRAVAIL D'ÉQUIPE

1. Janssen JO et al. Sexual dimorphism in the control of growth hormone secretion. Endocr Rev. 1985 ; 6 : 128-50. **2.** Brixen K et al. Effects of short-term growth hormone treatment on PTH, calcitriol, thyroid hormones, insulin and glucagon. Acta Endocrinol. 1992 ; 127 : 331. **3.** Moller J et al. Effects of growth hormone administration on fuel oxidation and thyroid function in normal man. Metabolism. 1992 ; 41 : 728. **4.** Hertoghe T. Growth hormone therapy in aging adults. In Anti-Aging Medical Therapeutics. 1997. eds Klatz RM, Goldman R, Health Quest Publications, Marinc Del Rey, California, p 10-28. **5.** Millard WJ et al, Growth hormone secretion in the obese male rat : modulation by the gonadal and thyroid axes. Growth, Development & Ageing. 1991 ; 55 : 91-103. **6.** Miell JP et al,. Effects of hypothyroidism and hyperthyroidism on insulin-like growth factors (IGFs) and growth hormone- and IGF-binding proteins. J Clin Endocrinol Metab. 1993 ; 76 : 950-5. **7.** Weaver JU et al. The effect of growth hormone replacement on cortisol metabolism and glucocorticoid sensitivity in hypopituitary adults. Clin Endocrinol Oxf. 1994 (41(5) : 639-648. **8.** Schteingart DE. Suppression of cortisol secretion by human growth hormone. J Clin Endocrinol Metab. 1980 ; 90 : 721. **9.** John TM et al, Influence of chronic melatonin implantation on circulating levels of catecholamines, growth hormone, thyroid hormone, glucose and free fatty acids in the pigeon. Gen Comp Endocrinol. 1990 ; 79 (2) : 226-32. **10.** Miell JP et al. Effects of hypothyroidism and hyperthyroidism on insulin-like growth factors (IGFs) and growth hormone- and IGF-binding proteins. J Clin Endocrinol Metab. 1993 ; 76 : 950-5. **11.** Kalsbeek A et al. Vasopressin and vasoactive intestinal peptide infused in the paraventricular nucleus of the hypothalamus elevate plasma melatonin levels. J Pineal Res. 1993 Aug ; 15 (1) : 46-52. **12.** Crespo D et al. Interaction between melatonin and estradiol on morphological and morphometric features of MCF-7 human breast cancer cells. J Pineal Res. 1994 May ; 16(4) : 215-22. **13.** Murialdo G et al. Circadian secretion of melatonin and thyrotropin in hospitalized aged patients. Aging. Milano. 1993 Feb ; 5 (1) : 39-46. **14.** Terzolo M et al, Effects of long-term, low-dose, time-specified melatonin administration on endocrine and cardiovascular variables in adult men. J Pineal Res. 1990 ; 9(2) : 113-24. **15.** Peterson RE. The miscible pool and turnover rate of adrenocortical steroids in men. Recent Progr Horm Res. 1959, 15 : 231. **16.** Thomas R et al. Thyroid disease and reproductive function : a review. Obstet Gynecol. 1987 ; 70 : 789. **17.** Wortsmann J et al. Abnormal testicular function in men with primary hypothyroidism. Am J Med. 1987 ; 82 : 207. **18.** Jolin T et al. The different effects of thyroidectomy, KCIO4, and propylthiouracil on insulin secretion and glucose uptake in the rat. Endocrinology. 1974 ; 94 : 1502. **19.** Cohen AM. Interrelation of insulin activity and thyroid function. Am J Physiol. 1957 ; 188 : 287. **20.** Berson JA et al. The effects of cortisone on the iodine accumulating function of the thyroid gland in euthyroid subjects. J Clin Endocrinol Metab. 1952 ; 12 : 407. **21.** Hill SR Jr et al. The effect of adrenocorticotropin and cortisone on thyroid function . thyroid-adrenocortical interrelationships. J Clin Endocrinol

Metab. 1950 ; 10 : 1375-4000. **22.** Bian XP et al. Promotional role for glucocorticoids in the development of intracellular signalling : enhanced cardiac and renal adenylate cyclase reactivity to beta-adrenergic and non-adrenergic stimuli after low-dose fetal dexamethasone exposure. J Dev Physiol. 1992 Jun ; 17 (6) : 289-97. **23.** Angeli A. Effects of long-term, low-dose, time-specified melatonin administration on endocrine and cardiovascular variables in adult men. J Pineal Res. 1990 ; 9 (2) : 113-24. **24.** Abrahamssons L et al. Catabolic effects and the influence on hormonal variables under treatment with gynodian-depot or DHEA oenanthate. Maturitas. 1981 ; 3 : 225-234. **25.** Coleman DL et al. Therapeutic effects of DHEA metabolites in diabetes mutant mice. Endocrinology. 1984 ; 115(1) : 239-43. **26.** Haffner SM et al. Decreased testosterone and dehydroepiandrosterone sulfate concentrations are associated with increased insulin and glucose concentrations in nondiabetic men. Metabolism. 1994 May ; 43 (5) : 599-603. **27.** Gross HA et al. Effect of biologically active steroids on thyroid function in man. J Clin Endocrinol Metab. 1975 ; 33 : 242. **28.** Evans WS et al. Effects of in vivo gonadal hormone environment on in vitro hp GRF-40-stimulated GH release. Am J Physiol. 1985 ; 249 : E276-80. **29.** Romagnoli E et al. Effect of estrogen deficiency on IGF-I plasma levels : relationship with bone mineral density in perimenopausal women. Calcif Tissue. Int. 1993 Jul ; 53 (1) : 1-6. **30.** W Regelson et al. DHEA the multifunctional steroid Annals NY Acad Sci. 1994, 564-575. **31.** De Vroeg E et al. Het meervoudig deficiëntie syndrom. Medical Trends. 1986 ; March. **32.** Hertoghe Luc. Over de inwendige sekretiën. Exposition « De Mensch ». 1936 March 23 ; 31-37.

II – Les hormones au service de la jeunesse

Améliorer forme physique

LUTTER CONTRE LA FATIGUE

1. Schinberg P et al. Correlative observations of cerebral metabolism and cardiac output in myxedema. J Clin Invest. 1950 ; 29 : 1139. **2.** Whybrow PC. Behavioral and psychiatric aspects. The Thyroid (Werner's) 1986 ; Ingbar S, Braverman L, ecs Philadelphia, Lippincott company : 1205. **3.** Levin ME et al. Fatal coma due to myxoedema. Am J Med. 1955 ; 18 : 1017. **4.** Bixo M et al. Progesterone distribution in the brain of the PMSG treated female rat. Acta Physiol Scand. 1984 ; 122 : 355. **5.** Bäckström T et al. Ovarian steroid hormones. Acta Obstet Gynecol Scand Suppl. 1985 ; 130 : 19. **6.** Bahrke MS et al. Psychological moods and subjectively perceived behavioral and somatic changes accompanying anabolic-androgenic steroid use. Am J Sports Med. 1992 Nov-Dec ; 20 (6) : 717-24. **7.** Boone JB Jr et al. Resistance exercise effects on plasma cortisol, testosterone and creatine kinase activity in anabolic-androgenic steroid users. Int J Sports Med. 1990 Aug ; 11 (4) : 293-7. **8.** Friedl KE et al. Comparison of the effects of high dose testosterone and 19-nortestosterone to a replacement dose of testosterone on strength and body composition in normal men. J Steroid Biochem Mol Biol. 1991 ; 40 (4-6) : 607-12. **9.** Flood JF, DHEA and its sulfate enhance memory retention in mice. Brain Research. 1988 ; 447 : 269-278. **10.** Barrett-Connor E. A prospective study of DHEAs, mortality and cardiovascular disease. N Engl J Med. 1986 ; 315(24) : 1519-24. **11.** Hadley Osran et al. Adrenal androgens and cortisol in major depression. Am J Pshychiatry. 1993 ; 150(5) : 806-809. **12.** Herrington DM. Plasma DHEA and DHEAs in patients undergoing diagnostic coronary angiography. J Am Coll Cardiology. 1990 ; 16(4) : 862-70. **13.** Enquête International Health Foundation : ref 10 A 32 b. **14.** Werner AA. The male climateric. JAMA. 1946 ; 132 (4) : 188-94. **15.** Ingle DJ et al. Physiological and therapeutic effects of corticotropin (ACTH) and cortisone. Springfield, Thomas. 1953 ; 40. **16.** Jefferies W. Safe Uses of Cortisone. 1981 ; ed Charles C Thomas, Springfield-Illinois, USA, 9. **17.** Granner DK. The role of glucocorticoid hormones as biologic amplifiers. In Baxter JD, Rousseau GG (Eds). Glucocorticoid Hormone Action. Ed Springer-Verlag New-York. 1979 ; 593-611. **18.** Wing SS et al. Glucocorticoids activate the ATP-ubiquitin-dependent proteolytic system in skeletal muscle during fasting. Am J Physiol. 1993 Apr ; 264 (4 Pt 1) : E668-76. **19.** Demitrack MA et al. Evidence for impaired activation of the hypothalamic-pituitary-adrenal axis in patients with chronic fatigue syndrome. J Clin Endocrinol Metab. 1991 ; 73 (6) : 1224-34. **20.** Kudsk KA et al. Effect of recombinant human insulin-like growth factor I and early total parenteral nutrition on immune depression following severe head injury. Arch Surg 1994 Jan ; 129 (1) : 66-70 ; discussion 70-1. **21.** Mc Gauley GA et al. Psychological well-being before and after growth hormone treatment in adults with growth hormone deficiency. Horm Res. 1990 ; 33 Suppl 4 : 52-4. **22.** John TM et al. Influence of chronic melatonin implantation on circulating levels of catecholamines, growth hormone, thyroid hormones, glucose and free fatty acids in the pigeon. Gen Comp Endocrinol. 1990 ; 79 (2) : 226-32. **23.** Cuneo RC et al. Growth hormone treatment in growth hormone-deficient adults. II. Effects on exercise performance. J Appl Physiol. 1991 Feb ; 70 (2) : 695-700. **24.** Cuneo RC et al. Growth hormone treatment in growth hormone-deficient adults. I. Effects on muscle mass and strength. J Appl Physiol. 1991 Feb ; 70 (2) : 688-94. **25.** Wuster C et al. Increased prevalence of osteoporosis and arteriosclerosis in conventionally substituted anterior pituitary insufficiency : need for additional growth hormone substitution ? Klin Wochenschr. 1991 Oct 18 ; 69 (16) : 769-73. **26.** Cuneo RC et al. Skeletal muscle performance in adults with growth hormone deficiency. Horm Res. 1990 ; 33 Suppl 4 : 55-60. **27.** O'Brien IAD et al. Abnormal circadian rhythm of melatonin in diabetic autonomic neuropathy. Clinical Endocrinology. 1986 ; 24 : 359-64. **28.** Sandyk R et al. Pineal calcification and its relationship to the fatigue of multiple sclerosis. Int J Neurosci. 1994 Jan-Feb ; 74 (1-4) : 95-103.

REMÉDIER AUX TROUBLES DE LA SEXUALITÉ

1. Szczypka MS et al. Dopamine-stimulated sexual behavior is testosterone dependent in mice. Behav Neurosci. 1998 ; 112(5) : 1229-35. **2.** Karabelyos C et al. Effect of neonatal triiodothyronine (T3) treatment (hormonal imprinting) on the sexual behavior of adult rats. Acta Physiol Hung. 1997-98 ; 85(1) : 11-5. **3.** Mani SK et al. Dopamine requires the unoccupied progesterone receptor to induce sexual behavior in mice (published erratum appears in Mol Endocrinol 1997 ; 11(4) : 423). Mol Endocrinol. 1996 ; 10(12) : 1728-37. **4.** Sarrel PM. Ovarian hormones and vaginal blood flow : using laser Doppler velocimetry to measure effects in a clinical trial of post-menopausal women. Int J Impot Res. 1998 ; 10 Suppl 2 : S91-3 ; discussion S 98-101. **5.** Van Goozen ZH et al. Psychoendocrinological assesment of the menstrual cycle : the relationship between hormones, sexuality, and mood. Arch Sex Behav. 1997 ; 26(4) : 359-82. **6.** Riters LV et al. Effects of brain testosterone implants on appetitive and consummatory components of male sexual behavior in Japanese quail. Brain Res Bull. 1998 ; 47(1) : 69-79. **7.** Dabbs Jm Jr. Testosterone and pupillary response to auditory sexual stimuli. Physiol Behav. 1997 ; 62(4) : 909-12 . **8.** Alexander GM et al. Androgen-behavior correlations in hypogonadal men and eugonadal men. I. Mood and response to auditory sexual stimuly. Horm Behav. 1997 ; 31(2) : 110-9. **9.** Roberts RL et al. Sexual diffentiation in prairie voles : the effects of corticosterone and testosterone. Physiol Behav. 1997 ; 62(6) : 1379-83. **10.** Sato Y et al. Restoration of sexual behavior and dopaminergic neurotransmission by long term exogenous testosterone replacement in aged male rats. J Urol. 1998 ; 160(4) : 1572-5. **11.** Arvers S et al, Improvement of sexual function in testosterone deficient men treated for 1 year with a permeation enhanced testosterone transdermal system. J Urol. 1996 ; 155(5) : 1604-8. **12.** Nishihara M et al. Different female reproductive phenotypes determined by human growth hormone (hGH) levels in hGH-transgenetic rats. Biol Reprod. 1997 ; 56(4) : 847-51. **13.** Tutten A et al. Discrepancies between genital responses and subjective sexual function during testosterone substitution in women with hypothalamic amenorrhea. Psychosom Med. 1996 ; 58(3) : 234-41. **14.** Sarrel P et al. Estrogen and estrogen-androgen replacement in postmenopausal women dissatisfied with estrogen-only therapy. Sexual behavior and neuroendocrine responses. J Reprod Med. 1998 ; 43(10) : 847-56. **15.** Davis SR. The clinical use of androgens in female sexual disorders. J Sex Marital Ther. 1998 ; 24(3) : 153-63. **16.** Keast Jr et al. Testosterone has potent, selective effects on the morphology of pelvic autonomic neurons which control the bladder, lower bowel and internal reproductive organs of the male rat. Neuroscience. 1998 ; 85(2) : 543-56. **17.** Halpern CT et al. Monthly measures of salivary testosterone predict sexual activity in adolescent males. Arch Sex Behav. 1998 ; 27(5) : 445-65. **18.** Mills TM et al. Androgenic maintenance of inflow and veno-occlusion during erection in the rat. Biol Reprod. 1998 ; 59(6) : 1413-8. **19.** Velasquez-Urzola A. Hypoplasia of the penis : etiologic diagnosis and results of treatment with delayed-action testosterone. 1998 ; 5(8) : 844-50. **20.** Rakic Z et al. Testosterone treatment in men with erectile disorder and low levels of total testosterone in serum. Arch Sex Behav. 1997 ; 26(5) : 495-504. **21.** Penson DF et al. Androgen and pituitary control of penile nitric oxide synthase and erectile function in the rat. Biol Reprod. 1996 ; 55(3) : 567-74. **22.** Reilly CM et al. Androgenic regulation of NO availability in rat penile erection. J Androl. 1997 ; 18(2) : 110-5.

23. Shabsigh R. The effects of testosterone on the cavernous tissue and erectile function. World J Urol. 1997 ; 15(1) : 21-6. **24.** Mills TM et al. Androgens and penile erection : a review. J Androl. 1996 ; 17(6) : 633-8. **25.** Kapicioglu S et al. Inhibition of penile erection in rats by a long-acting somatostatin analogue, octreotide (SMS 201-995). Br J Urol. 1998 ; 81(1) : 142-5. **26.** Yang S et al. Sexual dimorphism in secretion of hypothalamic gonadotropin-releasing hormone and norepinephrine after coitus in rabbits. Endocrinology. 1996 ; 137(7) : 2683-93. **27.** Blache D et al. Inhibition of sexual behaviour and the luteinizing hormone surge by intracerebral progesterone implants in the female sheep. Brain Res. 1996 ; 741(1-2) : 117-22. **28.** Zumpe D et al. Effects of progesterone on the sexual behavior of castrated, testosterone-treated male cynomolgus monkeys (Macaca fascicularis). Physiol Behav. 1997 ; 62(1) : 61-7.

COMBATTRE L'INSOMNIE

1. Nave R et al. Melatonin improves evening napping. Eur J Pharmacol. 1995 Mar 6 ; 275 (2) : 213-6. **2.** Hughes JT. Electromagnetic fields and brain tumours : a commentary. Teratog Carcinog Mutagen. 1994 ; 14 (5) : 213-7. **3.** Garfinkel D et al. Improvement of sleep quality in elderly people by controlled-release melatonin. Lancet. 1995 Aug 26 ; 346 (8974) : 541-4. **4.** Cagnacci A et al. Hypothermic effect of melatonin and nocturnal core body temperature decline are reduced in aged women. J Appl Physiol. 1995 Jan ; 78 (1) : 314-7. **5.** Claustrat B et al. Melatonin and jet lag : confirmatory result using a simplified protocol. Biol Psychiatry. 1992 Oct 15 ; 32 (8) : 705-11. **6.** Bäckström T et al. Ovarian steroid hormones. Acta Obstet Gynecol Scand Suppl. 1985 ; 130 : 19. **7.** Freeman EW et al. Anxiolytic metabolites of progesterone : correlation with mood and performance measures following oral progesterone administration to healthy female volunteers. Neuroendocrinology. 1993 Oct ; 58(4) : 478-84. **8.** Wieland S et al. Anxiolytic activity of the progesterone metabolite 5 alpha-pregnan-3 alpha-ol-20-one. Brain Res. 1991 Nov 29 ; 565(2) : 263-8. **9.** Picazo O et al. Anti-anxiety effects of progesterone and some of its reduced metabolites : an evaluation using the burying behavior test. Brain Res. 1995 May 22 ; 680(1-2) : 135-41. **10.** Schiavi RC et al. Pituitary-gonadal function during sleep in healthy aging men. Psychoneuroendocrinology. 1992 Nov ; 17 (6) : 599-609. **11.** Mathur PP et al. Effect of sleep deprivation on the physiological status of rat testis. Andrologia. 1991 Jan-Feb ; 23 (1) : 49-51. **12.** Opstad PK. Androgenic hormones during prolonged physical stress, sleep, and energy deficiency. J Clin Endocrinol Metab. 1992 May ; 74 (5) : 1176-83. **13.** Werner AA. The male climateric. JAMA. 1946 ; 132 (4) : 188-94. **14.** Friess E et al. DHEA administration increases rapid eye movement sleep and EGG power in the sigma frequency range. Am Physiological Society. 1995 ; E107-113. **15.** Greenbaum AL. Changes in body composition and respiratory quotient of adult female rats treated with purified growth hormone. Biochem J. 1953 ; 54 : 400. **16.** Astrom C et al. Growth hormone-deficient young adults have decreased deep sleep. Neuroendocrinology. 1990 Jan ; 51 (1) : 82-4. **17.** Astrom C et al. The influence of growth hormone on sleep in adults with growth hormone deficiency. Clin Endocrinol Oxf. 1990 Oct ; 33 (4) : 495-500. **18.** Obal F Jr et al. Growth hormone-releasing hormone antibodies suppress sleep and prevent enhancement of sleep after sleep deprivation. Am J Physiol. 1992 Nov ; 263 (5 Pt 2) : R1078-85. **19.** Holland M et al. Serum testosterone : a possible marker for colorectal cancer. Medicine B Aires. 1993 ; 53 (2) : 117-23. **20.** Langer M et al. Androgen receptors, serum androgen levels and survival of breast cancer patients. Arch Gynecol Obstet. 1990 ; 247 (4) : 203-9. **21.** Friedman TC et al. Decreased delta-sleep and plasma delta-sleep-inducing peptide in patients with Cushing syndrome. Neuroendocrinology. 1994 Dec ; 60 (6) : 626-34. **22.** Poland RE et al. Effects of low-dose dexamethasone on sleep EEG patterns, plasma cortisol and the TSH response to TRH in major depression. Pharmacopsychiatry. 1993 May ; 26 (3) : 79-83.

DÉVELOPPER VOTRE MÉMOIRE

1. Molsa PK et al. Epidemiology of dementia in a Finnish population. Acta Neurol Scand. 1982 ; 654 : S41-S52. **2.** Schreiber P et al. Correlative observations of cerebral metabolism and cardiac output in myxedema. J Clin Invest. 1950 ; 29 : 1139. **3.** Ruiz Marcos et al. Thyroxine treatment and the recovery of the cerebral cortex from changes induced by juvenile-onset hypothyroidism. J Neurobiological. 1994 ; 25(7) : 808-18. **4.** Wolters R et al. Neuropsychological study in treated thyroid dysgenesis. Acta Paediatr Scand. 1979 ; (Suppl 227) : 41-6. **5.** Marinesco GM. Contribution à l'étude des lésions du myxoedème congénital. Encéphale. 1924 ; 19 : 265. **6.** Lotmar R. Histopathologische Befunde in Gehirnen von kongenitale Myxoëdem (thyreoplasie), un Kachexia thyreopriva. Monatschr Neurol Pshychiatry. 1929 ; 119 : 491. **7.** Wolters R et al. Neuropsychological study in treated thyroid dysgenesis. Acta Paediatr Scand. 1979 ; (Suppl 227) : 41-6. **8.** Pharoah PO et al. Relationship between maternal thyroxine levels during pregnancy and memory function in childhood. Early Hum Dev. 1991 Jan-Feb ; 25 (1) : 43-51. **9.** Kopp CB et al. Relationship between sex hormones and haemostatic factors in healthy middle-aged men. Atherosclerosis. 1988 ; 71 : 71-6. **10.** Freedman DS et al. Relation of serum testosterone levels to high density lipoprotein cholesterol and other characteristics in men. Arterioscler Thromb. 1991 ; 11(2) : 307-15. **11.** Gutai J et al. Plasma testosterone, high density lipoprotein cholesterol and other lipoproetein factions. Am J Cardiology. 1981 ; 48 : 897-902. **12.** Dinu M et al. The effects of vitamin D2 on the lipid profile and on the platelet and cardiovascular activities in castrated or testosterone-treated male rats. Rev Med Chir Soc Med Nat Lasi. 1990 ; 94(1) : 123-7. **13.** Bennet A et al. Ulcères de jambe post-phlébitiques et caryotype XYY : tests de fibrinolyse et fonction androgénique. Ann Dermatol Venereol. 1987 ; 114 : 1097-101. **14.** Hughes GS et al. Fish oil produces an atherogenic lipid profile in hypertensive men. Atherosclerosis. 1990 ; 84(2-3) : 229-37. **15.** Rasika S et al. Testosterone increases the recruitment and/or survival of new high vocal center neurons in adult female canaries. Proc Natl Acad Sci USA. 1994 ; 91(17) : 7854-8. **16.** Stocker S et al. Exogenous testosterone differentially affects myelination and neurone soma sizes in the brain of canaries. Neuroreport. 1994 ; 5(12) : 1449-52. **17.** Flood JF et al. Age-related decrease of plasma testosterone in SAMP8 mice : replacement improves age-related impairment of learning and memory. Physiol Behav. 1995 ; 57(4) : 669-73. **18.** Gauchie C et al. The relationship between testosterone levels and cognition ability patterns. Psychoneuroendocrinology. 1991 ; 16(4) : 323-34. **19.** Christiansen K. Sex hormone-related variations of cognitive performance in Kung San hunter-gatherers of Namibia. Neuropsychobiology. 1993 ; 27(2) : 97-107. **20.** Van Goozen SH et al. Activating effects of androgens on cognitive performance : causal evidence in a group of female-to-male transexuals. Neuropsychologia. 1994 ; 32(10) : 1153-7. **21.** Erkkola R. Female menopause, hormone replacement therapy and cognitive processes. Maturitas. 1996 ; 23 suppl : S27-30. **22.** Sherwin BB. Estrogen and/or androgen replacement therapy and cognitive functioning in surgically menopausal women. Psychoneuroendocrinology. 1988 ; 13(4) : 345-57. **23.** Sandyk R. Estrogen's impact on cognitive functions in multiple sclerosis. Int J Neurosci. 1996 ; 86(1-2) : 23-31. **24.** Kampen DL et al. Estradiol is related to visual memory in healthy young men. Behav Neurosci. 1996 ; 110(3) : 613-7. **25.** Flood JF et al. Dehydroepiandrosteraone sulfate improves memory in aging mice. Brain Res. 1988 ; 448(1) : 178-81. **26.** Roberts E. Dehydroepiandrosterone (DHEA) and its sulfate (DHEAs) as neural facilitators : effects on brain tissue in culture and on memory in young and old mice. A cyclic GMP hypothesis of action of DHEA and DHEAs in nervous system and other tissues. Walter de Gruyter & Co. 1990 ; 13-42. **27.** Flood JF et al. Dehydroepiandrosterone and its sulfate enhance memory retention in mice. Brain Res. 1988 ; 447(2) : 269-78. **28.** Bonnet KA et al. Cognitive effects of DHEA replacement therapy. Walter de Gruyter & Co. 1990 ; 65-79. **29.** Flood JF et al. Memory-enhancing effects in male mice of pregnenolone and steroids metabolically derived from it. Proc Natl Acad Sci USA. 1992 ; 89 : 1567-71. **30.** Corpechot C et al. Pregnenolone and its sulfate ester in the rat brain. Brain Res. 1983 ; 270(1) : 119-25. **31.** Robel P et al. Neuro-steroids : 3 beta-hydroxy-delta 5-derivatives in rat and monkey brain. J Steroid Biochem. 1987 ; 27 : 649-55. **32.** Lanthier A et al. Sex Steoids and 5-en-3 beta-hydroxysteroids in specific regions of the human brain and cranial nerves. J Steroid Biochem. 1986 ; 25 : 445-9. **33.** Peeters BWMM et al. Involvement of corticosteroids in the processing of stressful live-events. J Steroid Biochem Mol Biol. 1994 ; 49(4-6) : 417-427. **34.** Jandhi C et al. corticosterone facilitates long-term memory formation via enhanced glycoprotein synthesis. Neuroscience. 1995 ; 69(4) : 1087-93. **35.** Roozendaal B et al. Amygdaloid nuclei lesions differentially affect glucocorticoid-induced memory enhancement in an inhibitory avoidance task. Neurobiol Learn Mem. 1996 ; 65(1) : 1-8. **36.** Sekiguchi R et al. Analysis of the influence of vasopressin neuropeptides on social memory of rats. Eur Neuropsychopharmacol. 1991 ; 2 : 123-6. **37.** Van Ree JM et al. Neurohypophyseal principles and memory processes. Biochem Pharmacol, 1978 ; 27 : 1793-1800. **38.** Fekete M et al. The ACTH-(4-9) analog ORG 2766 and desglycinamide^{9}-(Arginine^{8})-vasopressin reverse the retrograde amnesia induced by disrupting circadian rhythms in rats. Peptides. 1986 ; 7 : 563-8. **39.** Laczi F et al. Differential effect of desglycinamite (Ary) - vasopressin on cognitive funcctions of diabetes insipidus and alcoholic patients. Acta Endocrinol (Copenh). 1987 ; 115 : 393-98. **40.** Legros JJ et al. Influence of vasopressin on learning and memory. Lancet. 1978 ; 1 : 41-2. **41.** Legros JJ et al. Vasopressin and memory in the human. In : Gotto AM Jr, Peck EJ Jr, Boyd AEIII, eds. Brain peptides : a new endocrinology. Amsterdam : Elsevier/North-Holland. 1979 ; pp 347-64. **42.** Nebes RD et al. The effect of vasopressin on memory in the healthy elderly. Psychiatr Res. 1984 ; 11 : 49-59. **43.** Delwaide PJ et al. Acute effect of drugs upon memory of patients with senile dementia. Acta Psychiatr Belg. 1980 ; 80 : 748-54. **44.** Van Ree JM. Memory and Neuropeptides. In : Endocrinology and metabolism in the elderly. Eds Morley JE and Korenman SG. Blackwell Scientific Publications : 500-24. **45.** Applezwig MH et al. The pituitary-adrenocortical system in avoidance learning. Psychol Rep. 1955 ; 1 : 417-20. **46.** Bohus B et al. Effects of adrenocorticotropic hormone on avoidance behaviour in intact and adrenalectomized rats. Int J Neuropharmacol. 1968 ; 7 : 307-14. **47.** De Wied D. Influence of anterior pituitary on avoidance learning and escape behavior. Am J Physiol. 1964 ; 207 : 255-9. **48.** Sternberg S. High-speed scanning in human memory. Science. 1966 ; 153 : 652-54. **49.** Miller LH et al. A neuroheptapeptide influence on cognitive functioning in the elderly. Peptides. 1980 ; 55-7. **50.** Reiter RJ et al. A review of the evidence supporting melatonin's role as an antioxydant. J Pineal Res. 1995 Jan ; 18 (1) : 1-11.

Embellir votre apparence

SOIGNER SA PEAU ET LUTTER CONTRE LES RIDES

1. Bolognia JL. Aging skin. Am J Med. 1995 ; 98(1A) : 99S-103S. **2.** Thiboutot DM. Dermatological Manifestations of Endocrine Disorders. J Clin Endoc Metab. 1995 ; 80 : 3082-3087. **3.** Feinhold KR et al. Endocrine-skin interactions. Cutaneous manifestations of pituitary disease, thyroid disease, calcium disorders and diabetes. J Am Acad Dermatol. 1987 ; 17(6) : 921-40. **4.** Heymann W. Cunaneous manifestations of thyroid disease. J Am Acad Dermatol, 1992 ; 26 : 885-902. **5.** Hertoghe E. Le myxoedème fruste. Bulletin de l'Académie Royale de Médecine. 1899 ; Ed Hayez, Brussels, p 24-25. **6.** Mullin GE et al. Cutaneous signs of thyroid disease. Am Fam Physician. 1989 ; 34(4) : 93- 8. **7.** Gower DB et al. Comparison of 16-androstene steroid concentrations in sterile apocrine sweat and axillary secretions : interconversions of 16-androstenes by the axillary microflora - a mechanism for axillary odour production in man ? J Steroid Biochem Mol Biol. 1994 ; 48(4) : 409-18. **8.** Jacobson E et al. Age-related changes in sebaceous wax external secretion rates in men and women. J Invest Dermatol. 1985 ; 85 : 473-485. **9.** Imperato-Mc Ginley JJ et al. The androgen control of sebum production. Studies of subjects with dihydrotestosterone deficiency and complete androgen insensivity. J Clin Endocrinol Metab. 1993, 76 : 524-528. **10.** Yamamoto A et al. Sebaceous gland activity and urinary androgen levels in children. J Dermatol Sci. 1992 ; 4(2) : 98-104. **11.** Pichi Pe et al. Sebaceous gland suppression with ethinyl estradiol and diethylstilbestrol.

Arch Derm, 1973, 108(2) : 210-214. **12.** Shuster J et al, The influence of age and sex on skin thickness, skin collagen and density. Br J Dermatol. 1975 ; 93 : 639-643. **13.** Brincat M et al. Long-term effects of the menopause and sex hormones on skin thickness. Br J Obstet Gynaecol. 1985 ; 92 : 256-9. **14.** Savuas M et al. Type III collagen content in the skin of postmenopausal women receiving oestradiol and testosterone implants. Br J Obstet Gynaecol. 1993 ; 100(2) : 154-6. **15.** Hassager C et al. Collagen synthesis in postmenopausal women during therapy with anabolic steroid or female sex hormones. Endocrinology. 1990 ; 1167-1169. **16.** Rabbidsi G et al. Relationship between ground substance and hormones in skin aging. G Ital Derm Minerva Derm. 1973 ; F108(1) : 59-64. **17.** Lund P et al. The effect of L-Thyroxine treatment on skin accumulation of acid glycosaminoglycans in primary myxoedema. Acta Endocrinol Copenh. 1986 ; 113(1) : 56-8. **18.** Jörgensen O et al. Influence of sex hormones on granulation tissue formation and on healing of linear wounds. Arch Chirurg Scandinav. 1962 ; 124 : 1-10. **19.** Noble DE et al. Localization of the growth hormone receptor/binding protein in skin. Endocrinol. 1990 ; 126(3) : 467-71. **20.** Osclund H et al. Alterations in the cross-links of skin collagen of rats treated with synthetic growth hromone. Connect Tissue Res. 1991 ; 26(1-2) : 65-75. **21.** Seyer-Hansen M et al. Influence of bio-synthetic hurman growth hormone on the biomechanical strength development in skin incisional wounds of diabetic rats. Eur Surg Res. 1993 ; 25(3) : 162-8. **22.** Black MM et al. Skin collagen and thickness in Cushing's syndrome. Arch Dermatol Forsch. 1973 ; 246(4) : 365-368. **23.** Therndon DN et al. Characterization of growth hormone enhanced donor site healing in patients with large cutaneous burns. Ann Surg. 1995 ; 221(6) : 649-56. **24.** Gilpin DA et al. Recombinant human growth hormone accelerates wound healing in children with large cutaneous burns. Ann Surg. 1994 ; 220(1) : 19-24. **25.** Gaher A et al. Effect of anti-IGF-1 on epidermal proliferation of human skin transplanted into nude mice treated with growth hormone. Endocrinology. 1994 ; 134(1) : 229-32. **26.** Tayama K et al. Development of pigmented scales on rat skin : relation to age, sex, strain and hormonal effect. Lab Anim Sci. 1994 ; 44(3) : 240-4.

STOPPER LA CHUTE DES CHEVEUX

1. Mohn MP. The effects of different hormonal states on the growth of hair in rats. In : Montagna W, Ellis RA, Eds The biology of hair growth. New-York : Academic Press. 1958 : 355. **2.** Rook A. Endocrine influences on hair growth. Br Med J. 1965 ; 1 : 609. **3.** Hertoghe E. Le myxoedème fruste. Bulletin de l'Académie Royale de Médecine de Belgique. 1899 ; Ed Hayez, Brussels, p 21-25. **4.** Smith JG et al. Hair rats of the human scalp in thyroid disease. J Invest Dermatol. 1959 ; 32 : 35. **5.** Lutz G et al. Value of pathologic thyroid glands finding in alopecia areata. Z Hautkr. 1987 ; 62(17) : 1253-61. **6.** Bruno OD et al. Thyroid gland function and autoimmunity in children with alopecia universalis. Medicine B Aires. 1985 ; 45(1) : 25-8. **7.** Perloff WH, Hirsutism : a manifestation of juvenile hypothyroidism. JAMA. 1955 ; 157 : 161. **8.** Oh HS et al. An estrogen receptor pathway regulates the telogen anagen hair follicles transition and influences epidermal cell proliferation. Proc Natl Acad Sci USA. 1996 ; 93(22) : 125-30. **9.** Choudhry R et al. Localization of androgen receptors in human skin by immunohistochemistry : implications for the hormonal regulation of hair growth, sebaceous glands and sweat glands. J Endocrinol. 1992 ; 133(3) : 467-75. **10.** Schweikert HV et al. Regulation of human hair growth by steroid hormones II Androstenedione metabolism in isolated hairs. J Clin Endocrinol Metab. 1974 ; 39 : 1012. **11.** Hamilton JB. Increased levels of circulating testosterone can cause scalp hair loss in susceptible individuals. Amer J Anat. 1992 ; 71 : 451. **12.** Fazekas AG et al. The metabolism of DHEA by human scalp hair follicles. J Clin Endocrinol Metab. 1973 ; 36 : 582. **13.** Knussmann R et al. Relationship between sex hormones level and characters of hair and skin in healthy young men. Am J Phys Anthropol. 1992 ; 88(1) : 59-67. **14.** Van Schoor J. Een vrouw met alopecia totalis en multipele endocrine uitval. Ned Tijdsch Gen. 1989 ; 133(25) : 946-949. **15.** Sawaya ME et al. Glucocorticoid regulation of hair growth in alopecia areata. J Invest Dermatol. 1995 ; 104 (5 suppl) : 30S. **16.** Rose J. ACTH but not alpha-MSH as a mediator of adrenalectomy induced hair growth in mink. J Invest Dermatol. 1998 ; 110(4) : 456-7. **17.** Relli EP et al. Stimulating effect of adrenalectomy on hair growth and melanin deposition in rats fed diets adequate and deficient in the filtrate factors of vitamin B. Endocrinology. 1993 ; 32(1) : 1-12.

TRAITER L'OBÉSITÉ ET LA CELLULITE

1. Lew EA et al. Variations in mortality by weight among 750,000 men and women. J Chron Dis. 1979 ; 32 : 563-76. **2.** Chopra IJ et al. Circulating thyroid hormones in thyrotropin in adult patients with protein-calorie malnutrition. J Clin Endocrinol Metab. 1975 ; 40 : 221-7. **3.** Sandhu GS et al. Effect of L-thyroxine (LT4) and D-thyroxine (DT4) on cardiac function and high-energy phosphate matabolism : a 31P NMR study. Magn Reson Med. 1991 Mar ; 18 (1) : 237-43. **4.** Nicoloff JT et al. Altered peripheral thyroxine metabolism in severe obesity. Clin Res. 1966 ; 14 : 148. **5.** Schmitt T et al. Unresponsiveness to exogenesis TSH in obesity. Int J. Obesity. 1977 ; 1 : 185-90. **6.** Cruz ML et al. Effects of triiodothyronine administration on dietary (14C)triolein partitioning between deposition in adipose tissue and oxidation to (14C)CO2 in ad libitum-fed or food-restricted rats. Biochim Biophys Acta. 1993 Jun 12 ; 1168 (2) : 205-12. **7.** Rosenbaum M et al. Effects of systemic growth hormone (GH) administration on regional adipose tissue in children with non-GH-deficient short stature. J Clin Endocrinol Metab. 1992 Jul ; 75 (1) : 151-6. **8.** Veldhuis JD et al. Dual effects in pulsatile growth hormone secretion and clearance subserve the hyposomatotropism of obesity in man. J Clin Endocrinol Metab. 1991 ; 72 : 51-9. **9.** Salomen F et al. Physiological role of growth hormone in adult life. In : Diagnosis and treatment of impaired growth hormone secretion, H. Flodh, ed. Dorchester : Henry Ling Ltd. 1987 : 158-62. **10.** Iranmanesh A et al. Age and relative adiposity are specific negative determinants of the frequency and amplitude of growth hormone (GH) secretory bursts and the half-life of endogenous GH in healthy men. J Clin Endocrinol Metab. 1991 Nov ; 73 (5) : 1081-8. **11.** Marin P et al. Low concentrations of insulin-like growth factor-I in abdominal obesity. Int J Obes Relat Metab Disord. 1993 Feb ; 17 (2) : 83-9. **12.** Hausberger FX et al. Castration-induced obesity in mice. Acta Endocrinol. 1966 ; 53 : 571-83. **13.** Barrett-Connor E et al. Endogenous sex hormones and cardiovascular disease in men. A prospective population-based study. Circulation. 1988 ; 78 : 539-45. **14.** Seidell JC et al. Visceral fat accumulation in men is positively associated with insulin, glucose, and C-peptide levels, but negatively with testosterone levels. Metabolism. 1990 ; 39 (9) : 897-901. **15.** Giagulli VA et al. Pathogenesis of the decreased androgen levels in obese men. J Clin Endocrinol Metab. 1994 ; 79 (4) : 997-1000. **16.** Zumoff B et al. Plasma free and non-sex-hormone-binding-globulin-bound testosterone are decreased in obese men in proportion to their degree of obesity. J Clin Endocrinol Metab. 1990 Oct ; 71 (4) : 929-31. **17.** Khaw KT et al. Lower endogenous androgens predict central adiposity in men. Ann Epidemiol. 1992 Sep ; 2 (5) : 675-82. **18.** Marin P. Metabolic and gastrointestinal drugs : testosterone and regional fat distribution. Obesity Res 1995 Nov ; 3 (suppl 4) : 609S-12S. **19.** Marin P et al. Assimilation and mobilization of triglycerides in subcutaneous abdominal and femoral adipose tissue in vivo in men : effects of androgens. J Clin Endocrinol Metab. 1995 Jan ; 80 (1) : 239-43. **20.** Rebuffe-Scrive M et al. Effect of testosterone on abdominal adipose tissue in men. Int J Obes. 1991 Nov ; 15 (11) : 791-5. **21.** Leenen R et al. Visceral fat accumulation in relation to sex hormones in obese men and women undergoing weight loss therapy. J Clin Endocrinol Metab. 1994 Jun ; 78 (6) : 1515-20. **22.** Porter J et al. The effect of discontinuing DHEA supplementation on Zucher rat food disord. Int J Obes Relat Metab. 1995 ; 19(7) : 480-8. **23.** Svec F et al. Synergestic effect of DHEA and fenfluramine on Zucher rat food intake and selection : the obesity research program. Ann NY Acad Sci. 1995 ; 774 : 332-334. **24.** Mohan PF et al. Effects of DHEA treatment in rats with diet-induced obesity. Nutrition Pharmacology & Toxicology. 1990 ; 1103-14. **25.** Barrett-Connor E et al. DHEA, DHEAs, obesity, waist-hip ratio, and noninsulin-dependent diabetes in postmenopausal women : the Rancho Bernardo Study. J Clin Endocrinol Metab. 1996 ; 81(1) : 59-64. **26.** Nestler JE et al. DHEA reduces serum low density lipoprotein levels and body fat but does not alter insulin sensitivity in normal men. J Clin Endocrinol Metab. 1988 ; 66(1) : 57-61. **27.** De Pergola G et al. Low DHEA circulating levels in premenopausal obese women with very high body mass index. Metabolism. 1991 ; 40(2) : 187-190. **28.** Jacubinovicz D et al. Disparate effects of weight reduction by diet on serum DHEA in obese men and women. J Clin Endocrinol Metab. 1993 ; 80(11) : 3373-6. **29.** Long-term postmenopausal hormone use, obesity and fat distribution in older women. JAMA. 1996 Jan 3 ; 276(1). **30.** Hassager C et al. Estrogen/proestagen therapy changes soft tissue body composition in postmenopausal women. Metabolism. 1989 ; 38 (7) : 662-5. **31.** Hautanen A et al. Altered adrenocorticotropin and cortisol secretion in abdominal obesity : implications for the insulin resistance syndrome. J Intern Med. 1993 Nov ; 234 (5) : 461-9. **32.** Jungmann E et al. Somatomedin C level and stimulation of growth hormone and adrenal cortex function by administration of releasing hormones and physical exertion in patients with obesity.

Med Klin. 1991 May 15 ; 86 (5) : 237-40. **33.** Marin P et al. Cortisol secretion in relation to body fat distribution in obese premenopausal women. Metabolism. 1992 Aug ; 41 (8) : 882-6. **34.** Exton JH. Regulation of glucocorticoid hormone action. Ed Springer-Verlag, New-York. 1979 ; 535-46. **35.** Garvey WT et al. Expression of a glucose transporter gene cloned from brain in cellular models of insulin resistance : dexamethasone decreases transporter mRNA in primary cultured adipocytes. Mol Endocrinol. 1989 ; 3 : 1132-41. **36.** Marcus MA et al. Insulin sensitivity and serum triglyceride level in obese white and black women : relationship to visceral and truncal subcutaneous fat. Metabolism. 1999 ; 48(2) : 194-9. **37.** Niskonen L et al. The effects of weight loss on insulin sensitivity skeletal muscle composition and capillary density in obese non-diabetic subjects. Int J Obes Relat Metab Disord. 1996 ; 20(2) : 154-60.

REFUSER LA MAIGREUR

1. Argente J et al. Multiple endocrine abnormalities of the growth hormone and IGF-axis in patients with anorexia nervosa : effect of short- and long-term weight recuperation. J Clin Endocrinol Metab. 1997, 82(7) : 2084-92. **2.** Mulligan K et al. Anabolic effects of recombinant human growth hormone in patients with wasting associated with human immunodeficiency virus infection. J Clin Endocrinol Metab. 1993 Oct ; 77 (4) : 956-62. **3.** Krentz AJ et al. Anthropometric, metabolic, and immunological effects of recombinant human growth hormone in AIDS and AIDS-related complex. J Acquir Immune Defic Syndr. 1993 Mar ; 6 (3) : 245-51. **4.** Lieberman SA et al. Anabolic effects of recombinant insulin-like growth factor-I in cachectic patients with the acquired immunodeficiency syndrome. J Clin Endocrinol Metab. 1994 Feb ; 78 (2) : 404-10. **5.** Meyer NA et al. Combined IGF-1 and growth hormone improves weight loss and wound healing in burned rats. J Trauma. 1996 ; 41(6) : 1008-12. **6.** Grinspoon S et al. Loss of lean body and muscle mass correlates with androgen levels in hypogonadal men with acquired immunodeficiency syndrome and wasting. J Clin Endocrinol Metab. 1996 ; 8(11) : 4051-8. **7.** Miller K et al. Transdermal testosterone administration in women with acquired immuno deficiency syndrome wasting : a pilot study. J Clin Endocrinol Metab. 1998 ; 83(8) : 2717-25. **8.** Grinspoon S et al. Effect of androgen administration in men with the AIDS wasting syndrome. A randomized, double-blind, placebo-controlled trial. Ann Interna Med. 1998 ; 129(1) : 18-26. **9.** Hassager C et al. Collagen synthesis in postmenopausal women during therapy with anabolic steroid or female sex hormones. Metabolism. 1990 ; 39(11) : 1167-9. **10.** Geyelin HR et al. J Metab Res. 1922 ; 2 : 767-91. **11.** Rizza RA et al. Dose-response characteristics for the effects of insulin on production and utilization of glucose in man. Am J Physiol. 1981 ; 240 : 630-639. **12.** Hormonal regulation of the differentiation of rat preadipocytes. Nutrition Reviews. 1988 ; 46 : 235-236. **13.** Jacobson L. Glucocorticoid replacement but not corticotropin-releasing hormone deficiency, prevents adrenalectomy-induced anorexia in mice. Endocrinology. 1999 ; 140(1) : 310-7. **14.** Twycross R. The risks and benefits of corticosteroids in advanced cancer. Drug Saf. 1994 Sep ; 11 (3) : 163-78.

Augmenter votre bien-être

SUPPRIMER LE STRESS

1. Semple CG et al. Endocrine effects of examination stress. Clinical Science. 1988 ; 74 : 255-259. **2.** Selye H. The general adaptation syndrome and the diseases of adaptation. J Clin Endocrinol. 1946 ; 6 : 117-230. **3.** Cameron OG et al. Venous plasma epinepherine levels and the symptoms of stress. Psychosomatic medecine. 1990 ; 52-397-410. **4.** Jacobs SC. Bereavement and catecholamines. Psychosomatic Res. 1986 ; 30(4) :489-496. **5.** Gaillard RC et al. Stress and pituitary adrenal axis. Bailliere's Clin End Metab. 1987 ; 1(2) :319-354. **6.** Frederikson et al. Cortisol excretion during the defence reaction in humans. Psychosomatic Medicine. 1985 ; 47(4) : 313-319. **7.** Du Ruisseau P et al. Pattern of adenohypophyseal hormone changes various stressors in female and male rats. Neuroendocrinology. 1978 ; 27 : 257-271. **8.** Taché Y et al. Pattern of adenohypophyseal hormone changes in male rats following chronic stress. Neuroendocrinology. 1978 ; 26 : 208-219. **9.** Rivier C et al. Diminished responsiveness of the hypothalamic-pituitary-adrenaline axis of the rat during exposure to prolonged stress : a pituitary medicated mechanism. Endocrinology. 1987 ; 121 : 1320-1328. **10.** Schaeffer MA et al. Adrenal cortisol response to stress at Three Mile Island. Psychosomatic Medecine. 1984 ; 46(3) : 227. **11.** Briski KP et al. Endogenous opiate involvement in acute and chronic stress - induced change in plasma LH concentrations in the male rat. Life Sciences. 1984 ; 34(25) : 2485-2493. **12.** Briski KP et al. Comparative effects of various stressors on immunoreactive versus bioreactive protection realease in old and young male rats. Neuroendocrinology. 1990 ; 51 : 625-631. **13.** Jacobs S et al. Psychological distress, depression and prolactin responses in stressed persons. J Hum Stress. 1986 ; 113-118. **14.** Meyerhoff JL et al. Psychologic stress increases plasma levels prolactin, cortisol and POMC - derived peptides in man. Psychosomatic Medecine. 1988 ; 50 : 286-29. **15.** Culebras A et al. Differential response of growth hormone, cortisol, and prolactin to seizures and stress. Epilepsie. 1987 ; 28 : 564-570. **16.** Caroff S et al. Diurnal variation of growth hormone secretion following thyrotropin-releasing hormone infusion in normal men. Psychosomatic medicine. 1989 ; 46(1) : 59. **17.** Rivier C et al. Involvement of corticotropin-releasing factor and somatostatin in stress-induced inhibition of growth hormone secretion in the rat. Endocrinology. 1985 ; 117 : 2478-2482. **18.** Armario A et al. Dissociation between corticosterone and growth hormone adaptation to chronic stress in the rat. Horm Metab Res. 1984 ; (16) : 142-145. **19.** Armario A et al. Influence of intensity and duration of exposure to various stressors on serum TSH and GH levels in adult male rats. Life Sciences. 1989 ; 44(3) : 215-227. **20.** Alexander SL et al. Effect of isolation stress on concentrations of arginine, vasopressin, alpha-melanocyte-stimulating hormone and ACTH in the pituitary venous effluent of the normal horse. J Endocrinol. 1988 ; 116 : 325-334. **21.** Johansson G et al. Examination stress affects plasma levels of TSH and thyroid hormone differently in females and males. Psychosomatic Medecine. 1987 ; 49 : 390-396. **22.** Langer P et al. Immediate increase of thyroid hormone release during acute-stress in rats : effect of biogenic amines rather than that of TSH ? Acta Endocrinol (Copenh). 1983 ; 104 : 443-449. **23.** White AJ et al. Thyroid deseases and mental illnesses : a study of thyroid disease in Psychiatric Admissions. 1988 ; 32(1) : 99-106. **24.** The role of stress in female reproductive dysfunction (panel). Human Stress. 1979 June ; 38-45. **25.** Goncharov NP et al. Levels of adrenal and gonodal hormones in rhesus monkeys during chronic hypokinesia. Endocrinology. 1984, 115 :129-135. **26.** Wheeler GD et al. Endurance training decreases serum testosterone levels in men without change in LH pulsatile release. J Clin Endocrinol Metab. 1991 ; 72 : 422-429. **27.** Leedy MG et al. Testosterone and cortisol levels in crewmen of U. S. air force fighter and cargo planes. Psychosomatic Medicine. 1985 ; 47(4) : 333-338. **28.** Collu R et al. Role of catecholamines in the inhibitory effect of immobilisation stress on testosterone secretion in rats. Biol. Reprod. 1984 ; 30 : 416-422.

VAINCRE L'ANGOISSE

1. Hughes G. Management of thyrotoxic crisis with a beta-adrenergic blocking agent (pronethalol). Br J Clin Pract. 1966 ; 20 : 579. **2.** Bauer M, priebe S, Kurten I, Graf KJ, Baumgartner A. Psychological and endocrine abnormalities in refugees from East Germany : Parts I. Prolonged stress, psychopathology, and hypothalamic-pituitary-thyroid axis activity. Psychiatry Res. 1994 Jan ; 51 (1) : 61-73. **3.** Montgomery JC, Brincat M, Tapp A, Appleby L, Versi E, Fenwick PBC. Effect of oestrogen and testosterone implants on psychological disorders in the climacteric. Lancet. 1987 Feb 7 ; 297-9. **4.** McCaul KD, Gladue BA, Joppa M. Winning, losing, mood, and testosterone. Horm Behav. 1992 Dec ; 26 (4) : 486-504. **5.** Melchior CL et al. DHEA is an anxiolytic in mice on the plus maze. Pharmacology, Biochemistry & Behavior. 1994 ; 47(3) : 437-441. **6.** Flood JF. DHEA and its sulfate enhance memory retention in mice. Brain Research. 1988 ; 447 : 269-278. **7.** Obal F Jr, payne L, Kapas L, Opp M, Krueger JM. Inhibition of growth hormone-releasing factor suppresses both sleep and growth hormone secretion in the rat. Brain Res. 1991 Aug 23 ; 557 (1-2) : 149-53. **8.** Abelson JL, Glitz D, Cameron OG, Lee MA, Bronzo M, Curtis GC. Blunted growth hormone response to clonidine in patients with generalized anxiety disorder. Arch Gen Psychiatry. 1991 Feb ; 48 (2) : 157-62. **9.** Tancer ME, Stein MB, Uhde TW. Growth hormone response to intravenous clonidine in social phobia : comparison to patients with panic disorder and healthy volunteers. Biol Psychiatry. 1993 Nov 1 ; 34 (9) : 591-5. **10.** Golombek DA, Martini M, Cardinali DP. Melatonin as an anxiolytic in rats : time dependence and interaction with the central GABAergic system. Eur J Pharmacol. 1993 Jun 24 ; 237 (2-3) : 231-6. **11.** Lissoni P, Barni S, Meregalli S, Fossati V, Cazzaniga M, Esposti D, Tancini G. Modulation of cancer endocrine therapy by melatonin : a phase II study of tamoxifen plus melatonin in metastatic breast cancer patients progressing under tamoxifen alone. Br J Cancer.

1995 Apr ; 71 (4) : 854-6. **12.** Zhdanova IV, Wurtman RJ, Lynch HJ, Ives JR, Dollins AB, Morabito C, Matheson JK, Schomer DL. Sleep-inducing effects of low doses of melatonin ingested in the evening. Clin Pharmacol. Ther. 1995 May ; 57 (5) : 552-8. **13.** Hammond CB, Maxson WS. Current status of estrogen therapy for the menopause. Fertil Steril. 1982 ; 37 : 5-25. **14.** Wieland S, Lan NC, Mirasedeghi S, Gee KW. Anxiolytic activity of the progesterone metabolite 5- alpha-pregnan-3 alpha-o1-20-one. Brain Res. 1991 Nov 29 ; 565(2) : 263-8. **15.** Picazo O, Fernandez-Guasti A. Anti-anxiety effects of progesterone and some of its reduced metabolites : an evaluation using the burying behavior test. Brain Res. 1995 May 22 ; 680(1-2) : 135-41. **16.** Bitran D, Shiekh M, McLeod M. Anxiolytic effect of progesterone is mediated by the neurosteroid allopregnanolone at brain GABA receptors. J Neuroendocrinol. 1995 Mar ; 7(3) : 171-7. **17.** Freeman EW, Purdy RH, Coutifaris C, Rickels K, Paul SM. Anxiolytic metabolites of progesterone : correlation with mood and performance measures following oral progesterone administration to healthy female volunteers. Neuroendocrinology. 1993 Oct ; 58(4) : 478-84. **18.** Gallo MA, Smith SS. Progesterone withdrawal decreases latency to and increases duration of electrified prod burial : a possible rat model of PMS anxiety. Pharmacol Biochem Behav. 1993 Dec ; 46(4) : 897-904. **19.** Kleemann DO, Walker SK, Grimson RJ, Smith DH, Grosser TI, Seamark RF. Exogenous progesterone and embryo survival in Booroola-cross ewes. Reprod Fertil Dev. 1991 ; 3(1) : 71-7. **20.** Petitti DB, Perlman JA, Sidney S. Noncontraceptive estrogens and mortality : long-term follow-up of women in the Walnut Creek Study. Obstet Gynecol. 1987 Sep ; 70 (3 Pt 1) : 289-93.

GUÉRIR LA DÉPRESSION

1. Souche A, Baumann P, Koeb L, Thermoz P, Azorin JM, Dufour H. Treatment of depression by a combination of clomipramine and triiodothyronine. Encephale. 1991 Jan-Feb ; 17 (1) : 37-42. **2.** Nakamura T, Nomura J. Comparison of thyroid function between responders and nonresponders to thyroid hormone supplementation in depression. Jpn J Psychiatry Neurol. 1992 Dec ; 46 (4) : 905-9. **3.** de Lignières B. Conséquences cliniques de la ménopause. La Revue du Praticien. 1984 ; 34(25) : 1323-37. **4.** Dow MG, Hart DM, Forrest CA. Hormonal treatments of sexual unresponsiveness in postmenopausal women : a comparative study. Br J Obstet Gynaecol. 1983 ; 90 : 361-6. **5.** de Lignières B, Vincens M. Differential effects of exogenous oestradiol and progesterone on mood in postmenopausal women : individual dose/effect relationship. Maturitas. 1982 ; 4 : 67-72. **6.** Werner AA. The male climateric JAMA. 1946 ; 132 (4) : 188-94. **7.** Steiger A, von Bardeleben U, Wiedemann K, Holsboer F. Sleep EEG and nocturnal secretion of testosterone and cortisol in patients with major endogenous depression during acute phase and after remission. J Psychiatr Res. 1991 ; 25 (4) : 169-77. **8.** Steiger A, von Bardeleben U, Guldner J, Lauer C, Rothe B, Holsboer F. The sleep EEG and nocturnal hormonal secretion studies on changes during the course of depression and on effects of CNS-active drugs. Prog Neuropsychopharmacol Biol Psychiatry. 1993 Jan ; 17 (1) : 125-37. **9.** Steiger A, Holsboer F, Benkert O. Studies of nocturnal penile tumescence and sleep electroencephalogram in patients with major depression and in normal controls. Acta Psychiatr Scand. 1993 May ; 87 (5) : 358-63. **10.** McCaul KD, Gladue BA, Joppa M. Winning, losing, mood, and testosterone. Horm Behav. 1992 Dec ; 26 (4) : 486-504. **11.** Hannan CJ Jr, Friedl KE, Zold A,Kettler TM, Plymate SR. Psychological and serum homovanillic acid changes in men administered androgenic steroids. Psychoneuroendocrinology. 1991 ; 16 (4) : 335-43. **12.** Flood JF. Memory-enhancing effects in male mice of pregnenolone and steroids metabolically derived from it. Proc Natl Acad Sci USA. 1992 ; 89 : 1567-71. **13.** Fava M, Littman A, Lamon-Fava S, Milani R, Shera D, Mac Laughlin R, Cassem E, Leaf A, Marchio B, Bolognesi E, Fuaraldi GP. Psychological behavioral and biochemical factors for coronary artery disease among American and Italian male corporate managers. Am J Cardiol. 1992 ; 70 : 1412-1416. **14.** Wolkowitz UM, Reus UI, Roberts E, Monfredi F, Chan T, Ormiston S et al. Antidepressant and cognition-enhancing effects of DHEA in major depression. Ann NY Acad Sci. 1995 ; 774 : 337-339. **15.** Morales A, Nolan I, Nelson J, Yen S. Effects of replacement dose of DHEA in men and women of advancing age. J Clin Endocrinol Metab. 1994 ; 78 : 1360-7. **16.** Cleghorn RA. Adrenal cortisol insufficiency : psychological and neurological observations. Canad Med Ass J. 1951 ; 65 : 449. **17.** Cleghorn RA, Pottez CJ. Psychologic canges in 3 cases ofAddison's disease during treatment with cortisone. J Clin Endocrinol Metab. 1954 ; 14 : 344-352. **18.** Linkowski P, Mendlewicz J et al. 24hour profiles of adrenocorticotropin, cortisol, and growth hormone in major depressive illness : effect of antidepressant treatment. J Clin Endocrinol Metab. 1987 ; 65(1) : 141-52. **19.** Lesch KP, Mayer S, Disselkamp-Tietze J, Hoh A, Wiesmann M, Osterheider M, Schulte HM. 5-HT1A receptor responsivity in unipolar depression. Evaluation of ipsapirone-induced ACTH and cortisol secretion in patients and controls. Biol. Psychiatry. 1990 Oct 1 ; 28 (7) : 620-8. **20.** Barry S, Dinan TG. Neuroendocrine challenge tests in depression : a study of growth hormone, TRH and cortisol release. J Affect Disord. 1990 Apr ; 18 (4) : 229-34. **21.** Dinan TG, Barry S. Responses of growth hormone to desipramine in endogenous and non-endogenous depression. Br J Psychiatry. 1990 May ;156 : 680-4. **22.** Voderholzer U, Laakmann G, Wittmann R, Daffner-Bujia C, Hinz A, Haag C, Baghai T. Profiles of spontaneous 24-hour and stimulated growth hormone secretion in male patients with endogenous depression. Psychiatry Res. 1993 Jun ; 47 (3) : 215-27. **23.** Jarrett DB, Miewald JM, Kupfer DJ. Recurrent depression is associated with a persistent reduction in sleep-related growth hormone secretion. Arch Gen Psychiatry. 1990 Feb ; 47 (2) : 113-8. **24.** Jarett DB, Kupfer DJ, Miewald JM, Grochocinski VJ, Franz B. Sleep-related growth hormone secretion is persistently suppressed in women with recurrent depression : a preliminary longitudinal analysis. J Psychiatr Res. 1994 May-Jun ; 28 (3) : 211-23. **25.** Rubin RT, Poland RE, Lesser IM. . Neuroendocrine aspects of primary endogenous depression. X : Serum growth hormone measures in patients and matched control subjects. Biol Psychiatry. 1990 May 15 ; 27 (10) : 1065-82. **26.** Dahl RE, Ryan ND, Williamson DE, Ambrosini PJ ; Rabinovich H, Novacenko H, Nelson B, Puig-Antich J. Regulation of sleep and growth hormone in adolescent depression. J Am Acad Child Adolesc Psychiatry. 1992

Jul ; 31 (4) : 615-21. **27.** Mc Gauley GA, Cuneo RC, Salomon F, Sönksen PH. Psychological well-being before and after growth hormone treatment in adults with growth hormone deficiency. Horm Res. 1990 ; 33 (suppl 4) : 52-4. **28.** Degerblad M, Almkirst O, Grunditz R et al. Physical and psychological capabilities during substitution therapy with recombinant growth hormone in adults with growth hormone deficiency. Acta Endocrinol (Copenh). 1990 ; 123 : 185-93.

III – Les hormones au service de la santé

Les hormones bénéfiques au cœur et aux vaisseaux

COMMENT DIMINUER NATURELLEMENT LE TAUX DE CHOLESTÉROL ?

1. Elder J et al. The relationship between serum cholesterol and serum thyrotropin, thyroxine and triiodothyronine concentrations in suspected hypothyroidism. Ann Clin Biochem. 1990 Mar ; 27 (Pt 2) : 110-3. **2.** Franklyn JA et al. Thyroxine replacement therapy and circulations rapid cencentrations. Clin Endocrinol Oxf. 1993 May ; 38(5) : 453-9. **3.** Furman RH et al. Effect of androgens and estrogens on serum lipids and the composition and concentration of serum lipoproteins in normolipemic and hyperlipidemic states. Proc Biochem Pharmacol. 1967 ; 12 : 215-49. **4.** Marek J. The significance of ovarian and testicular steroids in lipid metabolism and atherogenesis. Vnitr Lek. 1992 Sep ; 38 (9) : 913-20. **5.** Khaw KT et al. Endogenous sex hormones, high density lipoprotein cholesterol, and other lipoprotein fractions in men. Arterioscler Thromb. 1991 May-Jun ; 11 (3) : 489-94. **6.** Freedman DS et al. Relation of serum testosterone levels to high density lipoprotein cholesterol and other characteristics in men. Arterioscler Thromb. 1991 Mar-Apr ; 11 (2) : 307-15. **7.** Hromadova M et al. Alterations of lipid metabolism in men with hypotestosteronemia. Horm Metab Res. 1991 Aug ; 23 (8) : 392-4. **8.** Friedl KE et al. High-density lipoprotein cholesterol is not decreased if an aromatizable androgen is administered. Metabolism. 1990 Jan ; 39 (1) : 69-74. **9.** Mortola JF et al. The effects of oral dehydroepiandrosterone on endocrine-metabolic parameters in postmenopausal women. J Clin Endocrinol Metab. 1990 ; 71(3) : 696-704. **10.** Nestler JE et al. Dehydroepiandrosterone reduces serum low density lipoprotein levels and body fat but does not alter insulin sensitivity in normal men. J Clin Endocrinol Metab. 1988 ; 66(1) : 57-61. **11.** Russel-Jones DL et al. The effect of growth hormone replacement on serum lipids, lipoproteins, apolipoproteins and cholesteror precursors in adult growth hormone deficient patients. . **12.** Bengtssen BA et al. Treatment of adults with growth hormone deficiency with recombinant human GH. J Clin Endocrinol Metab. 1993 ; 76 : 309-17. **13.** Mori N et al. Anti-hypercholesterolemic effect of melatonin in rats. Japanese Society of Pathology. 1989 ; 39 : 613-18. **14.** Aoyama H et al. Effects of melatonin on genetic hypercholesterolemia in rats. Atherosclerosis. 1988 ; 69 : 269-72. **15.** Pierpaoli W et al. The pineal control of aging : the effects of melatonin and pineal grafting on the survival of older mice. Ann NY Acad

Sci. 1991 ; 621 : 291-313. **16.** Mori W et al. Melatonin protects rats from injurious effects of glucocorticoid, dexamethasone. Jap Exp Med. 1984 ; 54 (6) : 255-61. **17.** Reiter R et la. Protéger le coeur. Melatonine : Faux miracle ou vraie révolution ? 1995 ; ed. First, Paris : 104.

COMMENT AMÉLIORER LA TENSION ARTÉRIELLE ?

1. Fagard R. the role of exercise in blood pressure control : supportive evidence. J Hypertension. 1995 ; 13 : 1223-1227. **2.** Tseng KH et al. Concurrent aortic and mitral valve echocardiography permits measurement of systolic time intervals as an index of peripheral tissue thyroid functional status. J Clin Endocrinol Metab. 1989 Sep ; 69 (3) : 633-8. **3.** Menof P. New method for control of hypertension. S Afr Med J. 1950 ; 24 : 172. **4.** Fuller H Jr et al. Myxedema and hypertension. Postgrad. Med, 1966 ; 40 : 425-8. **5.** Dulchavsky SA et al. Triiodothyronine (T_3) improves cardiovascular function during hemorrhagic shock. Circ Shock. 1993 Jan ; 39 (1) : 68-73. **6.** Fish IR et al. Oral contraceptives and blood pressure. J Am Med Assoc. 1977 ; 237 : 2499-2503. **7.** Laragh JH. Oral contraceptive-induced hypertension. Nine years later. Am J Obstet Gynecol. 1976 ; 126 : 141-47. **8.** Crane MG et al. Hypertension, oral contraceptive agents and conjugated estrogens. Ann Intern Med. 1971 ; 74 : 13-21. **9.** Hughes GS et al. Fish oil produces an atherogenic lipid profile in hypertensive men. Atherosclerosis. 1990 Oct ; 84 (2-3) : 229-37. **10.** Tuev AV et al. Several indicators of hormonal homeostasis (hypophysis-gonads) in patients with hypertension. Ross Med Zh. 1992 ; (3) : 10-3. **11.** Yue P et al. Testosterone relaxes rabbit coronary arteries and aorta. Circulation. 1995 Feb 5 ; 91 (4) : 1154-60. **12.** Nowaczynski W et al. Further evidence of altered adrenocortical function in hypertension. Dehydroepiandrosterone excretion rate. 1968 ;46 : 1031-1038. **13.** Kapitola J. Hemodynamic effects of dehydroepiandrosterone in rats. Agressologie. 1972 ; 13(4) : 247-51. **14.** Yanal Shafagoj et al. DHEA prevents dexamethasone-induced hypertension in rats. Am Physiol. 1992 ; 263 (2 pt) : E 201-3. **15.** Satake N et al. Vasorelaxing action of melatonin in rat isolated aorta ; possible endothelium dependent relaxation. Gen Pharmacol. 1991 ; 22 (6) : 1127-33. **16.** Reiter R et al. Mélatonine. Faux miracle ou vraie révolution ? éd First, 1995 ; (6) : 108. **17.** Holmes SW et al. The effect of melatonin on pinealectomy-induced hypertension in a rat. Proceedings of the B. P. S. 1975 Dec ; 306. **18.** Chuang JI et al. Melatonin decreases brain serotonin release, arterial pressure and heart rate in rats. Pharmacology. 1993 Aug ; 47 (2) : 91-7. **19.** Falkheden T et al. Renal function and kidney size following hypophysectomy in man. Acta Endocrinol. (Copenh). 1965 ; 48 : 348. **20.** Christiaansen JS et al. Kidney function and size in normal subjects before and during growth hormone administration for one week. Eur J Clin Invest. 1981 ; 11 : 487-90. **21.** Landin-Wilhelmsen K et al. Serum insulin-like growth factor I in a random population sample of men and women : relation to age, sex, smoking habits, coffee consumption and physical activity, blood pressure and concentrations of plasma lipids, fibrinogen, parathyroid hormone and osteocalcin. Clin Endocrinol Oxf. 1994 Sep ; 41 (3) : 351-7

COMMENT RELEVER UNE TENSION ARTÉRIELLE TROP BASSE ?

1. Sudsuang R et al. Effect of Buddhist meditation on serum cortisol and total protein levels, blood pressure, pulse rate, lung volume and reaction time. Physiol Behav. 1991 Sep ; 50 (3) : 543-8. **2.** Wong KS et al. Effects of blood pressure and salt preference in normal humans. JA Clin Exp Pharmacol Physiol. 1993 Feb ; 20 (2) : 121-6. **3.** Walker BR et al. Glucocorticoids and blood pressure : a role for the cortisol/cortisone shuttle in the control of vascular tone in man. Clin Sci Colch. 1992 Aug ; 83 (2) : 171-8. **4.** Sutherland DHA et al. Hypertension, increased aldosterone secretion and low plasma renin activity relieved by dexamethazone. Can Med Assoc J. 1966 ; 95 : 1109-1119. **5.** Yamakado M et al. Extrarenal role of aldosterone in the regulation of blood pressure. Am J Hypertens. 1988 ; 1 : 276-279.

COMMENT PROTÉGER ET SOUTENIR LE CŒUR ?

1. Yang R, Bunting S et al. Growth hormone improves cardiac performances in experimental heart failure. Circulation. 1995 ; 92 (2) : 262-7. **2.** Cittadini A et al. Impaired cardiac performance in GH deficient adults and its improvement after GH replacement. Am J Physiol. 1994 ; 267 (2 Pt 1) : E219-25. **3.** Fazio S et al. A preliminary study of growth hormone in the treatment. **4.** Rosen T et al. Premature mortality due to cardiovascular disease in hypopituitarism. Lancet. 1990 ; 336 : 285-8. **5.** Krieg M et al. Demonstration of a specific androgen receptor in rat heart muscle : relationship between binding, metabolism, and tissue levels of androgens. Endocrinology. 1978 ; 1686-94. **6.** Kinson GA et al. Influences of anabolic androgens on cardiac growth and metabolism in the rat. Can J Physiol Pharmacol. 1991 Nov ; 69 (11) : 1698-704. **7.** Lesser MA. Testosterone propionate therapy in one hundred cases of angina pectoris. J Clin Endocrinol Metab. 1946 ; 549-57. **8.** Wu SZ et al. Antianginal and lipid lowering effects of oral androgenic preparation (Andriol) on elderly male patients with coronary heart disease). Chung Hua Nei Ko Tsa Chih. 1993 Mar ; 32 (4) : 235-8. **9.** Edwards EA et al. Testosterone propionate as a therapeutic agent in patients with organic disease of the peripheral vessels. N Engl J Med. 1939 ; 220 : 865. **10.** Möller J. Cholesterol : interactions with testosterone and cortisol in cardiovascular diseases. 1987 ; Eds Springer-Verlag, Berlin Heidelberg. **11.** Bush TL et al. Cardiovascular mortality and noncontraceptive use of estrogen in women : Results from the Lipid Research Clinics Program Follow-up study. Circulation. 1987 ; 75, 1102-9. **12.** Criqui MH et al. Postmenopausal estrogen use and mortality : Results from a prospective study in a defined, homogeneous community. Am J Epidemiol. 1988 ; 128 : 606-14. **13.** Petiti DB et al. Noncontraceptive estrogens and mortality : Long-term follow-up of women in the Walnut Creek study. Obstet Gynecol. 1987 Sep ; 70 (3 Pt 1) : 289-93. **14.** Stampfer MJ et al. Postmenopausal estrogen therapy and cardiovascular disease. Ten-year follow-up from the Nurses's Health study. New Engl J Med. 1991 ; 325, 756-62. **15.** Ducceschi V et al. Estrogens, left ventricular function and coronary circulation : what are the possibilities of therapeutic use ? Minerva Cardioangiol 1995 Apr ; 43(4) : 135-43. **16.** Del Rio G et al. Effect of estradiol on the sympathoadrenal response to mental stress in normal men. J Clin Endocrinol Metab. 1994 Sep ; 79(3) : 836-40. **17.** Minshall RD et al. Ovarian steroid protection against coronary artery hyperactivity in Rhesus Monkey. J Clin Endocrinol Metab. 1988 ; 83 : 649-659. **18.** Herrington O et al. Plasma DHEA and DHEAs in patients undergoing diagnostic coronary angiography. J Am Coll Cardiol. 1990 ; 16 : 862-870. **19.** Herrington D. DHEA and atherosclerosis. Ann NY Acad Sci. 1999 ; 774 : 271-280. **20.** Barrett-Connor E. A prospective study of DHEAs, mortality and cardiovascular disease. N Engl J Med. 1986 ; 315(24) : 1519-24. **21.** Barrett-Connor E et al. The epidemiology of DHEAs and cardiovascular disease. Ann NY Acad Sci. 1995 ; 774 : 259-70. **22.** Brugger P et al. Impaired nocturnal secretion of melatonin in coronary heart disezse. Lancet. 1995 Jun 3 ; 345 (8962) : 1408. **23.** Grad BR et al. The role of melatonin and serotonin in aging : update (published erratum appears in Psychoneuroendocrinology 1993 ; 18 (7) : 541. **24.** Bian XP et al. Promotional role for glucocorticoids in the development of intracellular signalling : enhanced cardiac and renal adenylate cyclase reactivity to beta-adrenergic and non-adrenergic stimuli after low-dose fetal dexamethasone exposure. J Dev Physiol. 1992 Jun ; 17 (6) : 289-97. **25.** Gotthardt U et al. Cortisol, ACTH, and cardiovascular response to a cognitive challenge paradigm in aging and depression. Am J Physiol. 1995 Apr ; 268 (4 Pt 2) : R865-73. **26.** Pirpiris M et al. Hydrocortisone-induced hypertension in men. The role of cardiac output. Am J Hypertens. 1993 Apr ; 6 (4) : 287-94. **27.** Pepine CJ et Al. A controlled trial of corticosteroids to prevent restenosis after coronary angioplasty. M-HEART Group. Circulation. 1990 Jun ; 81 (6) : 1753-61. **28.** Berk BC et al. Pharmacologic roles of heparin and glucocorticoids to prevent restenosis after coronary angioplasty. J Am Coll Cardiol. 1991 May ; 17 (6 suppl. B) : 111B-117B. **29.** Frey FJ et al. Glucocorticoids and infection. Schweiz Med Wochenschr. 1992 Feb 1 ; 122 (5) : 137-46. **30.** Winearls CG et al. Effect of human erythropoietin derived from recombinant DNA on the anaemia of patients maintainded by chronic haemodialysis. Lancet. 1986 ; 2 : 1175-8. **31.** Eschbach JW et al. Correction of the anemia of end-stage renal disease with recombinant human erythropoietin : results of a combined Phase I and II clinical trial. N Engl J Med. 1987 ; 316 : 73-8. **32.** Ersley AJ. Erythropoietin. N Engl J Med. 1991 ; 324(19) : 1339-43. **33.** Beekman RE et al. Thyroid status and beta-agonistic effects on cytosolic calcium concentrations in single rat cardiac myocytes activated by electrical stimulation on high-K+ depolarization. Biochem J. 1990 Jun 15 ; 268 (3) : 563-9. **34.** Czarnecki CM. Influence of exogenous T4 on body weight, feed consumption, T4 levels, and myocardial glycogen in furazolidone-fed turkey poults. Avian Dis. 1991 Oct-Dec ; 35 (4) : 930-6. **35.** Tseng KH et al. Concurrent aortic and mitral valve echocardiography permits measurements of systolic time intervals as an index of peripheral tissue thyroid functional status. J Clin Endoc Metab. 1989 Sep ; 69 (3) : 633-8. **36.** Dazai Y et al. Direct effect of thyroid hormone on left ventricular myocardial relaxation. Jpn Circ J. 1992 Apr ; 56 (4) : 334-42. **37.** Tomanek RJ et al. Initiation of cardiac hypertrophy in response to thyroxine is not limited by age. Am J Physiol. 1993 Apr ; 264 (4 Pt 2) : H1041-7. **38.** Tomanek RJ et al. Initiation of cardiac hypertrophy in response to thyroxine is not limited by age. Am J Physiol. 1993 Apr ; 264 (4 Pt 2) : H1041-7. **39.** Yokoyama Y et al. Facilitated recovery of cardiac performance by triiodothyronine following a transient ischemic insult. Cardiology. 1992 ; 81 (1) : 34-45. **40.** Israel N. An effective therapeutic approach to the cortisol of atherosclerosis illustrating harmlessness of prolonged use of thyroid hormone in coronary disease. Am J Dig Dis. 1955 ; 22 : 161-8. **41.** Barnes BO et al. Hypothyroidism. 1976 ; ed Harper & Row Publishers, New York.

COMMENT PRÉVENIR L'APPARITION DE THROMBOSE ET D'HÉMORRAGIE CÉRÉBRALE ?

1. Reinhardt RR et al. Insulin-like growth factors cross the blood-brain barrier. Endocrinology. 1994 Nov ; 135 (5) : 1753-61. **2.** Wuster C et al. Increased prevalence of osteoporosis and arteriosclerosis in conventionally substituted anterior pituitary insufficiency : need for additional growth hormone substitution ? Klin Wochenschr. 1991 Oct ;18, 69 (16) : 769-73. **3.** Wang BC et al. Vasopressin and renin responses to hemorrhage in conscious, cardiac-derervated dogs. Am J Physiol. 1983 ; 245 : H399-H405. **4.** Lissoni P et al. A biological study on the efficacy of low-dose subcutaneous interleukin-2 plus melatonin in the treatment of cancer-related thrombocytopenia. Oncology. 1995 Sep-Oct ; 52 (5) : 360-2. **5.** Bregani ER et al. Prevention of interleukin-2-induced thrombocytopenia during the immunotherapy of cancer by a concomitant administration of the pineal hormone melatonin. Recent Prog Med. 1995 Jun ; 86 (6) : 231-3. **6.** Hu R. Changes in serum thyroid hormones in acute cerebrovascular apoplexy and their clinical significance. Chung Hua Shen Ching Ching Shen Ko Tsa Chih. 1990 Apr ; 23 (2) : 87-9, 126. **7.** Graettinger JS et al. A correlation of clinical and hemodynamic studies in patients with hypothyroidism. J Clin. Invest 1958 ; 37 : 502. **8.** Kapitola J. Hemodynamic effects of dehydroepiandrosterone in rats. Agressologie. 1972 ; 13(4) : 247-51. **9.** Gordon GB. Reduction of atherosclerosis by administration of DHEA. J Clin Invest, 1988 ; 82 : 712-20. **10.** Zumoff B et al. Sex differences in 24h mean plasma concentrations of DHA and DHAS and the DHA to DHAS ratio in normal adults. J Clin Endocrinol Metab. 1980 ; 51(2) : 330-333. **11.** Mohan PF et al. Inhibition of macrophage superoxide generation by DHEA. Am J of Medical Sciences, 1993 ; 306(1) : 10-15. **12.** Hurn PD et al. Postischemic cerebral blood flow recovery in the female : effect of 17 beta-estradiol. J Cereb Blood Flow Metab. 1995 Jul ; 15 (4) : 666-72. **13.** Kluft C et al. Dooijewaard G. Stanozolol-induced changes in fibrinolysis and coagulation in healthy adults. Thromb Haemost. 1984 ; 51 : 157-64. **14.** Preston FE et al. The fibrinolytic response to stanozolol in normal subjects. Thrombos Res. 1981 ; 22 : 543-57. **15.** Bennet A et al. Ulcères de jambe post-phlébitiques et caryotype XYY : tests de fibrinolyse et fonction androgénique. Ann Dermatol Venereol. 1987 ; 114 : 1097-101. **16.** Walker ID et al. Effect of anabolic steroids on plasma antithrombin III. Thrombos Diathes Haemorrh (Stuttg). 1975 ; 34 : 106.

Les hormones qui soulagent les rhumatismes

1. Ornat SIa. The effect of aurotherapy on the content of corticotropin, cortisol, aldosterone and insulin in the blood serum of rheumatoid arthritis patients. Vrach Delo. 1991 Jan (1) ; 61-5. **2.** Schlaghecke R et al. Effects of glucocorticoids in rheumatoid arthritis. Diminished glucocorticoid receptors do not result in glucocorticoid resistance. Arthritis Rheum. 1994 Aug ; 37 (8) : 1127-31. **3.** Ehrlich HP et al. Effects of vitamin A and glucocorticoids upon inflammation and collagen synthesis. Ann Surg. 1973 ; 177 : 222-7. **4.** Sterling KM et al. Dexamethasone decreases the amounts of type I procollagen mRNAs in vivo and in fibroblast cell cultures. J Biol Chem. 1983 ; 258 : 7644-7. **5.** Smith TJ. Dexamethasone regulation of glycosaminoglycan synthesis in cultured human skin fibroblasts. Similar effects of glucocorticoid and thyroid hormones. J Clin Invest. 1984 ; 74 : 2157-63. **6.** Zweifach BW et al. The influence of the adrenal cortex on the terminal vascular bed. Ann NY Acad Sci. 1953 ; 56 : 626-33. **7.** Fauci AS. Immunosuppressive and antiinflammatory effects of glucocorticoids. In : Baxter JD, Rousseau GG, eds. Glucocorticoid Hormone Action. New York : Springer-Verlag. 1979 ; 449-65. **8.** Kantrowitz F et al. Corticosteroids inhibit prostaglandin production by rheumatoid synovia. Nature. 1975 ; 258 : 737-9. **9.** Werb Z. Biochemical actions of glucocorticoids on macrophages in culture. Specific inhibition of elastase, collagenase and plasminogen activator secretion and effects on other metabolic functions. J Exp Med. 1978 ; 147 : 1695-1712. **10.** Vassali JD et al. Macrophage plasminogen activator : modulation of enzyme production by anti-inflammatory steroids, mitotic inhibitors, and cyclic nucleotides. Cell. 1976 ; 8 : 271-81. **11.** Jefferies WM. Hypothyroidism with high circulating T_3. Safe Use or Cortisone. 1981, Charles C Thomas publisher, Springfield-Illinois, USA ;154-6. **12.** Slocumb CH. Cortisone and related steroids in the treatment of rheumatoid arthritis. Med Clin North Am. 1961 ; 45 : 1209-18. **13.** Dailey MP et al. Polymyalgia rheumatic begins at 40. Arch Int Med. 1979 ; 139 : 743-4. **14.** Healey LA. Polymyalgia rheumatica. In Hollander JL, McCarty (Eds) : Arthritis and Allied conditions, 8th ed, Philadelphia, Lea and Febiger. 1972 ; 885-9. **15.** Kelly WK et al. Prospective evaluation of hydrocortisone and suramin in patients with androgen-independent prostate cancer. J Clin Oncol. 1995 Sep ; 13 (9) : 2208-13. **16.** Aschoff L. Lectures on Pathology. New York. Ed Hoeber, 1924 ;. 5 : 101. **17.** Twycross R. The risks and benefits of corticosteroids in advanced cancer. Drug Saf. 1994 Sep ; 11 (3) : 163-78. **18.** Everitt AV. Dans : Hypothalamus, pituitary and ageing. Everitt AV, Burger JA. Ed Thomas, Springfield-Illinois, , 68. **19.** Matteo L et al. Sex hormones stratus and bone mineral density in men with rheumatoid arthritis. J Rheumatol. 1995 ; 22(8) : 1455-60. **20.** Van Vollenhoven RF et al. An open study of DHEA in SLE. Arthritis Rheum. 1994 ; 37(9) : 1305-1312. **21.** Roberts E et al. Oral DHEA in multiple sclerosis : Results of a phase one, open study. Dans : The Biological Role of DHEA. ed Walter de Gruyter, Berlin. 1990 ; 81-93. **22.** Suzuki T et al. Low serum levels of DHEA may cause deficient IL-2 production by lymphocytes in patients with SLE. Clin Exp Immunol. 1995 ; 99(2) : 251-5. **23.** Martens HF et al. Decreased testosterone levels in men with rheumatoid arthritis : effect of low dose prednisone therapy. J Rheumatol. 1994 Aug ; 21 (8) : 1427-31. **24.** Sambrook P et al. Postmenopausal bone loss in rheumatoid arthritis : effect of estrogens and androgens. J Rheumatol. 1992 Mar ; 19 (3) : 357-61. **25.** Mielants H et al. Invloed van de sekssteroiden op reumatische auto-immuunziekten. Tijdschr Geneesk. 1991 ; 47(18) : 1203-10. **26.** Holmdahl R et al. Female sex hormones suppress development of collagen-induced arthritis in mice. Arthritis Rheum. 1986 Dec ; 29 : 1501-9. **27.** Holmdahl R et al. Oestrogen is a potent immunomodulator of murine experimental rheumatoid arthritis. Br J Rheum. 1989 ; 28 (suppl 1) : 54. **28.** Vandenbroucke JP et al. Noncontraceptive hormones and rheumatoid arthritis in perimenopausal and postmenopausal women. JAMA. 1986 Mar ; 255(10) : 1299-1303. **29.** Royal College of General Practitioners : Oral contraceptives and health, interim report. Ed Pitman Medical, London 1 974. **30.** Allebeck P et al. Do oral contraceptives reduce the incidence of rheumatoid arthritis ? Scand J Rheumatol. 1984 ; 13 : 140-6. **31.** Sambrook PN et al. Sex hormone status and osteoporosis in postmenopausal women with rheumatoid arthritis. Arthritis Rheum. 1988 ; 31 : 973-8. **32.** Carette S et al. Fibromyalgia and sex hormones. J Rheumatol. 1992 May ; 831. **33.** Henderson E et al. Pregnenolone. J Clin Endocrinol. 1950, 10 :455-74. **34.** West SK et al. Melatonin levels are decreased in rheumatoid arthritis. J Basic Clin Physiol Pharmacol. 1992 Jan-Mar ; 3 (1) : 33-40. **35.** von Knorring L et al. Idiopathic pain and depression. Qual Life Res. 1994 Dec ; 3 Suppl. 1 : S57-68. **36.** John TM et al. Melatonin replacement nullifies the effect of light-induced functional pinealectomy on nociceptive rhythm in the rat. Physiol Behav. 1994 Apr ; 55 (4) : 735-9. **37.** Mc Gavack T et al. The use of pregnenolone in various clinical disorders. J Clin Endocrinol. 1951 ; 11 : 559-77. **38.** Hill SR JR et al. The role of the endocrine glands in the rheumatic diseases. In Hollander JL (ed) : Arthritis and Allied Conditions, 7th ed. , Philadelphia, Lea & Febiger 1966 ; 597-605. **39.** Dorwart BB et al. Joint effusions, chondrocalcinosis and other traumatic manifestations in hypothyroidism. Am J Med. 1975 ; 59 : 780. **40.** Bland JM et al. Rheumatic syndromes of myxedema. N Engl J Med. 1970 ; 282 : 1171. **41.** Krane SM et al. The skeletal system. The Thyroid (Werner's). 1986 ; Ingbar S, Braverman L, eds Philadelphia, Lippincott company : 1205. **42.** Hill SR JR et al. The role of the endocrine glands in the rheumatic diseases. In Hollander JL (ed) : Arthritis and Allied Conditions, 7th ed. Philadelphia, Lea & Febiger. 1966 ; 597-605. **43.** Monroe RT. Chronic arthritis in hyperthyroidism and myxedema. N Engl J Med 1935 ; 121 : 1074. **44.** Frymoyer JW, Bland J. Carpal tunnel syndrome in patients with myxedematous arthropathy. J Bone Joint Surg. 1973 ; 55 : 78. **45.** Bland JH et al. Rheumatic syndromes of myxoedema. N Engl J Med 1970 ; 282 : 1171-4. **46.** Golding DN. Hypothyroidism presenting with musculoskeletal symptoms. Ann Rheum Dis. 1970 ; 29 : 10-4. **47.** Frymoyer JW et al. Carpal-tunnel syndrome in patients with myxedematous arthropathy. J Bone Joint Surg (Am). 1973 ; 55 : 78-82. **48.** Carette S et al. Fibrosis and primary hypothyroidism. J Rheumatol. 1988 ; 15 : 1418-21. **49.** Klappenberg M et al. Slechts beperkt effect van behandeling van schilklierstoonissen op klachten van het bewegingsapparaat. Ned Tijschr Geneesk. 1992 ; 136 (1) : 21-5. **50.** Ross DS. Hyperthyroidism, thyroid hormone therapy, and bone. Thyroid. 1994 Fall ; 4 (3) : 319-26. **51.** Bennett RM et al. Low levels of somatomedin C in patients with the fibromyalgia syndrome. A possible link between sleep and muscle pain. Arthritis Rheum. 1992 Oct ; 35 (10) : 1113-6. **52.** Allen RC et al. Insulin-like growth factor and growth hormone secretion in juvenile chronic arthritis. Ann Rheum Dis. 1991 ; 50 (9) : 602-6.

Les hormones pour prévenir ou guérir l'ostéoporose

1. Hyer SL et al. Growth hormone deficiency during puberty reduces adult bone mineral density. Arch Dis Child. 1992 Dec ; 67 (12) : 1472-4. **2.** Holmes SJ et al. Reduced bone mineral density in patients with adult onset growth hormone deficiency. J Clin Endocrinol Metab. 1994 Mar ; 78 (3) : 669-74. **3.** Degerbland M et al. Potent effect of recombinant growth hormone on bone mineral density and body composition in adults with panhypopituitarism. Acta Endocrinol Copenh. 1992 May ; 126 (5) : 387-93. **4.** Vandewighe M et al. Short and long-term effects of growth hormone treatment on bone turnover and bone mineral content in adult growth hormone-deficient males. Clin Endocrinol Oxf. 1993 Oct ; 39 (4) : 409-15. **5.** Wuster C et al. Decreased serum levels on insulin-like growth factors and IGF binding protein 3 in osteoporosis. J Intern Med. 1993 Sep ; 234 (3) : 249-55. **6.** Mann DR et al. Preservation of bone mass in hypogonadal female monkeys with recombinant human growth hormone administration. J Clin Endocrinol Metab. 1992 Jun ; 74 (6) : 1263-9. **7.** Eriksen EF et al. Growth hormone and insulin-like growth factors as anabolic therapies for osteoporosis. Horm Res. 1993 ; 40 (1-3) : 95-8. **8.** Clemmesen B et al. Human growth hormone and growth hormone releasing hormone : a double-masked, placebo-controlled study of their effects on bone metabolism in elderly women. Osteoporos Int. 1993 Dec ; 3 (6) : 330-6. **9.** Brixen K et al. A short course of recombinant human growth hormone treatment stimulates osteoblasts and activates bone remodeling in normal human volunteers. J Bone Miner Res. 1990 ; 5 (6) : 609-18. **10.** Brixen K et al. A short course of recombinant human growth hormone treatment stimulates osteoblasts and activates bone remodeling in normal human volunteers. J Bone Miner Res. 1990 ; 5 (6) : 609-18. **11.** Vander Veen EA et al. Growth hormone (replacement) therapy in adults : bone and calcium metabolism. Horm Res. 1990 ; 33 suppl. 4 : 65-8. **12.** Rozenberg S et al, Age, steroids and bone mineral content. Maturitas. 1990 ; 12 : 137-43. **13.** Mortola JF et al. The effect of oral DHEA on endocrine-metabolic parameters in postmenopausal women. J Clin Endocrinol Metab. 1990 ; 71(3) : 696-704. **14.** Nowata H et al. Aromatase in bone cell : association with osteoporosis in postmenopausal women. J Steroid Biochem Mol Biol. 1995 ; 53(1-6) : 165-74. **15.** Sambrook P et al, Postmenopausal bone loss in rheumatoid arthritis : effect of estrogen and androgens. J. Rheumatol. 1992 ; 19(3) : 357-61. **16.** Sambrook PN et al, Sex hormone status and osteoporosis in postmenopausal women with rheumatoid arthritis, Arthritis & Rheumatism. 1988 ;

31(8) : 973-78. **17.** Diamond T et al. Effects of testosterone and venesection on spinal and peripheral bone mineral in six hypogonadal men with hemochromatosis. J Bone Miner Res. 1991 Jan ; 6 (1) : 39-43. **18.** Buchanan JR et al. Effect of excess endogenous androgens on bone density in young women. J Clin Endocrinol Metab. 1988 ; 67 (5) : 937. **19.** Watts NB et al. Comparison of oral estrogens and estrogens plus androgen on bone mineral density, menopausal symptoms, and lipid-lipoprotein profiles in surgical menopause. Obstet Gynecol. 1995 Apr ; 85(4) : 529-37. **20.** Sambrook P et al. Postmenopausal bone loss in rheumatoid arthritis : effect of estrogen and androgen. J Rheumatol. 1992 ; 19(3) : 357-61. **21.** Taggart HM et al. Deficient calcitonin response to calcium stimulation in postmenopausal osteoporosis ? Lancet. 1982 ; 1 : 475-8. **22.** Minaire P et al. Acute osteoporosis in paraplegic patients : pathophysiology and effects of treatment with calcitonin or dichlorodimethylene diphosponate. In : Menczel J, Robin GC, Makin M, Steinberg R, eds. Osteoporosis. New York : Wiley, 1982 ; pp 421-8. **23.** Wimalawansa SJ et al. The effect of percutaneous oestradiol and low dose human calcitonin on postpenopausal vertebral bone loss. Osteoporosis. 1987 ; 528-32. **24.** Overgaard K et al. Effect of salcatonin given intranasally on early postmenopausal bone loss. Br Med J. 1989 ; 299 : 477-9. **25.** Overgaard O et al. Effect of salcatonin given intranasally on bone mass and fracture rates in established osteoporosis : a dose-response study. Br Med J. 1992 ; 305 : 556-61. **26.** Osteoporosis contribution to modern management. The proceedings of a Symposium held at the XVIIth ILAR Congress of Rheumatology, Rio de Janeiro, September 1989. Edited by BEC Nordin, The Parthenon Publishing Group, New Jersey, USA. **27.** Pun KK et al Analgesic effect of intranasal salmon calcitonin in the treatment of osteoporotic vertebral fractures. Clin Therapeutics. 1989 ; 11(2) : 205-9. **28.** Nagant de Deuxchaisnes C et al. New modes of administration of salmon calcitonin in Paget's disease. Clin Orthop Rel Res. 1987 ; 217 : 56-71. **29.** Soskolne WA et al. The biphasic effect of triiodothyronine compared to bone resorbing effect of PTH on bone modelling of mouse long bone in vitro. Bone. 1990 ; 11 (5) : 301-7. **30.** Taelman P et al. Reduced forearm bone mineral content and biochemical evidence of increased bone turnover in women with euthyroid goitre treated with thyroid hormone. Clin Endocrinol Oxf. 1990 Jul ; 33 (1) : 107-17. **31.** Stall GM et al. Accelerated bone loss in hypothyroid patients overtreated with L-thyroxine. Ann Intern Med. 1990 Aug 15 ; 113 (4) : 265-9. **32.** Adlin EV et al. Bone mineral density in postmenopausal women treated with L-thyroxine. Am J Med. 1991 Mar ; 90 (3) : 360-6. **33.** Eulry F et al. Bone density in differentiated cancer of the thyroid gland treated by hormone-suppressive therapy. Study based on 51 cases. Rev Rhum Mal Osteoartic. 1992 Apr ; 59 (4) : 247-52. **34.** Grant DJ et al. Suppressed TSH levels secondary to thyroxine replacement therapy are not associated with osteoporosis. Clin Endocrinol Oxf. 1993 Nov ; 39 (5) : 529-33. **35.** Ribot C et al. Bone mineral density and thyroid hormone therapy. Clin Endocrinol Oxf. 1990 Aug ; 33 (2) : 143-53. **36.** Sandyk R et al. Is postmenopausal osteoporosis related to pineal gland functions ? Int J Neurosci. 1992 Feb ; 62 (3-4) : 215-25. **37.** Firestein GS et al. Gene expression (collagenase, tissue inhibitor of metalloproteinases, complement, and HLA-DR in rheumatoid arthritis and osteoarthritis synovium. Quantitative analysis and effect of intraarticular corticosteroids. Arthritis Rheum. 1991 Sep ; 34 (9) : 1094-105. **38.** Mishra KK et al. A study on physiological changes in essential hypertension and rheumatoid arthritis with reference to the levels of cortisol, blood glucose, triglycerides and cholesterol. Indian J Physiol Pharmacol. 1995 Jan ; 39 (1) : 68-70. **39.** Laan RF et al. Differential effects of glucocorticoids on cortical appendicular and cortical vertebral bone mineral content. Calcif Tissue Int. 1993 Jan ; 52 (1) : 5-9. **40.** Buckley LM et al. Effects of low dose corticosteroids on the bone mineral density of patients with rheumatoid arthritis. J Rheumatol. 1995 Jun ; 22 (6) : 1055-9. **41.** Dhillon VB et al. Assessment of the effect of oral corticosteroids on bone mineral density in systemic lupus erythematosus : a preliminary study with dual energy x ray absorptiometry. Ann Rheum Dis. 1990 Aug ; 49 (8) : 624-6.

Les hormones qui combattent les cancers et les infections

1. Golditz GA et al. Increased green and yellow vegetable intake and lowered cancer deaths in an elderly population. Am J Clin Nutr. 1985 ; 41(1) : 326. **2.** Messina M et al. The role of soy products in reducing the risk of cancer. J Natl Cancer Inst. 1991 ; 83 : 541-6. **3.** Block G. Epidemiologic evidence regardig vitamin C and cancer. Am J Clin Nutr. 1991 ; 54 : 13105-145. **4.** Freudenheim et al. Premenopausal breast cancer risk and intake of vegetables, fruits and related nutrients. J Natl Cancer Inst. 1996 ; 88 : 340-8. **5.** Carroll KK. Dietary fats and cancer. Am J Clin Nutr. 1991 ; 53 : 1064S-7S. **6.** Buiatti F et al. A case-control of gastric cancer and diet in Italy : association with nutrients. Int J Cancer. 1990 ; 45 : 899-901. **7.** Boing H et al. Regional nutritional pattern and cancer mortality in the Federal Republic of Germany. Nutr Cancer. 1985 ; 7(3) : 121-36. **8.** Fuyns A. Alcohol and Cancer. Proc Nutr Soc. 1990 ; 49 : 145-51. **9.** Garro A, Lieber C. Alcohol and Cancer. Ann Rev Pharmacol Toxicol 1990 ; 30 : 219-49. **10.** Lockwood K et al. Progress on therapy of breast cancer with vitamin Q10 and the regression of metastases. Biochem Biophys Res Commun. 1995 ; 212(1) : 172-. **11.** Lockwood K et al. Partial and complete regression of breast cancer in patients in relation to dosage of coenzyme Q10. 1994 ; 199(3) : 1504-8. **12.** Kai O et al. Effects of hypothyroidism with treatment of an anti-thyroid drug, propylthiouracil, on immune responses in chickens. Vet Immunol Immunopathol. 1993 Mar ; 36 (2) : 123-35. **13.** Johnson BE et al. Effect of triiodothyronine on the expression of T cell markers and immune function in thyroidectomized White Leghorn ckickens. Proc Soc Exp Biol Med. 1992 Jan ; 199 (1) : 104-13. **14.** Hashimoto H et al. The relationship between serum levels of interleukin-6 and thyroid hormone in children with acute respiratory infection. J Clin Endocrinol Metab. 1994 Feb ; 78 (2) : 288-91. **15.** Utiger RD. Decreased extrathyroidal triiodothyronine production in non-thyroidal illness : benefit or harm ? Am J Med. 1980 ; 69 : 807-810 . **16.** Grunfeld C et al. Indices of thyroid function and weight loss in human immunodeficiency virus infection and the acquired immunodeficiency syndrome. Metabolism. 1993 Oct ; 42 (10) : 1270-6. **17.** Olivieri A et al. Thyroid hypofunction related with the progression of human immunodeficiency virus infection. J Endocrinol Invest. 1993 Jun ; 16 (6) : 407-13. **18.** Mateiko GB et al. The efficacy of the hormonal substitute therapy of adolescents with viral hepatitis A combined with thyroid hypofunction. Vrach Delo. 1990 Aug ; (8) : 101-2. **19.** Lurie MB et al. On the role of the thyroid in native resistance to tuberculosis I. Effect of hyper, thyroidism. II. Effect of hypothyroidism. The mode of action of thyroid hormones. Am Rev Tuberc. 1959 ; 79 : 152-203. **20.** Mantes LF et al. Chronic mucocutaneous candidiosis. Influence of thyroid status. JAMA. 1972 ; 221 (2) : 156-9. **21.** Barnes OA. Furonculosis : etiology and treatment. J Clin Endocrinol. 1943 ; 3 (4) : 243-4. **22.** Barnes BO. Role of the thyroid in infectious diseases. Am Med Ass An Meeting. 1965 Jun 24 ; New York. **23.** Barnes BO. Etiology and treatment of lowered resistance to upper respiratory infections. Fed Proc. 1953 ; 12 (1) : 24. **24.** Barnes OA. Furonculosis : etiology and treatment. J Clin Endocrinol. 1943 ; 3 (4) : 243-4. **25.** Veldhuis. Fasting decreased mean 24 h serum TSH in men. J Clin Endocrinol Metab. 1993 ; 76 (3) : 587-93. **26.** Lomo PO et al. Respiratory activity of isolated liver Mitochondria following Trypanosoma congolense infection in rabbits : the role of thyroxine. Com Biochem Physiol B. 1993 Jan ; 104 (1) : 187-91. **27.** Panfilov IA et al. Disorders in the hypophysis-adrenal and hypophysis-thyroid systems of patients with acute pneumonia and the ways for their therapeutic correction. Ter Arkh. 1990 ; 62 (3) : 19-22. **28.** Tomer Y et al. Infection, thyroid disease, and autoimmunity. Endocr Rev. 1993 Feb ; 14 (1) : 107-20. **29.** Offiah VN et al. Effects of Ehrlichia phagocytophila infection on serum thyroid hormone concentrations and on antipyrine clearance and metabolite formation in dwarf goats. Am J Vet Res. 1992 Aug ; 53 (8) : 1357-60. **30.** Ogwu D et al. Adrenal and thyroid dysfunctions in experimental Trypanosoma congolense infection in cattle. Vet Parasitol. 1992 Apr ; 42 (1-2) : 15-26. **31.** Schwartz SBS. The relationship of thyroid deficiency to cancer : a 50-year retrospective study. J IAPM 1977 ; VI (1) : 9-21. **32.** Liechty RD et al. Cancer and thyroid function. JAMA. 1963 ; 183 (1) : 116-8. **33.** Spencer JG. Influence of thyroid deficient disease in malignancy. Br J Cancer. 1954 ; 8 : 393. **34.** Bogardus GM et al. Breast cancer and thyroid disease. Surgery. 1961 ; 49 (4) : 461-468. **35.** Morabia A et al. Thyroid hormones and duration of ovulatory activity in the etiology of breast cancer. Cancer Epidemiol Biomakers Prev. 1992 Jul-Aug ; 1 (5) : 389-93. **36.** Comstock GW. The relationship of serum dehydroepiandrosterone and its sulfate to subsequent cancer of the prostate. Cancer Epidemiol Biomarkers Prev. 1993 ; 2(3) : 219-21. **37.** Van Weerden WM et al. Effect of adrenal androgens on the transplantable human prostate tumor. Endocrinology. 1992 ; 131(6) : 2909-13. **38.** Rao MS et al. Inhibition of spontaneous testicular Leydig cell tumor development in F-344 rats by dehydroepiandrosterone. Cancer Lett. 1992 ; 65(2) : 123-6. **39.** Meites. J Gerontol. 1989 ; B143. **40.** Thomas JL et al. Behaviour of thyroid tissue from patients with Graves' disease in nude mice. J Clin Endocrinol Metab. 1984 ; 59(1) : 175-7. **41.** Rosenfeld RS et al. Metabolism and interconversion of dehydroisoandrosterone and dehydroisoandrosterone sulfate. J Clin Endocrinol Metab. 1972 ;

35(2) : 187-93. **42.** Defares. Privé (Nederland). 28-1-1995. **43.** Korth-Schutz S. Evidence for the adrenal source of androgens in precocious adrenarche. Acta Endocrinol (Copenh). 1976 ; 82 : 342-52. **44.** De Peretti E et al. Unconjugated dehydroepiandrosterone plasma levels in normal subjects from birth to adolescence in human : the use of a sensitive radioimmunoassay. J Clin Endocrinol Metab. 1976 ; 43(5) : 982-991. **45.** Bulbrook RD et al. Abnormal excretion of urinary steroids by women with early breast cancer. Lancet. 1962 Dec 15 ; 1238-40. **46.** Cameron EHD et al. Benign and malignant breast disease in South Wales : a study of urinary steroids. B Med J. 1990 Dec 26 ; 768-771. **47.** Schwartz AG et al. Protective effect of DHEA against aflatoxin B1- and 7,12-dimethylbenzaantracene-induced cytotoxicity and transformation in cultured cells. Cancer Res. 1975 ; 35 : 2482-87. **48.** Moore MA. Modifying influence of DHEA on the development of dihydroxy-di-n-propylnitrosamine-initiated lesions in the thyroid, lung and liver of F344 rats. Carcinogenesis. 1986 ; 7 : 311. **49.** Gordon GB. Relationship of serum levels of DHEA and DHEAs to the risk of developing postmenopausal breast cancer. Cancer Res. 1990 ; 50 : 3859-62. **50.** Maestroni GJ et al. Hematopoietic rescue via T-cell-dependent, endogenous granulocyte-macrophage colony-stimulating factor induced by the pineal neurohormone melatonin in tumor-bearing mice. Cancer Res. 1994 May 1 ; 54 (9) : 2429-32. **51.** Lissoni P et al. Amplification of eosinophilia by melatonin during the immunotherapy of cancer with interleukin-2. J Biol Regul Homeost Agents. 1993 Jan-Mar ; 7 (1) : 34-6. **52.** Ding CH et al. Effects of pineal body and melatonin on lymphocyte proliferation and dinoprostone production in rat spleen. Chung Kuo Yao Li Hsueh Pao. 1995 Jan ; 16 (1) : 54-7. **53.** Maestroni GJ. T-helper-2 lymphocytes as a peripheral target of melatonin. J Pineal Res. 1995 Mar ; 18 (2) : 84-9. **54.** Mocchegiani E et al. The immuno-reconstituting effect of melatonin or pineal grafting and its relation to zinc pool in aging mice. J Neuroimmunol. 1994 Sep ; 53 (2) : 189-201. **55.** Vijayalaxmi et al. Melatonin protects human blood lymphocytes from radiation-induced chromosome damage. Mutat Res. 1995 Jan ; 346 (1) : 23-31. **56.** Pierpaoli W. Pineal grafting and melatonin induce immunocompetence in nude (athymic) mice. Int J Neurosci. 1993 Jan ; 68 (1-2) : 123-31. **57.** Karasek M et al. Serial transplants of 7,12-dimethylbens(a)antracene-induced mammary tumor in Fischer rats as model system for human breast cancer. 3. Quantitative ultrastructural studies of the pinealocytes and plasma melatonin concentration in rats bearing an advanced passage of the tumor. Biol Signals. 1994 Nov-Dec ; 3 (6) : 302-6. **58.** Cos S et al. Melatonin modulates growth factor activity in MCF-7 human breast cancer cells. J Pineal Res. 1994 Aug ; 17 (1) : 25-32. **59.** Chen LD et al. Melatonin's inhibitory effect on growth of ME-180 human cervical cancer cells is not related to intracellular glutathione concentrations. Cancer Lett. 1995 May 8 ; 91 (2) : 153-9. **60.** Requintina PJ et al. Synergistic sedative effect of selective MAO-A, but not MAO-B, inhibitors and melatonin in frogs. J Neural Transm Suppl. 1994 ; 41 : 141-4. **61.** Ying SW et al. Human malignant melanoma cells express high-affinity receptors for melatonin : antiproliferative effects of melatonin and 6-chloromelatonin. Eur J Pharmacol. 1993 Jul 15 ; 246 (2) : 89-96.

62. Barni S et al. A randomized study of low-dose subcutaneous interleukin-2 plus melatonin versus supportive care alone in metastatic colorectal cancer patients progressing under 5-fluorouracil and folates. Oncology. 1995 May-Jun ; 52 (3) : 243-5. **63.** Lissoni P et al. Immunoendocrine threrapy with low-dose subcutaneous interleukin-2 plus melatonin of locally advanced or metastatic endocrine tumors. Oncology. 1995 Mar-Apr ; 52 (2) : 163-6. **64.** Lissoni P et al. A randomized study of immunotherapy with low-dose subcutaneous interleukin-2 plus melatonin vs chemotherapy with cisplatin and etoposide as first-line therapy for advanced non-small cell lung cancer. Tumori. 1994 Dec 31 ; 80 (6) : 464-7. **65.** Burton JL et al. Immune responses of growing beef steers treated with estrogen/progesterone implants or insulin injections. Domest Anim Endocrinol. 1993 Jan ; 10(1) : 31-44. **66.** Rasmussen KR et al. Dehydroepiandrosterone-induced reduction of Cryptosporidium parvum infections in aged Syrian golden hamsters. J Parasitol. 1992 Jun ; 78(3) : 554-7. **67.** Bourinbaiar AS et al. Pregnancy hormones, estrogen and progesterone, prevent HIV-1 synthesis in monocytes but not in lymphocytes. Febs Lett. 1992 May 18 ; 302(3) : 206-8. **68.** Rasmussen KR et al. Dehydroepiandrosterone-induced reduction of Cryptosporidium parvum infections in aged Syrian golden hamsters. J Parasitol. 1992 Jun ; 78(3) : 554-7. **69.** Fleming MW et al. Consequences of dose-dependent immunosuppression by progesterone on parasitic worm burdens in lambs. Am J Vet Res. 1993 Aug ; 54(8) : 1299-302. **70.** Ambali AG et al. The effects of oestrogen and progesterone on re-excretion of infectious bronchitis virus strain in SPF chickens. J Hyg Epidemiol Microbiol Immunol. 1991 ; 35(4) : 429-39. **71.** Cowan LD et al. Tonascia JA, Jones GS. Breast cancer incidence in women with a history of progesterone deficiency. Am J Epidemiol. 1981 Aug ; 114(2) : 209-17. **72.** Badwe RA et al. Serum progesterone at the time of surgery and survival in women with premenopausal operable breast cancer. Eur J Cancer. 1994 ; 30A(4) : 445-8. **73.** Shao ZM et al. Thyroid hormone enhancement of estradiol stimulation of breast carcinoma proliferation. Exp Cell Res. 1995 May ; 218(1) : 1-8. **74.** Li S et al. Inhibitory effects of medroxyprogesterone acetate (MPA) and the pure antiestrogen EM-219 on estrone (E_1)-stimulated growth of dimethylbenz(a) anthracece (DMBA)-induced mammary carcinoma in the rat. Breast Cancer Res Treat. 1995 May ; 34(2) : 147-59. **75.** Gambrell RD Jr. Hormones in the etiology and prevention of breast and endometrial cancer. South Med J. 1984 Dec : 77(12) : 1509-15. **76.** Gambrell RD Jr et al. Decreased incidence of breast cancer in postmenopausal estrogen-progestogen users. Obstet Gynecol. 1983 Oct ; 62(4) : 435-43. **77.** Wingo PA et al. The risk of breast cancer in postmenopausal women who have used estrogen replacement therapy (published erratum appears in JAMA 1987 May 8 ; 257(18) : 2438). JAMA. 1987 Jan 9 ; 257(2) : 209-15. **78.** Nachtigall LE et al. Estrogen replacement II : A prospective study in the relationship to carcinoma and cardiovascular and metabolic problems. Obstet Gynecol. 1979 ; 54 : 74. **79.** Lauritzen C et al. Risks of endometrial and mammary cancer morbidity and mortality in long-term estrogen treatment. In The Climacterid - An Update, ed by van Herendael H & B, Riphagen FE, Goessens L, van der Pars H Lancaster, England, MTP Press Ltd 1984 ; 207. **80.** Slotman BJ et al. Survival of patients with ovarian cancer. Apart from stage and grade, tumor progesterone receptor content is a prognostic indicator. Cancer. 1990 Aug 15 ; 66(4) : 740-4. **81.** Laffargue F et al. Estrogens, progestins and cancer of the endometrium. Rev Prat. 1993 Dec 15 ; 43(20) : 2603-9. **82.** Herrinton LJ et al. Postmenopausal unopposed estrogens. Characteristics of use in relation to the risk of endometrial carcinoma. Ann Epidemiol. 1993 May ; 3(3) : 308-18. **83.** Jick SS et al. Estrogens, progesterone, and endometrial cancer. Epidemiology. 1993 Jan ; 4(1) : 20-4. **84.** Boman K et al. The influence of progesterone and androgens on the growth of endometrial carcinoma. Cancer. 1993 Jun 1 ; 71(11) : 3565-9. **85.** Finkle WD et al. Endometrial cancer risk after discontinuing use of unopposed conjugated estrogens. Cancer Causes Control. 1995 Mar ; 6(2) : 99-102. **86.** Lundgren S et al. Influence of progestins on serum hormone levels in postmenopausal women with advanced breast cancer -II. A differential effect of megestrol acetate and medroxyprogesterone acetate on serum estrone sulfate and sex hormone binding globulin. J Steroid Biochem. 1990 Jun ; 36(1-2) : 105-9. **87.** Pedersen-Bjergaard K et al. Sex hormone analyses. II. The excretion of sexual hormones by normal males, impotent males, polyarthritics, and prostatics. Acta Med Scand. 1948 ; 213 : 284-97. **88.** Davellaar EM et al. No increase in the incidence of breast carcinoma with subcutaneous administration of estradiol. Ned Tijdsch Geneeskd. 1991 Apr 6 ; 135(14) : 613-5. **89.** Hanna N et al. Enhancement of tumor metastases and suppression of natural killer cell activity by beta-estradiol treatment. J Immunol. 1983 ; 130 : 974-80. **90.** Screpanti I et al. Estrogen and antiestrogen modulation of the levels of mouse natural killer activity and large granula lymphocytes. Cell Immunol. 1987 ; 106 : 191-202. **91.** Hrushesky WJM et al. Natural killer cell activity : age, estrous- and circadian-stage dependence and inverse correlation with metastatic potential. JNCI. 1988 ; 80 : 1232-7. **92.** Adami HO et al. The effect of female sex hormones on cancer survival. JAMA. 1990 Apr 25 ; 263(16) : 2189-93. **93.** Adami HO et al. Survival and age at diagnosis in breast cancer. N Engl J Med. 1987 ; 316 : 752. **94.** Mendenhall CL et al. Anabolic steroid effects on immune function : differences between analogues. J Steroid Biochem Mol Biol. 1990 Sep ; 37 (1) : 71-6. **95.** Otesile EB et al. The effect of Trypanosoma brucei infection on serum biochemical parameters in boars on different planes of dietary energy. Vet Parasitol. 1991 Nov ; 40 (3-4) : 207-16. **96.** Verges B et al. Endocrine abnormalities in HIV infections. Presse Med. 1990 Jul 7-14 ; 19 (27) : 1267-70. **97.** Villette JM et al. Circadian variations in plasma levels of hypophyseal, adrenocortical and testicular hormones in men infected with human immunodeficiency virus. J Clin Endocrinol Metab. 1990 Mar ; 70 (3) : 572-7. **98.** Morales A et al. Androgen therapy in advanced carcinoma of the prostate. CMA Journal. 1971 Jul 10 ; 105 : 71-2. **99.** Reynard JM et al. Prostate-specific antigen and prognosis in patients with metastatic prostate cancer – a multivariable analysis of prostate cancer mortality. Br J Urol. 1995 Apr ; 75 (4) : 507-15. **100.** Akumabor PN. Is pre-treatment testosterone a prognostic factor in prostate cancer ? Cent Afr J Med. 1993 Aug ; 39 (8) : 170-2. **101.** Iversen P et al. Serum testosterone as a prognostic factor in patients with advanced prostatic carcinoma. Scand J Urol Nephrol Suppl. 1994 ; 157 : 41-7. **102.** Reynard JM et al. Prostate-specific antigen and prognosis in patients with metastatic prostate cancer – a multivariable analysis of prostate cancer mortality. Br J Urol. 1995 Apr ; 75 (4) : 507-15. **103.** Suzuki H et al. Inhibition of growth and increase of acid phosphatase by testosterone on androgen-independent murine prostatic cancer cells transfected with androgen receptor cDNA. Prostate. 1994 Dec ; 25 (6) : 310-9. **104.** Wolf DA et al. Synthetic androgens suppress the transformed phenotype in human prostate carcinoma cell line LNCaP. Br J Cancer. 1991 Jul ; 64 (1) : 47-53. **105.** Wise T et al. Effects of neonatal sexual differentiation, growth hormone and testosterone on thymic weights and thymosin-beta 4 in hypophysectomized rats. J Reprod Immunol. 1991 Jan ; 19 (1) : 43-54. **106.** Knyszynski A et al. Effects of growth hormone on thymocyte development from progenitor cells in the bone marrow. Brain Behav Immun. 1992 Dec ; 6 (4) : 327-40. **107.** Kudsk KA et al. Effect of recombinant human insulin-like growth factor I and early total parenteral nutrition on immune depression following severe head injury. Arch Surg. 1994 Jan ; 129 (1) : 66-70 ; discussion 70-1. **108.** Jardieu P et al. In vivo administration of insulin-like growth factor-I stimulates primary B lymphopoiesis and enhances lymphocyte recovery after bone marrow transplantation. J Immunol. 1994 May 1 ; 152 (9) : 4320-7. **109.** Marsh JA et al. Effect of thyroxine and chicken growth hormone on immune function in autoimmune thyroiditis (obese) strain chicks. Proc Soc Exp Biol Med. 1992 Jan ; 199 (1) : 114-22. **110.** Krentz AJ et al. Anthropometric, metabolic, and immunological effects of recombinant human growth hormone in AIDS and AIDS-related complex. J Acquir Immune Defic Syndr. 1993 Mar ; 6 (3) : 245-51. **111.** Edwards CK et al. In vivo administration of recombinant growth hormone or gamma interferon activities macrophages : enhanced resistance to experimental Salmonella typhimurium infection is correlated with generation of reactive oxygen intermediates. Infect Immun. 1992 Jun ; 60 (6) : 2514-21. **112.** Huang KF et al. Insulin-like growth factor 1 (IGF-1) reduces gut atrophy and bacterial translocation after severe burn injury. Arch Surg. 1993 Jan ; 128 (1) : 47-53 ; discussion 53-4. **113.** El-Atiq F et al. Alterations in serum levels of insulin-like growth factors and insulin-like growth-factor-binding proteins in patients with colorectal cancer. Int J Cancer. 1994 May 15 (57 (4) : 491-7. **114.** Rutanen EM et al. Relationship between carbohydrate metabolism and serum insulin-like growth factor system in postmenopausal women : comparison of endometrial cancer patients with healthy controls. J Clin Endocrinol Metab. 1993 Jul ; 77 (1) : 199-204. **115.** Yonei Y et al. Primary hepatocellular carcinoma with severe hypoglycemia : involvement of insulin-like growth factors. Liver. 1992 Apr ; 12 (2) : 90-3. **116.** Wolf RF et al. Growth hormone and insulin reverse net whole body and skeletal muscle protein catabolism in cancer patients. Ann Surg. 1992 Sep ; 216 (3) : 280-8 ; discussion 288-90. **117.** Ng EH et al. Insulin-like growth factor I preserves host lean tissue mass in cancer cachexia. Am J Physiol. 1992 Mar ; 262 (3 Pt 2) : R426-31. **118.** Kass EH et al. Corticosteroids and infections. Afr Intern Med. 1958 ; 9 : 45-80. **119.** Beisel WR, Rapaport MI. Interrelations between adrenocortical functions and infectious illness. N Engl Med. 1969 ; 280 : 541-6. **120.** Lu W et al. Glucocorticoids rescue CD4+ T lymphocytes from activation-induced apoptosis triggered by HIV-1 : implications for pathogenesis and therapy. AIDS. 1995 Jan ; 9 (1) : 35-42. **121.** Wu CY et al. Glucocorticoids increase the synthesis of immunoglobulin E by interleukin 4 stimulated hyman lymphocytes. J Clin Invest. 1991 Mar ; 87 (3) : 870-7. **122.** Venarucci D et al. Evaluation of certain immunity parameters in rheumatoid arthritis treated with cortisone. Panminerva Med. 1994 Dec ; 36 (4) : 188-91. **123.** Thorn GW et al. Pharmacologic aspects of adrenocortical steroids and ACTH in man. N Engl J Med. 1953 ; 248 : 232-45, 284-94, 323-37, 369-78, 414-23, 588-601, 632-46. **124.** White A. Influence of endocrine secretions on the structure and function of lymphoid tissue. Harvey Lectures Ser. 1947-48 ;Ed Thomas, Springfield-Illinois ; 43 : 43-70. **125.** Dougherty TF et al. pituitary-adrenal cortical control of antibody release from lymphocytes. An explanation of the anamnestic response. Proc Soc Exper Biol Med. 1945 ; 58 : 135-40. **126.** Rupp ME et al. Measles pneumonia. Treatment of a near-fatal case with corticosteroids and vitamin A. Chest. 1993 May ; 103 (5) : 1625-6. **127.** Bender CE. The value of corticosteroids in the treatment of infectious mononucleosis. JAMA. 1967 ; 199 : 539-31. **128.** Chappel MR. Infectious mononucleosis. Southwest Med. 1962 ; 43 : 253-5. **129.** Kass EH et al. Effects of adrenocorticotropic hormone in pneumonia : clinical, bacteriological and serological studies. Ann Intern Med. 1950 ; 33 : 1081-98. **130.** Plaza de los Reyes M et al. Influenzal pneumonia treated with cortisone and antibiotics. Lancet ii. 1957 ; 845, 1122. **131.** Rotem CE. Influenzal pneumonia treated with cortisone and antibiotics. Lancet ii 1957 ; 948. **132.** Kass EH et al. Effects of adrenocorticotropic hormone in pneumonia : clinical, bacteriological and serological studies. Ann Intern Med. 1950 ; 33 : 1081-98. **133.** Hurter T et al. Fibrosing alveolitis responsive to corticosteroids following Legionnaires' disease pneumonia. Chest. 1992 Jan ; 101 (1) : 281-3. **134.** Smadel JE et al. Treatment of thyphoid fever ; combined therapy with cortisone and chloramphenicol. Ann Intern Med. 1951 ; 34 : 1-9. **135.** Woodward TE et al. Treatment of typhoid fever : control of clinical manifestations with cortisone. Am Intern Med. 1951 ; 34 : 10-19. **136.** Weitzman S et al. Clinical trial design in studies of corticosteroids in bacterial infections. Ann Intern Med. 1974 ; 81 : 36-42. **137.** Annotations : Corticosteroids for tuberculous pleural effusions. Lancet. 1959 ; 1135. **138.** Wallgren P et al. Influence of experimentally induced endogenous production of cortisol on the immune capacity in swine. Vet Immunol Immunopathol. 1994 Sep ; 42 (3-4) : 301-16. **139.** Ahima R et al. Type I corticosteroid receptor-like immunoreactivity in the rat CNS : distribution and regulation by corticosteroids. J Comp Neurol. 1991 Nov 15 ; 313 (3) : 522-38. **140.** Merle M et al. Value of corticosteroids in bacterial meningitis. Presse Med. 1992 Jul 4-11 ; 21 (25) : 1160-4. **141.** Twycross R. The risks and benefits of corticosteroids in advanced cancer. Drug Saf. 1994 Sep ; 11 (3) : 163-78. **142.** Adunsky A et al. Corticosteroids in terminal cancer. Harefuah. 1995 Mar 1 ; 128 (5) : 278-80, 335. **143.** Alexander DB et al. Glucocorticoids coordinately disrupt a transforming growth factor alpha autocrine loop and suppress the growth of 13762NF-derived Con8 rat mammary adenocarcinoma cells. Cancer Res. 1993 Apr 15 ; 53 (8) : 1808-15. **144.** Bezwoda WR. Treatment of stage D2 prostatic cancer refractory to or relapsed following castration plus oestrogens. Comparison of aminoglutethimide plus hydrocortisone with medroxyprogesterone acetate plus hydrocortisone. Br J Urol. 1990 Aug ; 66 (2) : 196-201. **145.** Bonneterre J et al. Aminoglutethimide (AG) and hydrocortisone (HC) in bone metastases : a retrospective study. J Steroid Biochem Mol Biol. 1993 Mar ; 44 (4-6) : 693-6.

IV – Régimes, vitamines et oligo-éléments

LE RÉGIME QUI AMÉLIORE VOTRE TAUX D'HORMONES EN 3 SEMAINES

1. Kalk WJ et al. Thyroid hormone and carrier protein interrelationships in children recovering from kwashiorkor. Am J Clin Nutr. 1986 Mar ;43(3) :406-13. **2.** Keagy et al. Thyroid function,enegy balance,body composition and organ growth in protein-deficient chicks. J Nutr. 1987 sep ;117(9) :1532-40. **3.** Wade CE. Upon-admission adrenal steroidogenesis is adapted to the degree of illness in intensive care unit patients. J Clin Endocrinol Metab. 1988 ; 67(2) : 223-7. **4.** Inglett GE et al. Dietary fiber and personality factors as determinants of stool output. Gastroenterology. 1981 ; 81(5) : 879-83. **5.** Maghnié M et al. Diagnozing GH deficiency : the value of short-term hypocaloric diet. J Clin Endocrinol Metab. 1983 ; 77(5) : 1372-8. **6.** Boukhliq R et al. Role of glucose, fatty acids and protein in regulation of testicular growth and secretion of gonadotropin, prolactin, somatotropin and insulin in the mature ram. Reprod Fertil Dev. 1997 ; 9(5) : 515-24. **7.** Clarke IJ et al. Effect of high-protein feed supplements on concentrations of GH, insulin-like growth factor-I (IGF-1) and IGF-binding protein-3 in plasma and on the amounts of GH and messenger RNA for GH in the pituitary glands of adult rams. J Endocrinol. 1993 ; 138(3) : 421-7. **8.** Lammoglia MA et al. Effects of dietary fat on follicular development and circulating concentrations of lipids, insulin, progesterone, estradiol-17 beta, 13, 14-dihydro-15-keto-prostaglandin F(2 alpha), and GH in estrous cyclic Brahman cows. J Anim Sci. 1997 ; 75(6) : 1591-600. **9.** Santolaria F et al. Effects of alcohol and liver cirrhosis on the GIGI axis. Alcohol Alcohol. 1995 Nov ;30(6) :703-8. **10.** Bubenith GA. J Pineal Res, 1992 ; 12(1) : 7-76. **11.** Winlamowska A. Food restriction enhances melatonin effects on the pituitary-gonadal axis in female rats. J Pineal Res. 1992 ; 13(9) : 1-5 ; 1993 ; 64(5) : 221-5. **12.** Van Niekerk FE et al. The effect of dietary protein on reproduction in the mare. IV. Serum progestagen, FSH, LH and melatonin concentrations during the anovulatory, transitional and ovulatory periods in the non-pregnant mare. J S Afr Vet Assoc. 1997 Dec ;68(4) :114-20. **13.** Schmitz MM. Disrupted melatonin-secretion during alcohol with drawal. Prog Neuropsychopharmacol Biol Pshychiatry. 1996 ; 20(6) : 983-95. **14.** Jakubowicz DJ. Disparate effects of weight reduction by diet on serum dehydroepiandrosterone-sulfate levels in obese men and women. J Clin Endocrinol Metab. 1995 ; 80(11) : 3373-6. **15.** Remer T et al. The short-term effect of dietary pectin on plasma levels and renel excretion of dehydroepiandrosterone sulfate. Z Eruahrungswiss. 1996, 35(1) : 32-3. **16.** Laessle RE et al. Gonadotropin secretion in bulimia nervosa. J Clin Endoc Metab. 1992 ; 74(5) : 112-7. **17.** Friedrich M. Effects of diet enrichment with glucose and casein on blood cortisol concentration of calves in early postnatal period. Arch Vet Pol. 1995 ; 35(1-2) : 117-25. **18.** Obtsoka A et al. Nutr Sci Veterinal Tokyo. 1992 ; 39(4) : 83-92. **19.** Fraser WM et al. Effect of L-tryptophan on growth hormone and prolactin release in normal volunteers and patients with secretory pituitary tumors. Horm Metab Res. 1979 ; 11(2) : 149-55. **20.** Arts CJ et al. Effect of wheat bran on excretion of radioactively labeled estradiol-17 beta and estrone-glucoronide injected intravenously in male rats. J Steroid Biochem Mol Biol. 1992 ; 42(1) : 103-11. **21.** Petridou E et al. Pregnancy estrogens in relation to coffee and alcohol intake. Ann Epidemiol. 1992 ; 2(3) : 241-7. **22.** Ginsburg E. Effects of alcohol ingestion on estrogens in postmenopausal women. JAMA. 1996 ; 276(21) : 1747-51. **23.** Crave JC et al. Effects of diet and metformin administration on sex hormone-binding globulin, androgens, and insulin in hirsute and obese women. J Clin Endocrinol Metab. 1995 ; 80(7) : 2057-62. **24.** Volek JS et al. Testosterone and cortisol in relationship to dietary nutrients and resistance exercise. J Appl Physiol. 1997 ; 82(1) : 49-54. **25.** Remer T et al. Short-term impact of a lactovegetarian diet on adrenocortical activity and adrenal androgens. J Clin Endocrinol Metab. 1998, 83(6) : 2132-7. **26.** Dorgan JF et al. Effects of dietary fat and fiber on plasma and urine androgens and estrogens in men : a controlled feeding study. Am J Clin Nutr. 1996 ; 64(6) : 850-5. **27.** Zgliczynksi W et al. Alcohol decreases the alfa subunit, LH and testosterone secretion in response to LH-RH. Endocrinol Pol. 1992 ; 43(3) : 257-62.

VITAMINES ET OLIGO-ÉLÉMENTS

1. Kleppin J et al. Receuil de données sur la composition des aliments. CFIV, Products Roche, Paris, 1989, p 252. **2.** Hercberq S. Les vitamines. Dossiers du Praticien, Impact Médecin. 1993 ; 178 : p 24. **3.** Le Grusse J et al. Les vitamines. Données biochimiques nutritionnelles et cliniques. Produits Roche. 1973 ; 30 : 277-283. **4.** Vaufraechein JRD et al. Coenzyme Q 10 and physical performance, in Folhers K Yamamura Y Eds. Bio Med & Clinique/. Aspects of Coenzyme Q10. 1981 ; 3 : 235-241. **5.** Schultz BM et al. Iron deficiency in the elderly. Baillieres Clin. Haenatole. 1987 ; 291-313. **6.** Vollestad NK et al. Biochemical correlates with fatigue. Eur J Appl Physiol. 1988 ; 57 : 336-347. **7.** Bricq B. La logique des oligoéléments. Laboratoire Boiron. 1993 ; 257. **8.** Coppen A et al. Tryptophan and depressive illness. Phycological Med. 1978 ; 59-57. **9.** Joborn C et al. Psychiatric symptomatology in patients with primary lympaperparathyroitom. Ups J Med Sci. 1986. 91(1) : 77-87. **10.** Lieberman JA et al. Acute antidepressant effect of lithium in unipolar depression. Psychosomatics. 1984. 25(12) : 932-933. **11.** Gordon T et al. Drinking and coronary heart disease : the Albary study. Am Heart J. 1985 ; 110 : 331-334. **12.** Vodoevitch VP et al. Effect of B group vitamin complex on the blood content of saturated and unsaturated fatty acids in patients with ischemic heart disease and hypotension.

Vopr Pitan. 1986 ; 2 : 9-11. **13.** Stampfer MJ et al. Effect of vitamin E on lipids. Am J Clin Path. 1983 ; 79(6) : 71-78. **14.** Burch GE et al. The importance of magnesium deficiency in cardiovascular disease. Am Heart J. 1987 ; 94 : 649-657. **15.** Menkes MS et al. Serum betacarotene, vitamins A and E, selenium and the risk of lung cancer. New Engl J Med. 1986 ; 15 : 1250.

V – Cartes d'identité des hormones majeures

1. Thorner MO, Vance ML, Laws ER Jr, Horvath E, Kovaes K. The anterior pituitary. Corticotropin. Williams the endocrinology 9th ed, ed WB Saunders Company, Philadelphia. 1998 ; 819-57. **2.** ORTH DN, KOVACS WJ. The adrenal cortex. Regulation of glucocorticoid secretion ; isolated ACTH-deficiency. Williams' Endocrinology 9th ed. , ed WB Saunders Company, Philadelphia, 1998 ; 527-529. **3.** Orth DN, Kovacs WJ. The adrenal cortex. Treatment of adrenal insufficiency. Isolated mineralocorticoid deficiency. Williams' Endocrinology 9th ed. , ed WB Saunders Company, Philadelphia. 1998 ; 12 : 560-565. **4.** Bringhurst FR, Demay MB, Kronenberg HM. Hormones of the mineral metabolism. Calcitonin. Williams' Endocrinology 9th ed. , ed WB Saunders Company, Philadelphia. 1998 ; 24 : 1164-1166. **5.** Orth DN, Kovacs WJ. The adrenal cortex. Effects of glucocorticoids diseases of the adrenal cortex. Hypofunction. Williams' Endocrinology 9th ed. , ed WB Saunders Company, Philadelphia. 1998 ; 12 : 544-563. **6.** Hertoghe T. DHEA : info ou intox ? Le Monde Médical Hebdo. 1995 ; 291 : 12-15. **7.** Youg JB, Landsberg L. Catecholamines and the adrenal medulla. Erythropoietin. Williams' Endocrinology 9th ed. , ed WB Saunders Company, Philadelphia. 1998 : 13 : 698. **8.** Hertoghe T. Growth hormone therapy in aging adults. In : Anti-aging Medical Therapeutics. 1997, eds Klatz RM, Goldman B,Health Quest Publications, Marina del Rey, California, p 10-28. . **9.** Alba-Roth J, Muller OA, Schopohl J, Von Werder K. Arginine stimumates growth hormone secretion by suppressing endogenous somatostatin secretion. J Clin Endocrinol Metab. 1988 ; 67 : 1186-8. **10.** Landin-Wilhelmsen K, Wilhelmsen L, Lappas G, Rosen T, Lindstedt G, Lundberg PA, Bengtsson BA. Serum insulin-like growth factor I in a random population sample of men and women : relation to age, sex, smoking habits, coffee consumption and physical activity, blood pressure and concentrations of plasma lipids, fibrinogen, parathyroid hormone and osteocalcin. Clin Endocrinol Oxf. 1994 Sep ; 41 (3) : 351-7. **11.** Prettori V, Wenger T, Snyder G, Dalterio S, Mc Cann SM. Hypothalamic action of delta-9-tetrahydrocannabinol to inhibit the release of prolactin and growth hormone in the rat. Neuroendocrinology, 1988 ; 47 : 448-503. **12.** Alba-Roth J, Muller OA, Schopohl J, VonWerder K. Arginine stimumates growth hormone secretion by suppressing endogenous somatostatin secretion. J Clin Endocrinol Metab. 1988 ; 67 : 1186-8. **13.** Watkins PJ. Clinical Presentation : why is diabetes so often missed ? In ABC of Diabetes. 4th edition. Ed BMJ Publishing Group. 1998 ; 6-19. **14.** Chuang JI, Lin MT. Pharmacological effects of melatonin treatment on both locomotor activity and brain serotonin release in rats. J Pineal Res. 1994

Aug ; 17 (1) : 11-6. **15.** Reiter RJ, Robinson JO. Melatonin : the discoveries that can help you. 1995 ; eds Bantam Books, NY. **16.** Falcon J, Bolliet V, Ravault JP, Chesneau D, Ali MA, Collin JP. Rhythmic secretion of melatonin by the superfused pike pineal organ : thermo- and photoperiod interaction. Neuroendocrinology. 1994 Nov ; 60 (5) : 535-43. **17.** Van Cauter E, Sturis J, Byrne MM, Blackman JD, Leproult R, Ofek G, L'Hermite-Baleriaux M, Refetoff S, Turek FW, Van Reeth O. Demonstration of rapid light-induced advances and delays of the human circadian clock using hormonal phase markers. Am J Physiol. 1994 Jun ; 266 (6 pt 1) : E953-63. **18.** Dubbels R, Reiter RJ, Klenke E, Goebel A, Schnakenberg E, Ehlers C, Schiwara HW, Schloot W. Melatonin in edible plants identified by radioimmunoassay and by high performance liquid chromatography-mass spectrometry. J Pineal Res. 1995 Jan ; 18 (1) : 28-31. **19.** Hattori A, Migitaka H, Iigo M, Itoh M, Yamamoto K, Ohtani-Kaneko R, Hara-Suzuki T, Reiter RJ. Identification of melatonin in plants and its effects on plasma melatonin levels and binding to melatonin receptors in vertebrates. Biochem Mol Biol Int. 1995 Mar ; 35 (3) : 627-34. **20.** Reiter R, Robinson J. Mélatonine : faux miracle ou vraie révolution. 1995, ed First, Paris ; p 268-9. **21.** Zimmermann RC, McDougle CJ, Schumacher M, Olcese J, Heninger GR, Price LH. Urinary 6-hydroxymelatonin sulfate as a measure of melatonin secretion during acute tryptophan depletion. Psychoneuroendocrinology. 1993 ; 18 (8) : 567-78. **22.** Rommel T, Demisch L. Influence of chronic beta-adrenoreceptor blocker treatment on melatonin secretion and sleep quality in patients with essential hypertension. J Neural Transm Gen Sect. 1994 ; 95 (1) : 39-48. **23.** Zawilska JB, Derbiszewska T, Nowak JZ. Clozapine and other neuroleptic drugs antagonize the light-evoked suppression of melatonin biosynthesis in chick retina : involvement of the D4-like dopamine receptor. J NeuralTransm Gen Sect. 1994 ; 97 (2) : 107-17. **24.** Zawilska JB. Clonidine in vivo mimics the acute suppressive but not the phase-shifting effects of light on circadian rhythm of serotonin N-acetyltransferase activity in chick pineal gland. J Pineal Res. 1994 Sep ; 17 (2) : 63-8. **25.** Pablos MI, Santaolaya MJ, Agipito MT, Recio JM. Influence of lithium salts on chick pineal gland melatonin secretion. Neurosci Lett. 1994 Jun 6 ; 174 (1) : 55-7. **26.** Lecomte P. Insuffisances ovariennes primitives. Dans Médecine de la Reproduction : gynécologie endocrinienne. 3e,éd Flammarion, Paris ; p 340-341 ; 346-351. **27.** De Lignières B, Vincens M. Utilisation thérapeutique des estrogènes. Dans Médecine de la Reproduction : gynécologie endocrinienne. 3e éd, Flammarion, Paris ; p 467-476. **28.** Sahelian R. Pregnenolone. 1997 ; ed Avery Publishing Group, New-York. **29.** Roccak-Tebeka B. Progestatifs. Dans Médecine de la Reproduction : gynécologie endocrinienne. 3e éd, Flammarion, Paris ; p 481-507. **30.** Hertoghe J. Petits signes et dépistage de l'insuffisance thyroïdienne. Merck Information. 1976 Sept ; 2(5) : 3. **31.** Dillman E, Gale C, Green W et al. Hypothermia in iron deficiency due to altered triiodothyronine metabolism. Am J Physiol. 1980 ; 239 : 377-381. **32.** Arthur JR, Nicol F, Beckett GJ. Selenium deficiency thyroid hormone metabolism and thyroid hormone deiodinases. Am J Clin Nutr Suppl. 1993 ; 57 : 236S-9S. **33.** Hill SR Jr, Reiss RS, Forsham PH, Thorn GW. The effet of adrenocorticotropin and cortisone on thyroid function : Thyroid-adrenocortical interrelationships. J Clin Endocrinol. 1950 ; 10 : 1375-400. **34.** Werner SC, Hamilton H, Frantz VK. Some effects of ACTH in chronic thyroiditis and myxedema. In mote J. (Ed). : Proceedings of Second Clinical ACTH Conference, Vol 2. Philadelphia, Blakiston. 1951 ; 521-8. **35.** Chan V, Landon J. Urinary thyroxine excretion as an index of thyroid function. Lancet. 1972 ; 1(7740) : 4-6. **36.** Chan V, Besser GM, London J, Etkins RP. Urinary triiodothyronine excretion as index of thyroid function. Lancet. 1972 ; 253-256. **37.** Orden I, Pie J, Juste MG, Mercolla JA, Blescol. Thyroxine in unextracted urine. Acta Endocrinol (Copenh). 1987 ; 114 : 503-508. **38.** Gumbatov NB, Mamedova RN, Mustafaev II, Kasumova FZ, Umudov KHM, Orudzheva AK. State of the hypophyseal-gonadal system in patients with hypertension during long-term treatment with nadolol and anaprilin. Kardiologia. 1991 Apr ; 31 (4) : 15-8. **39.** Zanozdra NS, Chernoguz LS, Kupchinskaia EG, Krishchuk AA, Savitskii SIU, Popova LI. Effect of the treatment on hemodynamic indicators and plasma testosterone level in patients with juvenile hypertension. Klin Med Mosk. 1990 Jul ; 68 (7) : 89-92. **40.** Dinu M, Sneer A, Colev V, Badescu M, Dughir E, Dobrescu G, Stanciu J. The effects of vitamin D_2 on the lipid profile and on the platelet and cardiovascular activities in castrated or testosterone-treated male rats. Rev Med Chir Soc Med Nat Iasi. 1990 Jan-Mar ; 94 (1) : 123-7.

Table des matières

Conception graphique :
Stéphanie Le Bihan

Dessin : Christiane Schaeffer

La composition de cet ouvrage
a été réalisée par
I.G.S. Charente Photogravure à l'Isle-d'Espagnac,
l'impression et le brochage ont été effectués
sur presse Cameron
dans les ateliers de ***Bussière Camedan Imprimeries***
à Saint-Amand-Montrond (Cher),
pour le compte des Éditions Albin Michel.

Achevé d'imprimer en mars 2000.
N° d'édition : 18341. N° d'impression : 001046/4.
Dépôt légal : mars 2000.